JARDINS NOMADES

www.editions-jclattes.fr

Claire Elder

JARDINS NOMADES

Roman

JC Lattès

Couverture : Florine Synoradzki
Image : © Lisla – AdobeStock

ISBN : 978-2-7096-7486-7

Première édition mars 2025.

À la Biche souriante

Stan,

J'espère que dès la première ligne tu me reconnaîtras. Je suis la femme avec laquelle tu vis depuis tant d'années. Du moins, je vis enroulée dans ton esprit. Je t'accompagne le long des routes et des paysages que tu traverses.

Je suis celle que tu gardes serrée contre toi comme un talisman.

Celle qu'un jour tu as eue, puis que tu as eu peur d'aimer.

Chaque jour, je surgis furtivement dans les détails de ton quotidien. Dans le couplet d'une chanson, une silhouette, une parole envolée dans une conversation, n'importe où, un café ou une station-service.

Parfois quand tu touches ta propre peau, un peu de moi te revient, comme un chagrin jamais consolé. Et tu ressens tout.

Le doux, l'intolérable et l'intime.

En fermant les yeux, très fort, tu vois des braises.

La plupart du temps, tu luttes contre la vague du souvenir.

Tu ne veux pas.

Mais parfois, aux frontières du sommeil, tu baisses la garde, et soudain je suis là, debout au milieu de ton jardin.

Tremblante et remplie de ce feu douloureux, ce feu invisible qui me nimbe et me définit.

Sache que tu es en moi ce feu que rien ne calme.

Sache aussi que le moment est venu pour moi de dérouler toute l'histoire, d'en épuiser chaque frémissement, chaque incandescence, de disperser les étincelles et de te laisser le choix.

Tu as, comme moi je crois, sous-estimé la violence qu'il y aurait un jour à nous apercevoir, puis à nous rencontrer. Et la brutalité qu'il y a eu à vivre toutes ces années. À l'époque tu étais si jeune, et j'étais vibrante, épuisée de t'avoir attendu.

Je ne veux plus perdre de temps maintenant pour rassembler mes idées.

J'ai placé bout à bout toutes les pièces, j'ai remis de l'ordre dans nos émois, défroissé les pages et les draps, je suis prête à tout te raconter.

1.

Chiendent *(Elymus repens) : Plante adventice – mauvaise herbe des cultures – de la famille des Poaceaes, dont les puissants rhizomes assurent le maintien et la large diffusion. Prisée des chiens comme des hommes pour ses vertus dépuratives, elle est également réputée posséder des pouvoirs de désenvoûtement et de purification.*

Je garai la voiture dans l'allée et je descendis.

Je m'étirai longuement, fis quelques pas sur le gravier et jetai un coup d'œil aux piètres fleurs qui entouraient le perron. Le bois peint des volets fermés était écaillé. Quelques plantes en pots, desséchées. Des branches de tilleul, cassées ici et là. Un vent tiède, des pépiements dans les bosquets, l'odeur de la pierre chaude.

La journée était suffocante, le trousseau de clefs cliquetait dans ma main.

Une volée de marches de pierre, une serrure rétive qui ne me résista pas longtemps. Et la fraîcheur de la maison m'accueillit comme un baiser dans la pénombre.

Je ne savais pas trop ce que je ressentais enfin. Un frisson, une douceur, le soulagement d'avoir rejoint un abri sûr. Comme lorsque dans les jeux d'enfant, on se réfugie dans son camp.

Un à un, tous les volets furent poussés, ouvrant chaque fenêtre sur un décor différent.

Ici, l'allée gravillonnée envahie d'herbes, les massifs exsangues et le portail disjoint.

Là, le perron arrière, donnant sur des bordures de végétaux asphyxiés.

Avec, au bout du jardin, la serre délabrée.

Depuis l'étage, une vue sur les toits distants des rares maisons voisines, en partie masquées par une végétation rendue à la vie sauvage. À travers un carreau poussiéreux, le village au loin, et son clocher de carte postale. Par un œil-de-bœuf, les champs jaunes au-delà, entre les arbres. Le paradis de tous côtés.

Dans la maison, où s'insinuait l'air chaud du dehors, quelques meubles subsistaient ici et là. Un buffet de cuisine, une balance émaillée, une table rectangulaire, le tout années cinquante. Une bergère râpée, deux paires de rideaux délavés. Quelques chaises dépareillées. Pas de lit, mais un récamier et une table de nuit dans l'une des chambres. Un carton de bibelots, un autre de vaisselle, quelques paniers, des piles de livres à même le plancher de la salle principale. De nombreux objets hétéroclites abandonnés sur les rebords des cheminées. Quelques ampoules nues.

Tout cela me réjouissait.

Mettre en service l'électricité, puis le circuit d'eau, ne me prit que quelques instants. J'observai son écoulement brunâtre dans l'évier carré de la cuisine, puis dans la baignoire antique. Je retournai à ma voiture, un solide vieux break, et commençai de vider mon coffre.

De quoi camper, et passer un premier week-end.

Vivres, linge, produits d'entretien, radio, outils, réchaud, bouilloire.

Plus tard, des spaghettis et un verre de vin à l'arrière de la maison, assise sur une chaise en fer rococo abandonnée là. Sur une caisse de pommes retournée près de moi, la bouteille, le pain, le fromage, l'appareil photo. Il me semblait, à chaque gorgée, à chaque inspiration, prendre possession du paysage.

Je photographiai cette friche magnifique où dansaient, échevelées, quelques fleurs têtues au milieu des ronces. Il me faudrait dénombrer les espèces, et établir un plan de travail. L'étendue de la tâche qui m'attendait me rendait extatique. La soirée s'acheva sur une cigarette en arpentant les allées mangées de chiendent, de liseron, de mouron, alors que la lumière baissait lentement.

Le lendemain, un bruit de tondeuse dans le voisinage me réveilla en milieu de matinée. À travers les fentes du volet disjoint, un rai de soleil déjà jaune éclairait la poussière s'élevant du plancher. Étendue sur le récamier, je la fis voltiger du bout des doigts. Je me pelotonnai plus étroitement dans mon sac de couchage, prenant plaisir au contact du duvet sur mes jambes nues.

Plus tard, un bol de café en main, je poussai la porte donnant sur le jardin. Les yeux plissés par la lumière, j'achevai de me réveiller, assise sur les marches du perron, en regardant circuler, entre mes pieds déchaussés, un petit capricorne très affairé.

De la friche du jardin montait une odeur sucrée.

La journée était décisive.

Après un deuxième bol et une cigarette, je m'accordai un quart d'heure sous une douche plutôt fraîche, choisis des vêtements légers, des chaussures confortables. Deux tours de clef, une volée de marches, puis un regard circulaire sur ma propriété. Le toit comme un accent circonflexe, le pignon habillé de lierre sombre et de clématite, les recoins de jardin à parcourir, le carré de plantes aromatiques, les bosquets et les arbres.

J'avais envie d'étreindre la maison dans mes bras, de courir autour d'elle, de froisser et de respirer chaque feuille, chaque brin d'herbe, mais je me contentai de monter dans ma voiture et de rouler fenêtres ouvertes vers la ville la plus proche.

Un dépôt-vente me livra quelques trésors : un solide lit en bois, vaste comme une embarcation, deux autres en fer, plus sages, un bureau d'instituteur, une table de ferme, quelques chaises dépareillées, deux paires de fauteuils profonds, un miroir monumental. Et pour mes livres, merveille, quelques rayonnages patinés d'une ancienne librairie.

Dans des commerces plus modernes, je choisis la literie, l'électroménager, quelques lampes, du linge en quantité et du matériel de cuisine.

Tout me serait livré la semaine suivante.

Depuis combien d'années n'avais-je pas eu la possibilité de dépenser autant d'argent ?

Enfin, j'entassai dans ma voiture de quoi lessiver et peindre les pièces principales et poncer les planchers. Il s'agissait de me débarrasser au plus vite de toutes ces tâches pour me concentrer sur l'essentiel.

Je me donnai trois jours pour préparer les pièces de vie à l'arrivée des meubles. Fenêtres ouvertes sur l'été, je passai mes journées, cheveux relevés, vieux débardeur et short délavés, à exténuer mon corps dans ces travaux peu familiers, abîmée dans une joie profonde. Je brutalisai mes mains, mes genoux, chacun de mes muscles dans cet exercice, mais tout m'était délicieux.

Une énergie oubliée me revenait à grands flots.

Le troisième soir, après une douche enfin tiède, je roulai une quinzaine de kilomètres jusqu'à la mer, trouvai un petit restaurant sur le port. Je me régalai d'un copieux plat de poisson, accompagné d'un vin hors de prix. Sitôt dîné, je sautai du quai sur le sable d'une mince plage, marchai une petite heure dans l'écume pâle, puis, au retour, à la lisière du sable sec.

Tout se mettait tranquillement en place dans mon esprit.

Une fois rentrée, je terminai la bouteille dans l'air chaud de mon jardin, allongée sous les arbres dans le vieux récamier que j'avais traîné jusque-là, sans ménagement. Enroulée dans un plaid, je me laissai bercer par le mouvement des feuillages, entre lesquels clignotaient des étoiles. Un bruit de conversation dans un jardin voisin me tira de ma somnolence. Un parfum de cigarette, des murmures entrecoupés de rires très doux. Un homme et une femme échangeant des phrases lentes et, je crois, quelques baisers.

Les rares maisons des alentours étaient des villas de vacances surannées, un peu folles, souvent cossues et vastes. Je les avais tout de suite aimées. La mienne était grande, mais plus sage, et tirait sa gloire d'un jardin indiscipliné, déroulant ses charmes sur une *large parcelle arborée.* Une expression d'agent immobilier qui me plaisait beaucoup.

Les chuchotements derrière la haie avaient été absorbés par l'obscurité. Peut-être les avais-je imaginés ? Je me levai silencieusement, me glissai dans la maison sans allumer de lumière. Je m'endormis, toutes portes ouvertes, grisée par le vin, l'odeur de peinture fraîche et l'air sucré du jardin.

La semaine qui suivit me maintint dans la même euphorie.

Les meubles arrivèrent et trouvèrent leur place. L'ensemble était hétéroclite et émouvant. Chacun d'eux annonçait un travail supplémentaire – nettoyer, réparer, poncer, peindre – et cela me plut.

Je partageai mon temps entre les pièces prêtes à l'aménagement et les pièces vides à rénover. Cette ambiance à la fois spartiate et pleine de fantaisie me convenait. J'aimais cette improvisation et la rencontre non préméditée de ces objets venant de toutes parts, qui formaient maintenant le décor de mon foyer.

Tout cela différait mes retrouvailles avec le jardin.

Par les fenêtres, il m'appelait de toutes ses branches, de toutes ses feuilles.

Notre première entrevue avait été clandestine. Elle remontait à plus de sept ans.

J'avais toujours aimé les maisons aux volets fermés que l'on aperçoit fugitivement depuis la route ou la voie de chemin de fer. Elles avaient un pouvoir secret sur moi. Imaginer leur histoire. Imaginer y vivre.

Je basculais dans leurs bras ouverts et des histoires se déroulaient aussitôt.

Le jardin avait exercé un sortilège plus grand encore.

J'avais vu la maison un après-midi pluvieux. Plus exactement j'avais entrevu, derrière sa façade aux volets repliés, un jardin gorgé de brume marine. Abandonné. Une friche humide et odorante.

Un tilleul massif occupait l'avant-cour, un bosquet de lilas défleuri masquait la vue sur l'arrière du jardin, un chèvrefeuille sauvage colonisait une tonnelle en ruine. Mais, dans les interstices de ce mur végétal, j'avais aperçu un terrain prolongé par des champs, qui avait aussitôt enflammé ma curiosité. Comme stoppée net, j'avais eu la certitude que je devais faire étape et différer le retour prévu ce jour-là. Mon frère Jimmy avait mentionné ce village avec insistance lorsqu'il m'avait aidée dans mes recherches de maison. J'ignorais pourquoi. Ses paroles m'étaient revenues, face à la grille de cette propriété. *La beauté des paysages, la proximité de la mer, le charme chic et tranquille des villégiatures du lieu.*

Je m'étais alors rendue dans le café le plus proche, et avais attendu le soir. Sur la place centrale d'un village, où je n'aurais dû faire théoriquement que passer, je m'étais attablée à une terrasse vieillotte et calme, d'où j'avais observé, abritée par un auvent encore humide de l'averse, les vols d'étourneaux, au-dessus des arbres et des toits. Puis, mon café payé, le journal local parcouru, j'étais partie à pied vers mon rendez-vous secret. La pluie avait cessé, et l'air était saturé de parfums moites et musqués.

Ce n'était pas un portail qui allait m'impressionner. La serrure avait offert peu de résistance. Sans même un regard alentour, j'avais poussé la vieille grille, et m'étais trouvée en deux enjambées sous la ramure détrempée du tilleul. Je ne savais pas si cette maison était habitée, abandonnée ou simplement fermée pour les vacances. Peu m'importait, j'avais décidé de la voir. Le jardin m'avait aussitôt absorbée. J'avais été entraînée le long de ses allées dévorées d'herbes, bénie par ses branches mouillées, aspirée jusque dans ses recoins, sous ses voûtes feuillues, chahutée d'émotion à chaque surprise. Ici, maintenus par des arceaux, des rosiers grimpants. Là, un noisetier sauvage, un peu de vigne, des touffes de menthe, des boutons de pivoine. Plus loin les restes d'un clapier, un petit bassin, un cabanon fermé à clef sous le flamboiement d'un prunus. Des bordures d'iris, une timide glycine, tant de choses restant à découvrir dans ce foisonnement anarchique. Ici encore, un puits, deux bancs de pierre, une petite famille de lézards effarouchés.

Et enfin, délabrée et magnifique… une serre.

Par une vitre descellée, j'avais aperçu des bacs à semis, envahis d'escargots, une envolée de capucines sauvages pas encore fleuries, une vigne vierge inquisitrice qui ramifiait de ses longs doigts par une fente du toit.

Alors qu'arrivée devant une haute haie de buis je m'étais imaginée au bout du terrain, j'avais trouvé, enserrée dans le feuillage, une porte de bois vermoulu close par une massive serrure rouillée. Deux tours de canif et un bon coup de pied avaient suffi à la faire céder. En écartant ce qu'il restait de la porte, j'avais senti ma poitrine se serrer, mon euphorie courir dans tout mon corps comme un alcool.

Seigneur. C'était comme le double fond d'une malle au trésor.

Car le jardin se prolongeait. Il m'avait soufflé au visage son haleine fraîche de graminées et de terre mouillée. Un baiser de bienvenue.

J'étais alors entrée avec lenteur dans une prairie arborée. C'était le début d'un petit verger où se répondaient des pommiers dégingandés, de très vieux cerisiers, un cognassier plein de promesses. Après une mare où trempait la crinière déployée d'un saule, le terrain descendait en pente douce vers les vestiges échevelés d'un potager. La nuit m'avait trouvée, enivrée de verdure, assise dans l'herbe haute de cette maison dont je ne savais rien.

Il m'avait fallu quelques années pour en faire l'acquisition.

Entre ma première visite clandestine et mon installation, le jardin à l'abandon s'était étiolé, la maison avait souffert, et ma vie avait été pulvérisée.

Au bout d'un mois environ, je décidai que l'essentiel était fait dans la maison pour y vivre dans un confort suffisant jusqu'à l'hiver, où j'aurais alors davantage de temps pour des aménagements plus complets.

Nous étions à la fin d'un mois de septembre brûlant, qui avait étrillé le jardin.

Des pluies tièdes arrivèrent avec octobre et je me mis au débroussaillage, à la taille, à l'élagage, équipée de vieux outils très efficaces trouvés dans l'appentis. Je louai de quoi préparer la terre. J'épuisai mon corps qui réclamait d'être éprouvé, j'occupai mon esprit qui ne devait en aucun cas s'égarer. Je suivis un plan de bataille bien établi, aidée par un épais cahier de jardinage trouvé dans la cabane.

D'une écriture serrée, le précédent propriétaire ou jardinier avait consigné ses routines de travail, agrafé des emballages de semences, fait quelques croquis, quelques calculs. Une mine de renseignements.

Il se passa quelques semaines encore pour que s'opère une première phase d'apprivoisement de la maison. Avec elle, c'était plus difficile qu'avec le jardin. Ici, chaque espace racontait une histoire, alors qu'au jardin, il me semblait pouvoir plus facilement en inventer de nouvelles. Petit à petit, les objets et les meubles présents dans les pièces à mon arrivée s'intégrèrent à mon décor, creusèrent leur place, et se mêlèrent à ceux que j'avais choisis. Dans le dialogue qu'ils entretenaient, j'entendis au début des éclats de voix, des dissonances, puis, petit à petit, des causeries plus amicales. Enfin, des murmures complices.

Dans ce discret brouhaha, il me semblait parfois distinguer des voix familières.

Je ne pouvais m'empêcher d'imaginer, alors que je frôlais le velours râpé du récamier, une femme endormie, un chat sur les genoux.

Lorsque je disposais sur un rebord de fenêtre un petit cairn de galets, ou un bouquet de plumes de cormoran, il me semblait voir par instants des silhouettes s'affairant dans le jardin, et entendre des cris d'enfants.

Ma main sur la rampe de chêne usée qui courait dans les étages et sur les paliers éveillait en moi quelque chose de doux et de nostalgique à la fois.

Des images incertaines mais la sensation diffuse d'être accueillie, d'être bienvenue.

Stan,

La première image de toi est celle d'un étudiant solitaire, adossé à un mur, dans le hall d'entrée de la fac. Un garçon un peu renfrogné, penché sur un livre replié, tenu d'une seule main.

Je traverse ce hall comme à mon habitude, quand tu surgis dans mon champ visuel.

Une longue mèche de cheveux balaie ton profil intense, ta mâchoire ombrée.

Quelque chose en toi d'un peu sauvage, un monde secret que je reconnais instantanément.

Je n'ai pas besoin de croiser ton regard.

Je n'ai rien vu venir, et il n'y a déjà plus rien à faire.

Je poursuis jusqu'à mon bureau avec, au milieu de moi, une brûlure qui ne va plus guérir.

La suite est ardente, et facile à imaginer. Nous travaillons sur des thèmes de recherche voisins. Nos centres d'intérêt et nos amis communs aident nos routes à se croiser.

Il y a au départ ce regard que tu poses sur moi, à la dérobée, et que je choisis d'ignorer. Ça ne peut tout simplement pas être pour moi, un regard comme celui-là.

À mon avis, tu as fait un pari avec des potes, tu vas me chauffer, et au dernier instant, alors que je suis cuite à point, tu vas me réduire en cendres d'un rire sarcastique. Je ne vois pas comment les choses pourraient tourner autrement. Je veux donc me protéger par avance de la terrible déflagration qui va arriver, laquelle me soufflera, me projettera en arrière, très loin, dans un lieu reculé où j'agoniserai sans que personne ne me retrouve jamais.

Seulement, même à distance, je vois tout de toi. Avec une hyperacuité surnaturelle.

Déjà, je ne mange plus, je me nourris uniquement de bribes de toi lorsque je t'aperçois dans un couloir, dans la file du self de la fac, au fond d'un appartement bruyant dans une soirée, à l'arrêt de bus, puis à quelques sièges de moi, brusquement si proche.

Parfois je suis si près que je te respire. Je m'intoxique brièvement de la fumée de ta cigarette, de tes rares paroles. Je me mets soudainement à fumer, à me balader un livre à la main. Je trouve dans une friperie un vieux caban marine qui ressemble au tien, et je le porte avec dévotion dans mon studio. Je me regarde dans la glace et m'insulte, puis je tombe sur mon lit en soupirant, et relis sans fin tes publications. Comme si entre les lignes se trouvait, juste pour moi, un message secret, un code d'accès.

Je suis mortifiée par le ridicule de mon comportement, mais je ne peux rien y changer.

Et puis, sans prévenir, tu entres dans ma bulle.

C'est une soirée chez notre collègue Bréanne.

Une biologiste de ta promo qui a clairement des vues sur toi. Tu es déjà allé dans la maison de ses parents en

Bretagne, avec d'autres thésards. Je ne suis pas extralucide, mais elle ne t'a visiblement pas invité pour étudier la flore du littoral. Si j'ai des difficultés à m'alimenter, elle n'en a aucune à boire. Il y a beaucoup d'alcool ce soir-là dans sa coloc, alors elle se lâche. D'habitude, je la supporte, mais cette fois-ci elle me déplaît. Elle est collée à toi. Désinhibée, entreprenante, extravertie. Tout ce que j'aime.

De toutes parts des rires, de l'excitation, de la musique, du bruit.

Je quitte la soirée, persuadée d'en connaître le dénouement.

Tu vas coucher avec elle. Je ne suis même pas étonnée.

Vous êtes insupportablement beaux tous les deux.

Je marche vite, pleure un peu, j'ai vaguement la nausée et faim en même temps, je trouve que je pue la cigarette, je commence à courir, je veux être dans mon lit, sous mon lit même, je vais bazarder ce vieux caban répugnant et cette pile d'articles idiots, je vais partir en week-end n'importe où et coucher avec le premier venu, un marin, un boucher, un garagiste, un mec normal, oui, ça c'est une idée, des sanglots montent dans ma gorge, non mais tu croyais quoi abrutie, tu n'en as pas eu assez des histoires comme ça, tu en redemandes ? Et je cours plus vite.

Je suis presque arrivée sur le campus, mais je suis obligée de m'arrêter pour reprendre mon souffle, penchée en avant, les mains sur les genoux. Mon visage doit être un vrai chantier.

Alors j'entends : « Hé, ça va ? »

Je me retourne.

Et te voilà.

Tu me rattrapes. Quand tu arrives à ma hauteur, je me remets en route en silence et nous continuons à marcher. Côte à côte.

Je suis abasourdie, ma respiration est bloquée. Tu ne sembles pas remarquer mon état. Tu me dis : « C'était un peu nul cette soirée, non ? » Je suis toujours en apnée et j'exhale un « Ouais… » qui n'engage à rien, mais me ramène à la vie. On continue un peu, puis tu me demandes :

« Merel, c'est de quelle origine ?

— Une de mes grands-mères est hollandaise. »

C'est le mensonge que je sors tout le temps. Et puis plus rien. Je ne sais vraiment pas quoi dire d'autre. Je voudrais tellement être spirituelle et détachée. Produire des paroles intenses ou drôles, l'air de rien. Mais je me sens défraîchie et idiote, et on n'est plus qu'à trente mètres de mon bâtiment.

Pas le temps. Trop tard. Pas douée. Laisse tomber.

Je sens alors que tu ne marches plus. Je m'arrête et je pivote.

Tu me lances : « Si on arrêtait ? »

Je reste muette, et tu avances un peu vers moi. Tu ajoutes : « Merel, ça fait des semaines que ça dure. Ça me rend dingo. On arrête de jouer ? » Je passe en revue des milliers de trucs à toute allure dans ma tête. Dingue de quoi ? Qu'on arrête quoi ?

Je ne sais vers quel précipice ce moment m'entraîne. Une peur ancienne me transperce. Je voudrais te faire disparaître avant que tu ne prononces quelque chose d'irréparable.

Tu fais un pas de plus, je suis sur le point de crier.

Mais, tranquillement, tu remets en place une mèche derrière mon oreille, comme si on était un vieux couple et que tu faisais ça tout le temps. Et puis tu m'embrasses. Longuement.

Je repense à l'histoire du pari entre potes, au garagiste, au boucher, c'est comme une petite décharge électrique, ça dure une fraction de seconde, puis je ne pense plus à rien.

Nous passons la nuit blottis à chuchoter, sans autre forme d'intimité. Et j'adore ça.

C'est comme un avant-propos. Comme si on réglait quelques détails avant de plonger vraiment.

On se revoit uniquement en plein jour, toujours entourés d'autres personnes. C'est délicieux cette complicité nouvelle qui nous lie, ce secret qui flotte entre nous. On a passé une nuit ensemble ! C'est comme si j'avais un superpouvoir. Nous prenons le temps de savourer ces quelques jours de transition, comme si chacun disait inconsciemment adieu à son ancienne vie.

Puis on plonge ensemble, et c'est fort.

Soudainement on est un couple.

Merel et Stan, Stan et Merel.

C'est une soif brusquement étanchée, une joie brutale.

Les débuts sont un jardin sauvage, où nous découvrons avec passion la botanique, l'itinérance, l'étude, la vie. Cela ressemble aux tendres émois d'une comédie romantique, la suite prouvera que non. Mais les premiers temps sont si beaux que leur simple évocation me tord le ventre.

Penser à ces années me ravage.

2.

Ronce *(Rubus plicatus) : La ronce commune, ronce des bois ou des haies est un épineux des régions tempérées, de la famille des Rosaceae, qui produit un fruit comestible : la mûre. Ses propriétés médicinales ont été remarquées dès le XIIe siècle par Hildegarde de Bingen.*

Mes travaux se poursuivirent dans la solitude et une forme d'insensibilité. C'était assez reposant. Rien d'autre en moi que la nécessité d'avancer sans penser.

M'exténuer le jour. Écrire, boire, puis tenter de dormir la nuit.

Je dégageai de la mare les feuilles mortes et les plantes aquatiques, taillai les haies et la glycine, plantai, là où j'avais fait place nette, quelques arbustes, des bulbes en quantité folle pour un printemps qui me récompenserait.

Le jardin, privé si longtemps de soins, m'offrit cependant ses maigres cadeaux. Quelques poignées de noisettes et grappes de raisin, et, dans les ronces encore épargnées, deux bols de mûres. Je stockai au grenier pommes, poires et coings en modestes quantités, qui m'occuperaient plus tard.

Je commençai à rafistoler la tonnelle de bois, puis la serre. J'étais là, dans ce nouveau lieu, en grande partie à cause d'elle. Posée sur un muret de briques, sa verrière en arc de cercle me plaisait, et je pensais déjà aux nuits que j'y passerais, allongée sur un lit de camp entre les plantes, à scruter le ciel pur d'hiver. Je fis venir un artisan pour réparer le vitrage et certaines parties de la structure métallique, que je souhaitais peindre. Un autre vint pour réviser le chauffage de la maison et installer celui de la serre. La pluie berçait mes après-midi, alors que je disposais mes protégées dans les pots récupérés dans l'appentis, et commençais de bouturer certaines espèces.

Les arbres et le jardin tout entier s'apprêtaient à entrer en dormance, mais beaucoup de choses allaient enfin commencer pour moi.

Au départ, dans cet isolement, il ne venait personne. J'étais dans un silence seulement animé de bruissements de feuilles et de frôlements d'oiseaux. Les maisons alentour, également entourées de grands jardins ou de parcs, étaient à peine visibles de chez moi – ce qui me convenait.

Pendant l'été, j'avais entendu derrière les haies des rires, des bruits de galopades dans l'herbe, les exclamations de parties de volley ou d'autres jeux, difficile à dire. Je n'avais pas cherché à savoir qui étaient ces gens et s'ils seraient là tout au long de l'année à rire bêtement, à jouer au ballon ou à s'entre-tuer.

Je voulais avoir l'esprit lavé et que rien ne vienne parasiter cette phase de réparation.

Mais ce ne fut pas ce qui se passa.

Malgré moi, certains bruits avaient fait dériver mon attention hors de mon enclos. Deux ou trois fois, j'avais trouvé une balle ou un volant que j'avais réexpédié silencieusement le soir de l'autre côté d'une haie. Des familles de vacanciers s'étaient succédé, dont l'existence réelle m'indifférait. Je savais confusément qu'il n'y avait pas d'enfant dans ces jardins, mais de jeunes adultes. Je ne pouvais me défendre de les visualiser, tandis que je ratissais des feuilles mortes ou fumais sous les arbres. C'étaient dans mon esprit tantôt de jeunes bourgeois désœuvrés traînant leur ennui jusqu'à la fin de l'été, tantôt – ce qui me plaisait davantage – des squatters qui s'étaient approprié une belle demeure inoccupée, et la mettaient sens dessus dessous. Je jouais avec ces scénarios, tout en soignant mes mains ruinées par les travaux, mes genoux écorchés, ma mémoire rudoyée.

Mais rien ne m'aurait poussée à en apprendre davantage.

Puis, alors que l'automne commençait, les vacanciers, comme les oiseaux, changèrent de cap, les bruits évoluèrent. Le quartier semblait calmé.

Parfois je percevais encore des conversations lointaines, le dernier ronronnement d'une tondeuse. Un soir, de la musique et des applaudissements, une fête sans doute.

D'autres fois, c'était la fumée piquante d'un feu de branchages, ou le parfum de fruits tombés au sol et gâtés, de l'autre côté de la haie.

Des sons et des odeurs identifiables, répertoriés, venant d'autres humains qui menaient probablement des vies normales et racontables.

J'étais là depuis environ deux mois lorsqu'eut lieu la rencontre.

J'avais pour habitude de ne sortir qu'une fois par semaine pour des missions précises de ravitaillement. Vers le marché, le caviste, la quincaillerie, le pépiniériste, le dépôt-vente, la librairie et, de temps en temps, un restaurant en bord de mer, presque toujours le même. Où je me récompensais immanquablement du même menu.

La solitude et l'autarcie, c'était mon rayon.

J'entendis une voix bien nette derrière la haie, une voix qui s'adressait à moi.

À cet endroit, sur la droite de la maison, une allée engazonnée longeait d'affreux thuyas, que je prévoyais de faire disparaître dès que possible, elle menait à la cave. Au-dessus d'un massif de fougères, cette voix fraîche s'éleva dans l'air, me figeant sur place dans mon installation de plantes aromatiques, et lança un « S'il vous plaît ! Il y a quelqu'un ? ». Je me redressai, les mains pleines de terre et le visage humide de bruine. « Oui, il y a quelqu'un », dis-je. Un rire me répondit, puis la jeune voix déroula pêle-mêle une autre série de questions.

« On a loué à côté, vous connaissez la maison ? La Villa Adèle ! Oui, alors on n'arrive pas à mettre en route l'arrosage automatique. Les petits tuyaux dans le sol, vous voyez ? Vous savez ce qu'il faut continuer d'arroser en cette saison ? Vous vous y connaissez en jardinage ? Et, on est environ à quelle distance du littoral ? Ça se fait bien à vélo ? Les horaires de marée, on les trouve où ? Vous savez où se trouve le centre ornithologique ? »

À chaque nouvelle rafale, je donnai ce que je pouvais, sans trop m'avancer, un peu brutalisée par cette irruption de mots, ce bouillonnement de vie dans mon sanctuaire silencieux.

« Mais peut-être que ce serait plus pratique de se voir pour se parler ? Voulez-vous passer de l'autre côté prendre un café ? » me dit enfin la voix.

Passer de l'autre côté, cette expression aurait dû m'arrêter dans l'instant.

Stan,

Nous sommes ensemble, vraiment ensemble.

C'est étrange et joyeux à la fois.

Alors que l'histoire des jardins à travers les âges devient ta spécialité, je m'oriente vers des recherches en pharmacologie. C'est moins sexy, mais je suis passionnée. Et tandis que tu arpentes l'Europe, j'isole dans un laboratoire les constituants chimiques de plantes rapportées des quatre coins du globe par des ethnobotanistes.

Certes, explorer l'Afrique équatoriale ou l'Asie du Sud-Est en quête de spécimens rares de végétaux et rencontrer des guérisseurs d'Amérique du Sud m'a beaucoup fait rêver à la fac, mais je dois me contenter de ce qu'on me propose pour l'instant.

La vie avec toi est à la fois légère et intense.

Je m'aperçois qu'avant toi, sans le savoir, je n'ai vécu qu'à moitié. Tout prend enfin sens. Mon existence jusque-là en deux dimensions s'ouvre comme un pop-up. Le parfum des fleurs et le goût des fruits, tout me saute au visage d'être partagé, discuté avec toi. Tout est une première fois. Je mange comme un ogre. Mon corps est tonique, élastique, gonflé de sève, en demande d'exercice. J'ai envie de marcher plus vite, de bondir, de tourbillonner. Ma voix aussi se libère et je me surprends à chanter. Ma sensualité naît enfin sous tes mains et je suis un jardin de printemps. Dans le miroir de la salle de bains, je regarde mon corps. On dirait un jeune tronc d'arbre, souple et vigoureux. J'essaye de le voir avec tes yeux, j'effleure ses pointes, ses duvets et ses mousses. Je m'emploie pour la première fois à le domestiquer un peu, à le rendre plus doux et plus désirable. D'où me vient cette idée ?

Nous fonctionnons comme un petit couple, et quelque chose en moi s'étonne de se plier si facilement à ce nouveau rôle. J'ai si souvent sauté au visage de ceux qui voulaient m'approcher.

Rien de vraiment formel dans notre façon d'être ensemble, vraiment rien, mais nous constituons une entité, un tout. Ce qui clarifie les choses pour l'entourage. Bien fait pour Bréanne.

Sur le campus, nous prenons ensemble, après quelques mois, un appartement étudiant.

C'est minuscule et cher, mais il y a un grand lit, des étagères pour nos livres et des plantes vertes sur le rebord de la fenêtre. Pas de place pour une table à manger, donc toute notre vie se passe sur le matelas.

Lire, rédiger, rêvasser, manger, s'aimer, dormir.

Ces mois-là, tu es tout à moi.

Puis tes premières missions arrivent et me rendent absurdement fière. Un magazine de culture et d'histoire a remarqué ton travail, tu commences à rédiger de beaux articles pour eux. On te finance quelques déplacements. Je peux dire d'un air faussement détaché : « Stan est à Florence, Stan travaille au journal, Stan revient du Japon. »

À cette période, rien ne souffre en moi. Tu me manques, mais tu reviens vite, et je comprends que je t'ai manqué aussi. Nous pouvons envisager un logement plus grand, avec peut-être un bout de terrain. Je commence à regarder les annonces.

Vaillante petite bonne femme.

Je t'accompagne à l'aéroport, je te regarde partir. J'y retourne quelques jours plus tard, et tu m'es rendu tout entier. Quelle merveille !

Ce corps vigoureux et puissant que j'adore, ces yeux dorés qui me font chavirer.

Entre les deux, des coups de fil et des lettres animent mon quotidien et structurent mon fonctionnement.

Je t'accompagne par mes lectures. Tu es en Bourgogne, en Sologne, en Floride ? Je lis Colette, Sand, Hemingway.

Tu dessines beaucoup, et tes petites aquarelles me donnent l'idée d'un carnet de voyage.

Je te suis par la pensée et, le doigt sur l'atlas, je deviens ta rêveuse compagne de voyage.

3.

Bigaradier *(Citrus aurantium) : Oranger de Séville, arbre de la famille des Rutacées (agrumes) dont le fruit – la bigarade ou orange amère – sert à la confection de marmelade, et la fleur à la fabrication en parfumerie de l'absolu de fleur d'oranger et de l'essence de néroli.*

Le jour suivant, dans la serre, je commençai d'installer dans plusieurs grosses jarres mes citronniers et orangers. J'étais fatiguée, j'avais peu dormi.

J'avais voulu tester une première nuit dans ma petite maison de verre. Mais, excitée comme un enfant qui campe pour la première fois dans le jardin, je m'étais longtemps laissé distraire par une multitude de légers bruits. Pattes d'oiseaux sur le toit ou de rongeurs entre les travées, bruit du chauffage à air pulsé ou du goutte-à-goutte.

J'avais relevé les claies pour voir le ciel, respiré à fond l'odeur de terre mouillée et de feuilles de citronnier que j'aimais. J'avais pensé qu'il me serait facile de glisser vers le sommeil, mais ces parfums n'avaient cessé de m'entraîner vers d'autres époques de ma vie.

Au bout d'une heure, j'étais sortie fumer.

Et réfléchir à ma découverte du jour précédent, de l'autre côté.

La veille, l'invitation de la jeune voix était restée un instant en suspens au-dessus de la haie.

Puis je m'étais entendue dire : « D'accord, laissez-moi cinq minutes pour me laver les mains et j'arrive. » J'avais pris le temps de changer de pull, de brosser vite fait mes cheveux et d'enfiler des baskets plus propres.

Un tour de clef, et j'avais poussé mon portail.

L'entrée se trouvait à près de cent mètres de chez moi, après avoir longé un parc. Il y avait une cloche à l'ancienne, que je fis tinter, à côté d'une plaque de marbre rose où de grandes lettres prétentieuses traçaient : *Villa Adèle*.

Des pas courant sur le gravier et, après le chuintement feutré du portail, la voix prit allure humaine. Je pensais avoir eu affaire à un adolescent de quinze-seize ans un peu effronté, mais la voix appartenait à une jeune femme.

« Bonjour, moi c'est Victoire, mais on m'appelle plutôt Vikki, et vous ? »

Il me fallut une demi-seconde pour lui répondre : « Maya. »

Nous marchâmes jusqu'à la maison.

Allée manucurée, arbres majestueux, long bassin rectangulaire, où elle me fit admirer d'énormes carpes koï au milieu de plantes aquatiques.

Elle avait un léger parfum de fleur d'oranger.

Je regrettai dès cet instant d'être venue, d'avoir cédé.

C'était déjà trop pour moi.

Trop tôt.

Les rapports humains ce n'était plus mon fort depuis longtemps.

« Mon mari est absent, il voyage beaucoup et me rejoint dès qu'il le peut. Je ne le sais jamais à l'avance. » Elle pencha la tête et fit un sourire qui me parut contraint. *Mon mari ?* Elle avait l'air vraiment jeune pour une femme mariée. Mais bon, pour tout dire, je n'y connaissais pas grand-chose.

« Nous allons louer à l'année, mais nous ne serons pas là en permanence. »

Elle sautillait devant moi, faisant volte-face tous les dix pas pour me parler.

« En fait, me dit-elle, nous sommes ici à cause des oiseaux. »

Je ne trouvai rien à répondre à cela. J'enregistrai machinalement la disposition des arbres et la savante profusion de plantes tout au long de l'allée qui rejoignait l'habitation. Nous contournâmes la maison, visiblement immense, une grosse demeure bourgeoise bicentenaire avec terrasse. Une folie, avec orangeraie et dépendances.

Nous passâmes près d'une heure à arpenter le parc. La jeune femme m'interrogeait comme une élève appliquée sur tel arbuste inconnu d'elle, ou tel feuillage odorant. Elle était timide et joyeuse à la fois. Et je me laissai aller à profiter du moment. L'endroit y était pour beaucoup, un parc dense et envoûtant.

En moi, une digue semblait se fendiller.

Enfin, en haut d'une volée de marches, je découvris, derrière une balustrade de pierre, la large terrasse. Plusieurs groupes de tables et de chaises de fer forgé ou d'osier formaient de petits îlots agencés pour une conversation confortable ou une dînette chic avec vue sur le parc.

Je suivis Vikki à l'intérieur, traversai plusieurs pièces en enfilade, puis une salle de réception au parquet verni. J'accédai enfin dans son sillage à une très vaste cuisine où l'on avait dû, à une époque, produire de copieux banquets. Vikki n'en paraissait que plus minuscule, s'affairant à disposer sur un plateau des biscuits roses et des verres délicats. Je l'escortai à nouveau vers la terrasse, portant le pichet de citronnade fraîche.

La petite m'avait-elle déjà si bien apprivoisée ? Où étaient passées ma misanthropie et ma colère ? Que faisais-je là bon sang ?

En chemin, j'embrassai d'un regard circulaire le charme ancien des meubles, des tableaux, tapis, tentures et miroirs. Je me sentais vaguement troublée. Vikki babillait en me montrant diverses curiosités, dont je prenais très distraitement connaissance.

Mais au niveau de la porte-fenêtre ouvrant sur le jardin, je ralentis devant un secrétaire encombré de papiers.

Des écrits, des croquis, des photos.

D'accord.

Des enveloppes, un carton à dessin, des pastels.

Très bien.

De nouvelles esquisses, plus colorées. Grive à pieds jaunes. Colibri madère.

Sous la représentation d'un oiseau brun moucheté, et au bout d'une fine flèche, une étiquette rédigée avec soin : *Bécasseau minuscule*, la plus petite des espèces limicoles de la Guadeloupe.

Cette écriture. *Familière ?*

Et là... un courrier à en-tête, sur une pile de documents. *Parc national de la Guadeloupe.*

Quelque chose me maintint en suspens.

Je sus obscurément que je devais rester sur mes gardes.

« C'est la pagaille de mon mari ! » gazouilla-t-elle.

Elle posa le plateau sur un coin du bureau et s'employa à remettre en ordre un tas de feuilles éparses. Ce faisant, elle eut une petite exclamation.

« Oh ! Justement c'est lui ! » me dit-elle en me tendant un article illustré d'une grande photographie.

Une eau glacée envahit mon corps.

Lui. Anders. Dans cette maison.

Je calculai son âge. Facilement deux fois celui de Vikki. Quant à son air matois, il me parut inversement proportionnel à la naïveté mutine de son épouse.

Que faisaient ces deux-là ensemble ? Pourquoi se retrouvait-il sur ma route, et si proche de moi, après tant d'années ?

J'étais restée bien trop longtemps. Il aurait fallu détaler comme je savais si bien le faire, abréger sans attendre cette visite. Mais quelque chose me retint, curiosité ou peur, et je passai avec Vikki une partie de l'après-midi, un verre de citronnade à la main, à parler jardin, littoral, arrosage automatique.

Elle fut charmante, volubile, attentionnée, mais pas naturelle, comme sous l'œil vigilant de l'homme sur la photo. Il me sembla qu'elle me servait un discours bien rodé, se livrait à un petit jeu de rôle appris et cent fois répété, devant toutes sortes de publics.

Je m'attendais à chaque instant à voir surgir son mari, et serrais dans ma main une fourchette à dessert prête à s'enfoncer dans sa gorge.

De retour chez moi, assise comme souvent dans l'obscurité du verger, fumant rageusement et écoutant le chœur des dernières grenouilles de la mare avant le froid, je m'aperçus que j'avais très peu appris de leur couple. Malgré tout le babillage de Vikki, je n'avais presque rien à ajouter au *Nous sommes ici à cause des oiseaux* du début de ma visite.

Elle avait en retour bien peu tiré de nos échanges. J'en avais, moi aussi, des couplets prêts à servir, et mon système de verrouillage de l'information était des plus éprouvés.

Au matin, le caquètement si caractéristique des grues cendrées me réveilla. En escadrille au-dessus de la campagne, elles entamaient leur migration.

Je me levai d'un bond, trébuchant, et enfilai mon jean et mes bottes. Et, sortant rapidement de la serre, m'enroulant dans un vieux châle, je vis dans le matin pâle leur V presque parfait pointer vers ces contrées chaudes dont je savais tant de choses.

Enfant, j'adorais ce moment. Je pouvais courir longtemps sur le chemin pour les suivre des yeux jusqu'à laisser cette longue flèche se dissoudre dans les nuages et leur bavardage joyeux s'éteindre peu à peu. Leur message était clair : dans moins de trois semaines le froid s'installerait, il me fallait hâter le travail au jardin.

Je pensai à Vikki et à son mari, de l'autre côté de la haie, qui les observaient peut-être.

Puis mes pensées se concentrèrent sur son mari.

Stan,

Tes déplacements de chercheur te mènent, à travers la France et l'Italie, vers les lieux de recueillement. Des abbayes, des monastères, où tu étudies les jardins de cloître. Au coin de tes lettres, tes croquis de pivoine, iris et lys forment de petits entrelacs.

Puis tu es de retour à nouveau, tout auréolé de tes aventures botaniques. C'est comme une marée qui sans cesse te ramène à moi.

Soudain, nous sommes nus, face à face dans la chambre, et tu reprends possession de moi, centimètre par centimètre. Tu relies point par point mes grains de beauté de tes doigts légers, et ce voyage me fait, comme à chaque fois, chavirer. Nos regards noyés, nos bouches ardentes, nos souffles mêlés, nos redditions consenties. Je suis dévorée par une immense joie. Elle me porte très haut, puis m'éparpille en étincelles de douceur. J'ai tant à rattraper.

Je me sens petite et grande. Quelconque et importante. Affamée et comblée. Calme et terrifiée.

Je suis en chantier, je suis heureuse comme jamais. Tout m'enchante quand tu me parles à mi-voix, dans la chambre, du jardin secret des puissants, du jardin paradisiaque des princes. Là, au creux de notre petit monde, équipé d'un verre de vin rouge et de carrés de chocolat, tu me racontes un jardin clos médiéval. Les yeux fermés, nous visitons le potager, le verger, le carré médicinal. La bouteille est presque vide, tu m'enseignes alors le jardin de l'âme : celui du cloître, métaphore de l'Éden.

Et la nuit n'y suffit pas.

En attendant mieux, je débute un modeste carré de simples sur notre minuscule bord de fenêtre. Bien loin de la pharmacopée du Moyen Âge, j'y dispose quelques aromatiques dont j'observe la croissance avec dévotion.

Plus tard, je t'offre un appareil photo léger et sophistiqué, qui t'accompagne à Florence, dans les jardins de Boboli, ou près de Rome, dans ceux de Tivoli. Tu m'envoies des photos merveilleuses qui vont illustrer tes récits à ton prochain retour.

En ton absence, je porte comme avant ce caban marine élimé qui me fait toute semblable à toi, et je vais au travail en fumant crânement tes cigarettes. J'ai un peu de mal à me nourrir quand tu n'es pas là, mon ventre est rempli d'attente. J'ai connu ça enfant aussi, mais je ne t'en ai jamais parlé. Tu n'as pas été très curieux de mes mystères et je ne t'en ai pas voulu.

Te raconter mon histoire ? Je préférais garder ça pour plus tard. Ou pour jamais.

À tes retours, nous explorons la France, c'est tantôt Giverny et ses emballements de fleurs, tantôt le climat océanique, les landes et les dunes, où, le nez dans les hautes herbes, nous observons le ciel à l'envers.

Tu m'emmènes dans tous les jardins de Paris, où j'adore déambuler et observer les arbres remarquables.

Il y a tant à apprendre partout.

Un été, nous passons quelques jours en Suède et allons voir le jardin de Linné, à Uppsala. Tu écris un article sur les sorbiers. Je me régale du jardin des minuscules plantes alpines de Laponie.

Nos enchantements sont communs et notre proximité grandit. Je ne peux croire à ma chance.

Ce déferlement de douceur et d'insouciance, ce trop-plein d'émotions dans ma vie m'étreint.

Certaines nuits, alors que tu dors paisible, le visage dans mes cheveux, l'angoisse me visite et me serre la gorge dans l'obscurité. À en étouffer, à en vomir.

Le noir s'installe en moi, il avance sur mon territoire comme une ombre lente qui m'oppresse et me recouvre.

Alors, j'ai si peur de te perdre que je rêve de tout saccager.

4.

Fougère *(Polypodiophyta) : Plante de la famille des Filicinées présente dans les sous-bois et dans les landes. Compagne des druides, en raison de ses nombreuses vertus et propriétés, la fougère permet de se rendre invisible et de retrouver la mémoire perdue.*

Quelques jours plus tard, Vikki se matérialisa aux abords de ma serre, alors que je bataillais pour tailler et fixer un vieux rosier grimpant aux arceaux encadrant une allée du jardin. J'avais écrit la moitié de la nuit. J'étais toute à mes pensées, à mes projets de commandes de roses anglaises.

Elle avait poussé mon vieux portail, contourné la maison, s'était avancée loin au fond du jardin pour me trouver. Et ça ne me plaisait pas du tout, que l'on puisse si facilement arriver jusque-là. Je notai mentalement de remédier à cela.

« J'ai sonné mais…

— Oui, oui, ça ne marche pas pour l'instant. Bonjour. »

Peu affectée par ma froideur, elle marcha à petits pas, en me posant mille questions sur mes travaux, mes plantations. Elle respirait une fleur mourante, trempait une main légère dans le bassin saumâtre. Plus loin, elle collait comme une enfant son nez aux vitres poisseuses de la serre. J'appréciai qu'elle ne dérive pas vers d'autres sujets. Je savais que je couperais court si sa curiosité la menait plus loin.

« Ça vous dirait une balade en bord de mer ?

— Non, répondis-je un peu vite, j'ai beaucoup à faire. »

Je redoutais qu'une familiarité s'installe entre nous, qui, je le savais, n'engendrerait rien de bon.

« Dommage », dit-elle à mi-voix, en commençant de rebrousser chemin, tortillant entre ses doigts une petite crosse de fougère desséchée.

Je posai ma pince coupante et mon rouleau de fil de fer. Après tout, elle m'avait accueillie chez elle. Je devais me faire violence et adopter, au moins pour un temps, un comportement civilisé.

Elle avait déjà fait quelques pas vers le portail quand je m'entendis dire :

« Vous voulez du café ? Je peux faire une petite pause. De toute façon, j'en ai besoin. »

Elle tourna vers moi un visage épanoui.

C'était comme une petite rose sauvage que l'on verrait éclore en accéléré.

Chez moi, pas d'hésitation sur le choix de la table de jardin : je n'en avais pas. On n'était pas à la Villa Adèle. Je la fis patienter sur le perron arrière, qui formait une petite terrasse. Je poussai quelques brassées de fleurs d'hortensias, que j'avais mises à sécher, et lui sortis une chaise. Mais elle ne la prit pas. De l'intérieur, je la regardai, assise sur la rambarde de pierre, les pieds balançant au-dessus de mes plantations de la veille.

Sa beauté frêle me toucha. Si j'avais osé, j'aurais photographié sa silhouette en suspens au-dessus du jardin, son profil délicat, sa tempe où ondoyait une mousse de cheveux légers.

Je devinais ce qu'elle pouvait endurer avec cet homme-là.

C'est pour cela que je lui avais proposé ce café.

Le désœuvrement de Vikki était évident. Même si la courtoisie n'était pas ma spécialité, je pris donc un peu de mon temps.

La voir, la flairer, l'écouter parler me rappelait, par certains côtés, une jeune fille que j'avais été. Cette faim d'amour qui surgissait au détour de ses phrases comme de ses silences, je la connaissais mieux que personne.

Lorsqu'elle tendit la main pour saisir sa tasse de café, je remarquai un faisceau de cicatrices sur son avant-bras, comme si cent petites pattes d'oiseaux furieux l'avaient arpenté. Mon cœur se serra. Elle suivit mon regard mais ne dit rien, elle devait y être habituée.

Je regardai le ciel. Temps frais, mais grand soleil.

J'avais beau me chercher des prétextes, rien n'était vraiment urgent.

« Revenez dans une heure, lui dis-je. Je finis ce que j'ai entamé et on va se promener. »

Je savais qu'elle n'en soufflerait mot à son mari.

Surprise, elle m'adressa un large sourire silencieux et partit d'un pas dansant.

Sitôt qu'elle fut hors de vue, je me demandai ce qui m'avait pris. C'était exactement ce que je m'étais promis de ne pas faire. *T'es une vraie conne, tu veux que ça recommence ? Putain, Anders, qu'est-ce que cette ordure fait là ? Et toi tu fais quoi avec cette fille ?*

Quand elle revint, sautillante, avec ses mains gantées, son visage encapuchonné et son parfum citronné, nous prîmes la route de la côte, dans ma fidèle vieille voiture.

« Mon mari est à Paris pour quelques jours », me dit-elle, alors que nous approchions du bord de mer. Elle souriait.

« Je vois. Vous avez donc tout le temps de vous promener, ajoutai-je en tournant la tête à demi pour lui sourire à mon tour. Et il fait quoi comme métier ce mari ?

— C'est un spécialiste des oiseaux. Un chercheur. Mais il enseigne aussi. Il a écrit tout un tas d'ouvrages. »

Je savais tout cela parfaitement.

« Intéressant. Et vous êtes ensemble depuis longtemps ? »

Elle rougit légèrement.

« Nous nous connaissons depuis que je suis petite. C'était, au départ, un ami de mon père, ornithologue lui aussi.

— Ils ne sont plus amis ? »

Elle marqua un silence, puis, frottant vigoureusement les cicatrices de son avant-bras, elle ajouta.

« Je… je n'ai plus de contact avec ma famille depuis que j'ai épousé Anders. Ils vivent maintenant aux États-Unis. »

Nous roulâmes, le temps s'étirait, je n'ajoutai rien. Elle regardait par la vitre de la voiture, feignant le détachement.

« Oh, regardez ! On dirait des sternes ! » s'écria-t-elle.

Je me penchai vers le pare-brise.

« Oui, c'est vrai. Un peu tard dans l'année, mais bon, il fait de moins en moins froid… Elles ne vont pas tarder à partir, je pense. »

J'observai leur vol ample et élastique, leur plongeon souple à la surface de l'eau. L'hiver s'approchait à pas de loup. La dune, érodée par la marée et les piétinements, allait progressivement se reconstituer.

Beaucoup de choses de l'été seraient effacées. J'aimais cette idée.

Je garai la voiture le long de la mer. Derrière nous, une petite frange forestière, où des pins maritimes balançaient tranquillement leurs grands bras. Vikki tira sa capuche sur son front, un vent frais s'était levé. Nous marchâmes dans les dunes grises, en respirant l'air brassé et le parfum maintenant très discret des immortelles.

« Vous êtes jardinière, c'est ça ? me demanda-t-elle.

— Oui, c'est ça. »

Cette appellation me convenait parfaitement. Mentir par omission ne me semblait pas dramatique.

« Vous pourriez m'apprendre ?

— Vous apprendre quoi ?

— Ben, le nom des plantes, le jardinage, tout ça quoi !

— Ha, ça prendrait des années. Vous êtes juste en vacances je crois.

— Alors seulement quelques trucs !

— Vous avez un jardin là où vous vivez ?

— Je ne sais pas encore. On va déménager.

— Très bien. »

Ce fut un soulagement. *Que cette ordure dégage. Qu'il crève.* Bien que cela m'indiffère, je demandai pour la forme :

« Vers quelle région ?

— En Afrique de l'Ouest, en principe.

— Ha, comme les sternes alors ! »

Je lui expliquai les deux-trois choses que je savais sur la migration des oiseaux d'ici, sur les quelques plantes de la dune que nous foulions. Et puis, des petites généralités sur le jardinage. Elle me regardait, marchant parfois à reculons pour mieux m'écouter ou me poser une question.

Elle soupira et me dit :

« Oh la la... qu'est-ce que j'aimerais être *comme vous*... »

Je ris. C'était la première fois que j'entendais cela.

« C'est quoi, *comme moi* ?

— Je ne sais pas. Savoir autant de trucs. Être aussi tranquille.

— Tranquille ? Je ne suis pas sûre ! »

Puis, la regardant rougir :

« Tu ne crois pas qu'on pourrait se tutoyer ? »

Nous rentrâmes en passant par le port. Je voulais acheter des fruits de mer. Nous prîmes un verre de vin sur la jetée, puis des beignets un peu plus loin. L'après-midi s'achevait et je me sentais épuisée et bizarrement bien. Je n'avais pensé à rien ou presque. Ça faisait longtemps.

Je ne la revis pas pendant plusieurs jours. Je me surprenais à l'attendre, à m'inquiéter pour elle, puis je me moquais de mes contradictions.

Je repensais à ce qu'elle m'avait dit. Et surtout à ce qu'elle ne m'avait pas dit.

À ce petit jeu-là, nous étions très fortes toutes les deux. De manière différente certainement, la vie nous avait façonnées ainsi, dans la défiance et l'obstination.

Toute la semaine qui suivit la promenade en bord de mer, je travaillai d'arrache-pied. J'avais beaucoup à faire avant l'arrivée du froid. Mes fougères brunissaient, les feuilles des arbres mêlaient leurs couleurs sur le sol. Je prenais plaisir, certains après-midi de grisaille, à allumer, pour les brûler, un grand feu sauvage au fond de mon terrain, dans cet espace merveilleux et caché auquel j'avais décidé de n'accorder l'accès à personne.

La solitude y était plus radicale, le sol plus noir, les émotions plus fortes.

Mes cheveux et tous mes vêtements s'imprégnaient de ce fumet qui me rappelait d'autres brasiers de mon enfance.

Stan,

Ce que tu as représenté pour moi est dément. Ma folie commence avec tes yeux sur moi.

Ce qu'ils veulent dire me demeure pendant longtemps indéchiffrable. Irrecevable.

Je suis de celles que la vie a ballottées et testées à chaque instant, jusqu'à l'extrême.

Peu de gens avant toi m'ont proposé leur amour sans une terrible contrepartie.

Quand tu te présentes à moi avec ce désir-là, tout en moi se prépare au pire. Mon corps lui-même est sur ses gardes. On s'est déjà bien foutu de moi. Des amies changées en garces, des fous amoureux qui me larguent en plein vol, de fausses familles, de bien étranges pères.

Mais, parce que c'est toi, je m'approche du bord, je regarde brièvement en bas, et pour la première fois je plonge les yeux fermés. Je plonge loin et profond. Pas seulement mon corps, cet animal avide de plaisir, mais tout de moi. J'y vais par bravade, avec fougue et désespoir. J'y vais parce que, bon Dieu, j'y ai droit moi aussi. Et puis, si ça foire, je m'en balance, je me relèverai une fois encore. Ou alors, j'en mourrai. Quelle importance ?

Je mets du temps à envisager que peut-être, oui, pourquoi pas, une part de toi est sincère. Cela m'effleure un soir où tu baisses la garde, plusieurs mois après les débuts de notre relation.

Tu me parles de ta vie de petit garçon.

Et c'est ce petit mec en toi qui me touche et brise sans le savoir mes dernières défenses.

Tu n'as pas l'habitude d'être écouté avec cette dévotion muette dont j'ai secrètement honte.

Tu évoques un père indifférent et savant que tu t'échines à séduire, tout au moins à intéresser. Une mère qui n'avait en rien prévu de l'être et que tu encombres. Dans la mission de t'élever, son efficacité pratique est remarquable, son implication émotionnelle mesurée. Les effusions qu'elle observe chez d'autres lui paraissent dérangeantes. En embuscade derrière son mari, silencieuse, elle tire les ficelles de la vie de famille.

Tu te construis tout seul, dans cet univers rigide. Ta passion clandestine pour la nature et ta puissance de travail te permettent d'atteindre ce que d'autres ravissent sans effort. Ta réussite est ce qui te structure, t'identifie et te rassure. Ton titre de docteur couronne ton arrivée victorieuse au sommet. Tu espères alors une lueur de fierté dans les yeux de ton père. Mais, catastrophe, il n'est déjà plus là, happé par une maladie de la mémoire, qui va le faire décliner à mesure que tu t'élèves. La victoire te semble absurde. Elle t'est volée, même si ta mère s'échine à te rassurer. « Mais non, voyons, je suis sûre qu'il comprend, et qu'il est fier de toi », serine-t-elle le regard à peine mouillé. Seulement, ses mots sont depuis toujours inadéquats. Cette cruelle ironie de la vie te rend amer et désabusé.

On te croit fier, tu es simplement brisé.

Il te faut quelques années pour découvrir la sensation de liberté qu'il y a à ne plus vivre sous le regard évaluateur de ton père, dont l'esprit s'est égaré à jamais. Et pour chercher auprès d'autres humains l'approbation et le réconfort. Je suis de ces humains-là, et le repos que tu trouves dans l'amour que je te porte va te combler.

Pour un temps.

Je dois reconnaître que tu es là pour moi, toi aussi. Tu suis mon parcours avec fierté, mais je sais intuitivement qu'il ne faut pas que je monte trop vite, encore moins que je te précède.

Je dors en tenant ta main. Et je souris dans l'ombre quand c'est toi qui cherches la mienne pour trouver le sommeil.

5.

Sedum *(Sedum) : Petite plante dite succulente, de la famille des Crassulacées, croissant sur les vieux murs, et plus connue sous le nom d'orpin. Certaines variétés augmenteraient les capacités physiques et psychiques, et auraient donné force et endurance aux guerriers vikings.*

Ma maison recelait de nombreux trésors pour qui prenait le temps de l'explorer.

Des objets abandonnés çà et là, insignifiants pour d'autres, mais qui, pour moi, portaient une histoire inconnue que je ne me lassais pas d'imaginer.

Dans la cabane, j'avais ainsi trouvé un épais cahier, qui détaillait magnifiquement l'histoire de mon jardin. Ce fut un enchantement. C'était comme si on avait laissé là un cadeau à ma seule intention.

À certains détails – les croquis délicats, les rubans, les raphias de couleur – je m'étais finalement convaincue qu'une femme en était l'auteure. On comprenait en tout cas que cette personne était partie de très peu de connaissances botaniques, et avait tout appris sur le terrain au fil des saisons. Elle ne faisait pas mystère de ses erreurs, et les mentionnait avec précision, afin d'en tirer des leçons pour l'année suivante. Elle répertoriait également ses moments glorieux : floraisons massives, récoltes records de fruits ou de légumes. Elle y détaillait les rencontres inattendues (papillons inconnus embusqués dans les sedums), les hôtes sédentarisés (petite famille de hérissons ayant migré depuis un jardin voisin), le passage de certains oiseaux (canards sauvages faisant escale quelques jours sur la mare).

Et je souris en me revoyant sortir en toute hâte de ma cloche de verre pour suivre, les yeux écarquillés, le vol des grues cendrées.

Nous étions, cette personne et moi, de la même espèce.

Plus tard, je découvris au grenier un paquet de lettres, adressées à une Agata Janssens, que je supposai être l'auteure du *Cahier de jardin*. Il s'agissait donc peut-être bien d'une jardinière, comme moi.

Je les mis de côté pour les lire plus tard.

Il me semblait, en parcourant le cahier, qu'on y décrivait, à travers mille détails, entre un programme de semences et des calculs de coûts, de surface, de rendement, des luttes âpres et longues. De l'écriture de jeune fille, d'écolière presque, on passait petit à petit à un trait plus affirmé. Au fil des images crayonnées ici ou là, on assistait à son épanouissement. Les dates montraient que la guerre était enfin passée. Un peu de fantaisie se lisait maintenant dans les écritures en couleur, les gravures collées, les sachets de graines découpés. Au fil des dates, on trouvait des plans de transformation du jardin, des croquis de bouquets, des prénoms mêlés aux fleurs peintes. Prénoms de filles et de garçons égrenés par une future maman ?

Ada, Anouk, Bente, Elsbet, Marijke, Jana…

Anton, Adam, Tobias, Clemens, Paulus, Jan…

Des prénoms néerlandais comme le mien. Une autre connexion avec cette amoureuse de jardins ? Je passai les doigts sur ces pages, toute une vie, si différente de la mienne, contenue dans l'enclos enchanté de ce lieu.

En mémoire de cette femme, je décidai d'installer prochainement des sedums, et d'y apporter un grand soin. Je me dis que je montrerais le cahier à Vikki, qu'il alimenterait son initiation au jardinage.

La nuit suivante, je rêvai d'elle. Un rêve d'orage où je la sauvais. Il y avait le bassin des carpes koï où je la trouvais à demi noyée, il y avait une course éperdue à travers le parc, il y avait Anders que nous fuyions, et enfin, l'arrivée en lieu sûr. Du moins le croyions-nous, jusqu'à ce que j'identifie la bâtisse.

Nous étions dans le conservatoire botanique des Antilles, dans la gueule du loup.

Je m'éveillai terrifiée dans la chambre que j'occupais désormais à l'étage de la maison, et il me fallut longtemps pour savoir où je me trouvais et comprendre que rien ne me menaçait plus.

Le lendemain du rêve, Vikki fit son apparition alors que je travaillais à rafistoler le toit de l'appentis de jardin. Mes compétences en menuiserie étaient proches de zéro. Je me contentais donc de clouer quelques planches aux endroits où le petit abri prenait l'eau. Elle me surprit et je faillis dégringoler.

« Je suis venue voir si vous auriez un peu de temps pour ma première leçon », dit-elle en souriant.

Elle me parut très fatiguée et un peu étrange. Elle me vouvoyait à nouveau. Je descendis précautionneusement et lui proposai cette fois de rentrer un moment. Je me fis plus tard la remarque que son territoire avait, sans que je m'en rende compte, avancé sur le mien. Elle trouva l'intérieur *hyper-joli*, ce qui ne me parlait guère, vu le minimalisme qui caractérisait mes aménagements. Rien à voir évidemment avec le faste de la villa voisine. Des meubles simples et dépareillés, séparés par de grands espaces vides. Des fleurs mises à sécher un peu partout. Des herbiers de fortune où reposaient, entre de grandes feuilles de papier journal, et dans leur ultime gloire, les dernières fleurs de l'été. Des écorces, des coquillages, des morceaux de bois flottés sous le grand miroir. Un bureau qui attira son attention, où j'avais laissé traîner le cahier de jardin, mes croquis personnels, et ce que j'appelais intérieurement *mes écritures*. Je refermai le cahier, retournai les feuilles de papier dispersées, tout en lui proposant de goûter mes essais de pâtisserie agrémentés de fleurs comestibles. Je m'étais amusée à cristalliser des pétales de roses et je lui en proposai.

Après une boisson chaude et une discussion, je l'emmenai au jardin. Tout en marchant tranquillement, je lui expliquai avec une patience qui ne me ressemblait guère les projets que j'avais pour chaque partie du terrain.

Elle s'était un peu confiée à moi dans la cuisine. Elle ne semblait côtoyer personne, ne mentionnait aucune amie, et je comprenais ce qu'avait eu de désespéré son appel par-dessus la haie. Et ce que j'avais redouté de sa vie avec Anders me paraissait de plus en plus plausible. Elle venait en son absence et m'avait intimé de ne pas évoquer ses visites chez moi, au cas où je le croiserais. Je n'avais aucune peine à comprendre pourquoi, mais il était bien trop tôt encore pour en parler à la jeune femme.

Je frissonnai en pensant à ce qu'il savait de moi.

Bien davantage évidemment que ce qu'en avaient écrit les journaux.

Son installation à la Villa Adèle était un de ses coups de maître.

Je frémis en songeant à tout ce que je pouvais craindre de lui.

Car j'avais la certitude qu'il n'en resterait pas là.

Stan,

Tu es un jeune homme magnifique, et je ne suis pas la seule à le voir. Il y a des Bréanne partout où nous allons. Des filles exubérantes, drôles, spirituelles, sportives, sexy, cultivées, et je souffre en silence de mon insignifiance. Ta tranquillité savante les aimante, ton charme de baroudeur les rend folles. Intérieurement, je trépigne comme une adolescente.

Vous ne savez rien de lui, bande de hyènes.

Depuis quelque temps, tes voyages au loin me ravagent, même si je n'en laisse rien paraître. Mon travail, heureusement, m'absorbe une partie du jour. J'y consume toute mon énergie, mes recherches avancent, et mes résultats commencent à intéresser d'autres équipes, ainsi que l'industrie.

Les opportunités se mettent à affluer de mon côté. Certains mois, nous nous voyons peu, car nos travaux supposent des déplacements, des rencontres qui nous nourrissent, nous enthousiasment, mais nous éloignent.

Je pars plusieurs fois aux Antilles où mes compétences en pharmacologie sont utiles à la recherche sur les maladies infectieuses tropicales. Je suis tellement fière qu'on les reconnaisse, et si heureuse de voyager enfin pour mon travail, comme toi.

Par-dessus tout, je suis ivre de joie, une fois sur place, au milieu de cette végétation délirante, de découvrir le sens du mot « luxuriance ». La beauté du décor m'emporte. Je voudrais courir d'un point à l'autre de l'île et être partout à la fois.

Je rencontre Yorick, un jeune chercheur guadeloupéen, qui me guide et me fait connaître. Mes séjours se multiplient et bientôt je suis accueillie dans sa famille. Lorsqu'ils connaissent mon titre et mon domaine de prédilection, ses enfants me surnomment malicieusement « Docteur Feuilles », mais je n'ai rien d'une guérisseuse antillaise. Je reconnais aux plantes des pouvoirs thérapeutiques, je m'applique à les étudier scientifiquement et à les valoriser. Yorick me parle des quimboiseurs, ces maîtres de connaissances ancestrales pour qui les plantes protègent, guérissent, mais aussi libèrent les individus des mauvais sorts. Certaines, dit-il, aident à accroître fortune, amour et pouvoir. Il a tant d'anecdotes. Je souris à tous ces récits, mais je ne suis pas à l'aise. Il me parle de la patate douce, dont on fait des poupées vaudoues. En me faisant goûter un piment particulier, sa femme me glisse qu'il me protégera des sortilèges, et me raconte les pouvoirs attribués à l'hibiscus, à l'aneth ou au bois bandé.

Je suis bien loin de mon labo, loin de toi, loin de tout, je suis déracinée et agréablement perturbée.

Lors d'un de mes séjours, on m'emmène chez un véritable Docteur Feuilles, après que je me suis foulé le poignet en chutant lors d'une collecte en forêt.

Yorick me conduit chez ce docteur où j'attends mon tour sur une chaise devant la kaz, entre une mère et son nourrisson, un éleveur et sa chèvre. Le Docteur Feuilles est plus jeune que je ne l'imaginais. Il me considère gentiment et, après avoir examiné mon poignet rouge et enflé, écrase tranquillement dans un récipient des feuilles d'hibiscus, ainsi qu'une poudre d'herbes avec de l'alcool de canne à sucre. J'ai mal, mais le sourire confiant de Yorick à mes côtés me tranquillise. Après l'avoir massé en douceur, le docteur noue autour de mon poignet une petite liane tressée en me recommandant de la conserver quatre jours.

Ma nuit est peuplée de rêves de forêts et de plages chahutées par un violent cyclone. Je me réveille en sueur, persuadée d'avoir eu une forte fièvre et contracté une infection. Je m'étire lentement sous la moustiquaire et, dans ce geste, aperçois mon poignet qui a retrouvé sa finesse et sa mobilité. Ma guérison express n'étonne personne chez Yorick, et mon air interloqué les fait bien rire.

À partir de là, mon rapport aux plantes change.

6.

Rose de porcelaine *(Nicolaia eliator) : Plante vivace originaire d'Indonésie maintenant naturalisée en zone tropicale, dont la fleur épaisse (rouge, rose ou blanche) est spectaculaire, et la taille remarquable (plusieurs mètres). Également nommée gingembre tropical.*

Quelques jours après la visite de Vikki, je fus tirée de *mes écritures* par des coups frappés à la porte d'entrée. La maison chaude, la table de travail encombrée et son environnement feutré, mes cahiers, mon plaid, mon bol de café, tout cela délimitait sous la lampe de travail une bulle protégée dans laquelle je m'absentais certains après-midi.

On frappa à nouveau au carreau de la porte d'entrée. Au lieu de m'y précipiter, j'ouvris une fenêtre donnant sur le perron, afin d'apercevoir à qui j'avais affaire. La méfiance comme seconde nature.

Une femme grisonnante, emmitouflée dans une parka fatiguée au logo très reconnaissable, se tenait sur le seuil. Au pied des marches, un colis sur un diable.

« Bonjour, excusez-moi, j'ai sonné mais…

— Oui oui, ça ne marche pas, maugréai-je.

— C'est pour une livraison, me lança-t-elle, en apercevant ma tête par l'entrebâillement du volet.

— Ça doit être une erreur. Je n'attends rien. »

Je me faisais l'effet d'une vieille pie revêche. J'entendais le ronflement de son camion devant le portail. On devinait que sa journée n'était pas finie.

« Écoutez, moi j'en sais rien, me dit la femme, j'ai un truc à vous livrer, c'est tout. Vu l'emballage, c'est des fleurs. C'est pas votre anniversaire, des fois ?

— C'est rien du tout. Mais c'est bon, je vous ouvre. »

Personne ne pouvait me faire livrer de fleurs, ni quoi que ce soit d'autre d'ailleurs. Pour cela, il aurait fallu avoir mon adresse. Seul mon frère la connaissait. Et ce n'était vraiment pas son genre, qui plus est sans occasion particulière.

Je réceptionnai malgré tout l'objet, sans commentaire. Après tout, une erreur de livraison ferait peut-être ma joie, me dis-je, sans la moindre pointe de honte.

Il n'en fut rien. Aucune honte et surtout aucune joie.

Je refermai la porte et traînai laborieusement jusqu'au centre du salon l'imposant carton de transport. Je pris le temps d'ajouter une bûche dans le poêle à bois et m'approchai de l'objet comme s'il contenait un alien. En l'entrouvrant, je louai en spécialiste le soin apporté à l'emballage. Aération étudiée, matériau adapté, diviseurs en carton ondulé, attaches et cales. Sous ses voiles de matière respirante, je délivrai, après son voyage, une plante qui m'était très familière, une étonnante et massive fleur d'un rouge profond.

Une rose de porcelaine.

Ce fut comme un électrochoc.

Je retournai brusquement le couvercle du carton et, sidérée, lus à voix basse, correctement orthographiés, avant mon adresse, mes véritables nom et prénom. Stupéfaite, je déballai entièrement la plante, et tandis qu'elle déployait avec satisfaction ses puissantes tiges caoutchouteuses et ses feuilles lancéolées, j'aperçus l'enveloppe qui lui servait de sauf-conduit.

Tout en moi se glaça quand je lus :

Pour Merel, en souvenir de nos errances (botaniques ?) guadeloupéennes. Anders.

Je fixai la plante avec effroi. Sa belle tête écarlate légèrement inclinée semblait me toiser effrontément. Je vérifiai l'humidité du substrat et, à pas lourds, me dirigeai vers la serre où je la déposai. Tout au fond.

Puis je me détournai d'elle en hâte, comme si elle allait m'exploser à la figure. Je revins en courant vers la maison.

Frissonnant de dégoût, je m'emparai du message et le réduisis en confettis. Puis je m'attaquai au carton d'emballage. Je le mis en pièces en hurlant. Je ne parvenais pas à maîtriser mes mouvements, il me fallut du temps pour en venir à bout tant je tremblais. Un par un, je jetai tous les morceaux au feu. Puis, désœuvrée après ce massacre, je me mis à tourner sur moi-même. J'écumais, mon ventre se contractait, j'étais obligée de le tenir à deux mains. Je me mis à arpenter la pièce tout en fulminant.

Non, non, non, non, non. Pas ça, pas ça, pas ça.

C'était clair, il me fallait du vin. Je ressortis dans le jardin et courus à la cave. Sa fraîcheur me calma d'un seul coup. Je repris mon souffle. *Allez, ça va aller.* À la lueur jaunâtre d'une ampoule nue, je trouvai ce que je cherchais.

Je bus avec application à la table de la cuisine. Mon cerveau travaillait à plein régime.

Au fil de la journée, je me relâchai.

Les jours avaient raccourci. Par la fenêtre embuée, je contemplai mon nouvel univers qui entrait maintenant en dormance pour quelques mois.

Sous des voiles d'hivernage, quelques plantes fragiles.

Dans la serre au loin, mes plus précieuses protégées.

Et sous la surface de la terre, les bulbes, les tubercules, les rhizomes qui ménageaient leur énergie. Insectes, larves, petits mammifères et reptiles se tenaient également cachés, métabolisme au ralenti.

Pour moi aussi, cela aurait dû être la saison du repli, une hibernation intense et salutaire au milieu de ma vie. Mais il était devenu nécessaire pour moi de prendre quelques mesures, mon temps était désormais compté.

Stan,

Dans la période suivante de notre vie commune, il m'est à présent possible de partager avec toi autre chose que le récit d'un quotidien ordinaire.

Je suis toute à la joie, à chacun de mes retours, d'évoquer mes découvertes, de partager mes emballements. Je te retrace mes émois de novice sur les sentiers de Guadeloupe, évoquant l'arbre du voyageur et les grands fromagers, les massifs de pensées créoles ou de panaches d'officier. Et bien sûr, cette rose de porcelaine, fleur épaisse, caoutchouteuse, surnaturelle et rose comme les gencives d'un monstre. Et puis tant d'oiseaux qui m'enchantent. Le colibri madère à la gorge mauve ou le loriquet arc-en-ciel. Ces étincelles de couleur que je pointe sans cesse du doigt à des autochtones blasés mais indulgents.

Je disperse sur notre lit les beaux clichés de mon voyage. Je t'informe de l'avancée de mes travaux dans le laboratoire qui m'accueille sur place. Je te parle aussi de Yorick et de sa famille, des nouveaux collègues qui font partie de mon réseau. Souvent, tu ne m'écoutes qu'à moitié. Si tu n'es pas occupé par mon corps, tu es absorbé par l'exposé de tes propres exploits. Et moi, je m'attendris, je m'extasie, je me vautre dans cette fascination de toi, qui maintenant me définit, comme une enfant à qui la vie n'a jamais offert un tel cadeau.

Aujourd'hui, penser à celle que j'étais me fait honte.

Mais quant au feu de toi, il ne s'est jamais éteint.

Pendant toute l'année qui suit mes allers-retours aux Antilles, nous commençons sérieusement à chercher une maison en banlieue.

Des toits pointus, des petits jardins clos, des vergers abandonnés, des friches poétiques sont le but de nos errances du week-end. Nous rencontrons des grands-mères de contes de Grimm, prêtes à nous louer des chaumières vermoulues, ou des agents immobiliers survoltés impatients de nous parquer dans de terrifiants pavillons de carton.

Nous passons par divers états. Nous nous enthousiasmons, nous rêvons, nous échafaudons, nous revenons sur terre un peu dépités, puis nous repartons au combat avec, c'est sûr, la perle rare au bout de la semaine.

Sur notre table de travail, nous avons tracé les plans d'un jardin rêvé et, chaque jour, nous y apportons de nouveaux éléments. Le soir, depuis notre lit, nous enrichissons le projet, entourés des catalogues de roses de David Austin et de livres éparpillés. Je suis heureuse que tu te montres passionné. C'est notre premier projet commun, un peu de notre futur qui prend vie à grands traits de crayon, dans les allées d'un jardin fantasmé.

Puis ton emballement s'amenuise.

Pourtant, le printemps est là, la végétation explose, et nos promenades en banlieue n'en sont que plus charmantes.

Comme des enfants, nous emportons un goûter, que nous dévorons parfois dans le terrain même de la maison visitée. Ou dans un parc avoisinant. Je fais en sorte que tout soit délicieux, que la bière soit fraîche ou le café chaud.

Nos recherches peinent à aboutir, car un détail t'apparaît souvent rédhibitoire. Je commence à craindre, malgré tes dénégations, que pour toi il ne s'agisse que d'un divertissement. Je réalise que tu m'as trouvée amusante dans ce long jeu de piste. Que quelque part tu as été attendri, intrigué, presque tenté. Mais qu'au fond la perspective d'une vraie installation à deux, d'un investissement commun dans la durée, n'est pas à ton programme. Tu m'as regardée gambader comme un chiot, et maintenant on rentre à la niche. Tu penses me consoler en me gratifiant de tes élans sensuels, mais tu n'as rien compris. Je suis seule, comme une enfant imbécile, à colorier sans but la carte de notre si beau jardin.

Je sens de vieilles ombres s'agiter en moi.

Et puis, le printemps t'appelle ailleurs.

Tes déplacements reprennent et vont te transformer.

7.

Houx commun *(Ilex Aquifolium) : Arbuste rustique au feuillage coriace, entouré de piquants, luisant et parfois panaché, dont le pied femelle produit des drupes, baies sphériques toxiques. Il bénéficie d'une longévité remarquable, jusqu'à trois cents ans. Planté autour de la maison, il protège des attaques de magie noire.*

Nous passâmes l'automne et l'hiver au rythme des menus travaux de jardin, Vikki souvent à mes côtés à chaque absence d'Anders. J'espérais lâchement qu'elle sortirait bientôt de ma vie, et que je n'aurais rien à lui avouer au sujet de son mari.

Je lui montrai comment tailler mes petits groseilliers et cassissiers. Je lui fis, à mesure que l'hiver avançait, semer de plus en plus de graines en godets. Ce qui ne devait être qu'une résidence de week-end s'était transformé pour elle en lieu de réclusion permanent. Je ne parvenais pas à comprendre pourquoi sa présence au départ perturbante m'était peu à peu devenue agréable. Je me surprenais à la guetter et surtout je m'inquiétais quand plusieurs jours me laissaient sans nouvelles d'elle. Je redoutais, sans me l'avouer, le départ annoncé pour l'Afrique de l'Ouest et j'avais deviné qu'elle aussi. Cependant, durant certaines soirées calmes, je l'observai, levant le nez de mes catalogues de roses, en train de dessiner avec un talent certain la cigogne noire ou l'aigle botté qu'elle observerait bientôt avec son mari en Casamance. Et je me demandais à quoi elle pensait.

Comment pouvait-elle partager la vie d'Anders ?

Je comprenais, à la regarder vivre, que Vikki avait reçu une éducation d'exception et vécu dans l'aisance. À l'entendre, je réalisais chaque jour un peu plus que, malgré son jeune âge, elle avait fréquenté la plupart des lieux en vue de la planète, et était particulièrement cultivée. C'était par ailleurs une sportive accomplie, avec une prédilection pour les sports nautiques. Elle avait distraitement étudié la guitare classique et le chant, et plus assidûment le dessin. Il semblait que rien n'avait été négligé pour faire d'elle une femme épanouie. En tout cas, autre chose qu'une jeune fille nubile pour l'usage d'un vieux fauve.

Noël approchait, et elle me confia à demi-mot que sa famille lui manquait. C'étaient des phrases qui commençaient par : « À Noël, chez moi, on fait… » ou « En hiver, ma mère adore… ». Elle restait un instant en suspens, puis reprenait un peu de fuchsia sur son pinceau pour terminer le plumage d'un ibis.

Tout en moi freinait des quatre fers. M'attacher à elle n'était pas une bonne idée. Je me résolus cependant à lui donner un peu de ce qui lui manquait. L'air de rien.

Nous partîmes en forêt couper des branches de sapin, cueillir du houx et d'autres baies de couleur. Nous marchions dans les feuilles odorantes et légères. Je lui parlai de la sorcière écossaise qui frappait le sol de son bâton de houx et déclenchait aussitôt chaque hiver l'arrivée du gel et de la neige. Elle sautillait comme une enfant et son joli museau était rose de froid. Elle me criait : « Maya ! Maya ! Viens voir ce que j'ai trouvé ! », et je me penchais sur une souche envahie de mousse pour lui expliquer ce rustique champignon jaune ou cette fougère brunie.

Dans la serre, je lui fis confectionner des couronnes de feuillages et de baies. Puis au chaud dans la maison, je la regardai fabriquer avec application des pommes d'ambre pour son chez-elle, avec des oranges, de la cannelle, des clous de girofle.

Je l'aidai à installer de coûteuses roses de Noël sous ses fenêtres. Et lui racontai cette fois, tout en creusant, l'histoire de la bergère Madelon, triste de ne pouvoir offrir à l'enfant Jésus des présents aussi précieux que ceux des rois mages. Et dont les larmes de frustration versées sur le sol enneigé avaient donné naissance, grâce à l'intervention d'un ange bien inspiré, à des fleurs blanches teintées de rose.

Alors Vikki me sourit et regarda pensivement ses plantations, toute ravie de la légende.

C'était une ancienne enfant gâtée, que les adultes avaient oubliée. Et pour cela, naissait chez moi une forme de compassion qui se muait en affection.

Si j'avais été moins bourrue, je lui aurais lu des contes.

Mais je ne pouvais plus faire cela, je n'étais plus Merel pour personne.

Stan,

Avant d'aller plus loin dans mon récit, je me dois de te fournir quelques éléments de compréhension.

Je vais reprendre l'histoire, c'est promis, mais il faut faire ici une pause.

Pour que cette femme qui t'écrit te soit un peu moins indéchiffrable.

Stan, je t'ai peu parlé de mon enfance. Disons que je t'en ai décrit uniquement ce qui était racontable.

Pour le faire vraiment bien, pour aller au plus juste, il me faudrait noircir des pages, il faudrait s'installer sous ma peau et gratter jusqu'au sang, creuser la terre avec les ongles, à la recherche de vestiges. Traces déjà diluées, infimes preuves de vie passée, petits éclats dispersés de moi. Ce serait sombre, laid et perturbant. Et il y aurait dans ce récit tant d'ellipses que tu perdrais patience.

Ma vie est balafrée de trop d'étapes manquantes, de moments fondateurs que je ne retrouve pas.

Passerelles coupées, ponts effondrés, sources asséchées.

Alors je te donne en vrac les images qui me viennent. Un méchant best of.

Ce sont des vignettes à coller dans un album. Elles formeront, si tu les mets bout à bout, une histoire décousue, pas vraiment drôle, qui me raconte. Mais qui ne m'excuse pas.

Regarde-les bien.

Sur la première image, on voit un parc et de grands arbres, une balançoire suspendue à l'un d'entre eux. Un bassin envahi d'herbes, de lentilles d'eau. Des bancs de pierre, quelques statues dans la verdure. Tu visualises ?

Et, là, me voici, virevoltant dans l'herbe avec une autre enfant – une grande sœur peut-être – comme deux feux follets. Elle est plus élancée que moi, et ses cheveux longs ont une couleur de miel. Mon cœur est désespérément gonflé d'amour pour elle. Quel âge avons-nous ? Trois et cinq ans ? À quel moment se forment les premiers souvenirs ?

Tu la retrouves sur les images suivantes, dans cette chambre que nous partageons, à l'étage d'une très grande maison un peu vieillotte, étouffée de meubles massifs, rassemblés comme des pachydermes dans l'ombre. Ou dans cette salle de jeux, au milieu de jouets d'une autre époque, cheval de bois, berceau d'osier, dînette de métal bleuté, figurines de carton à habiller. Cette série-là est nimbée de clarté et de joie pure. Elle et moi, comme un îlot dans ma mémoire, une barque que rien ne rattache au bord.

En voici une autre, que j'adore : en bord de mer, dans des rochers, elle et moi toujours. La fraîcheur des petites vagues sur nos pieds d'enfants. Le parfum puissant des algues. Le goût d'un beignet trop sucré, mêlé de grains de sable. Pas d'autre silhouette que la sienne, penchée sur une flaque de mer entre des rochers et qui me crie de venir voir. Où sont les adultes ? D'eux, rien ne m'est resté.

Stan, prends conscience je t'en prie que ces lignes ne sont pas semblables aux autres. Les partager avec toi, c'est aller plus loin que je ne l'ai jamais fait. C'est te remettre les clefs.

Les images qui vont suivre rougeoient en moi comme des braises. Elles couvent et brûlent indéfiniment depuis tant d'années. Un simple souffle les ravive, et rien ne les éteint.

La dernière de cette série me consume plus encore. Regarde-la :

C'est le siège arrière d'une voiture qui roule vers je ne sais où, et où nous rions, elle et moi, allongées sur la banquette. Tu peux voir nos pieds d'enfants qui battent l'air, et nos poupées que nous lançons avec de petits cris. En arrière-plan, un paysage de forêt galope à la fenêtre, dans le jour qui décline. La banquette est large, on nous a donné des couvertures. Nous sommes douillettement entourées de nos jouets préférés. En fond sonore, des voix adultes et le martèlement de la pluie sur le toit de l'auto. Pour les couvrir il faut crier et rire plus fort, jusqu'à l'essoufflement.

Mais après ça, j'ai beau chercher et chercher encore, jusqu'à pleurer de rage, je n'ai plus aucune image d'elle, plus de rires, plus de jeux, plus de mer, de sel, de sucre sur les lèvres.

La séquence s'arrête. Adieu.

Mon enfance se poursuit alors différemment.

Débute une autre série d'images.

Tu peux m'y voir avec des petites filles, nombreuses et d'âges divers. Nos blouses de la même couleur parlent d'une école ou d'une institution. Pas vraiment de joie dans cette partie de l'album.

Sur ce cliché-là, regarde, j'ai quatre ou cinq ans. Je pleurniche car je viens de faire pipi au lit, et une femme penchée sur moi me dit gentiment : « Ne t'inquiète pas, je ne dirai rien, on va nettoyer tout ça, et personne ne le saura. » Je recherche peu la compagnie des adultes, bien que certains m'aident à m'extraire de situations délicates.

Sur cette autre qui s'anime, je suis en classe avec des camarades en blouse, et je viens de vivre un drame. Ma maîtresse a une voix puissante, mais je l'aime beaucoup. Tout en marchant entre les tables, elle nous distribue des gommettes pour les mathématiques. Arrivée à ma hauteur, elle renverse la boîte qui les contient. Je me précipite, bonne petite élève, à ses pieds pour les ramasser. Mais elle ne m'a pas vue. Ses jambes me heurtent, elle trébuche dans l'allée et tombe. On crie de surprise autour de moi. La maîtresse se relève et m'administre une gifle monumentale. Je reste longtemps sonnée, la tête sur mes bras repliés, à pleurer sur mon bureau. Je ne suis pas consolée ni même regardée. Les mathématiques deviennent ma bête noire.

Cette image, c'est mon premier vrai souvenir de trahison.

Puis, d'un seul coup, à la page suivante, plus de blouses ni de dortoir.

Voici en effet une vignette très différente : un polaroid délavé, où je figure avec une famille. Oui, une famille, avec un père, une mère sans véritable consistance, et un frère plus grand. Un frère adolescent qui ne m'aime pas.

Son corps est maigre et osseux, ses yeux transparents et ses phrases pleines de fiel. J'en viens très vite à le redouter. À le détester. Il passe son temps à appâter les oiseaux, puis à les tuer avec une fronde. Je le vois, de ma fenêtre, les guetter dans le jardin. Je fais de mon mieux pour contrarier ses projets. Je m'ingénie à crier et battre des bras pour éloigner les merles. Il commence à me persécuter.

Un jour glacé, une poursuite dans le jardin. Il a juré de me mettre une raclée, il est en rage et court plus vite que moi. Il me rejoint et me plaque au sol. Ses grandes mains rougies de froid me saisissent aux chevilles, puis remontent à toute vitesse le long de mes jambes. Je me tortille en reculant et lui échappe. La course reprend, sur quelques mètres seulement, jusqu'à la remise dans laquelle il me pousse. Il parle tout bas entre ses dents, à toute vitesse. Il dit des mots comme garce, chienne, coche. Il me fait vraiment peur. Il dit Merel. Il dit merle. Et il marche vers moi.

Un outil que l'on a oublié de ranger rencontre ma main, je le frappe au visage de toutes mes forces. Deux fois. Trois fois. Quatre fois. Et je m'enfuis.

Ce sont pour lui trente points de suture.

Je ne connaissais pas le nom de cet outil, un sarcloir, mais j'ai su m'en servir.

Mon vocabulaire s'élargit, mais pas mon horizon.

Retour à la case précédente.

La blouse, le dortoir, le psychologue, des éducateurs, des pilules, l'isolement, les punitions.

Au moins un mystère s'éclaircit pour moi. Je sais désormais pourquoi, de temps à autre, certaines filles de l'institution, que l'on pensait parties pour toujours, réapparaissent et sont tenues à distance.

On laisse passer plusieurs mois, puis d'autres familles traversent ma vie.

La suivante se présente, heureusement sans enfant.

Tu peux respirer un instant : l'image papier glacé que je te propose maintenant semble extraite d'un manuel de savoir-vivre.

Un foyer tranquille et bourgeois, qui me plaît. Des parents musiciens classiques. Une vaste maison, dont le jardin se déploie comme une carte au trésor. Tout est calme et bien rangé. Il y a des fleurs fraîches dans des vases, des parfums de pâtisserie qui sortent du four, une dame gentille qui me garde les soirs de concert.

Puis l'image se trouble un peu, car je sens que je ne plais pas. D'abord, je n'ai aucune prédisposition musicale. Et puis, je ne sais pas encore bien lire. Mes jolis parents sont déçus. La femme a beaucoup de mal à me prendre dans les bras. Elle joue à m'habiller, s'énerve à discipliner mes cheveux, est finalement vite lassée. L'homme, au départ plus impliqué – jeux de société, initiation au piano, aide à la lecture –, devient peu à peu indifférent lorsqu'il s'aperçoit qu'il n'arrive pas à s'attacher à moi. Ils sont très absorbés par leur travail de composition et je m'ennuie beaucoup. Je commence à faire n'importe quoi pour attirer leur attention. Ils réalisent progressivement qu'un enfant crée des obligations et bien des désagréments. C'est plus compliqué qu'un labrador.

Alors, je perds pied. Mon visage chiffonné de larmes enlaidit, je cesse de manger les bons gâteaux. Je tente de leur dire des choses, mais je n'ai pas encore les mots. Je coupe mes cheveux à ras, je mutile mes belles poupées. Quand je lacère le tabouret de piano, ils prennent peur.

Le message est pourtant clair, mais ils n'ont sans doute pas envie de l'entendre.

Aujourd'hui je ne les blâme plus.

Je n'ai moi-même jamais eu la fibre maternelle.

Bref, je rate totalement ma période d'essai. On me renvoie. J'ai le droit de garder les poupées épargnées.

Je reviens mortifiée à mon terrible port d'attache, grossir les rangs des petites filles répudiées. Il me faut cette fois plus de temps pour me ressaisir car je ne suis, après tout, qu'une enfant.

Je reprends une vie routinière. Quelques mois passent encore.

Maintenant, je sais bien lire et faire de petites opérations, j'aime dessiner, je découvre que la nature m'apaise. Cette image de moi est comme un portrait déchiré qu'on aurait recollé à la hâte.

Ensuite, il y a une autre tentative dans une famille d'accueil, où deux filles « comme moi », des jumelles arrivées quelques années auparavant, me mènent la vie dure. Nouvelle carte postale. Cette fois-ci, nous vivons à la montagne et ces paysages encaissés m'oppressent. Je dors mal dans la chambre partagée, où je suis à l'affût de la prochaine persécution. Rien de vraiment grave, pas de maltraitance dans mes souvenirs, mais tout un ensemble de brimades et de moqueries qui me font pleurer dans le noir. Une immense lassitude m'enveloppe désormais, et je ne chéris que les moments où je peux m'enfuir en pensée vers le tout début, vers les images initiales, mon album secret de souvenirs : le parc, la balançoire, la fille aimée aux longs cheveux de miel, le bord de mer.

Je m'absente dans mes rêveries de plus en plus souvent. À l'école comme à la maison, ma silhouette se dissout, mon visage rétrécit. Ma tristesse alerte, je régresse, je dépéris, et l'on finit par craindre pour ma santé.

Tel un pitoyable agent secret, je suis une nouvelle fois ramenée à la base, après une énième mission ratée. J'en suis à l'époque soulagée. Je retrouve mon dortoir, mon ancienne école. Des lieux sans grande joie, mais où rien ne me menace. Des adultes qui effectuent leur travail, des fillettes souvent retardées, fantasques, mais sans animosité.

Puis la vie me sourit enfin et vient la plus belle partie de l'album.

Elle t'est plus familière, car j'ai toujours aimé la feuilleter pour toi.

Regarde cette photo, je l'aime tant : ces yeux rieurs et cette bouche où manquent quelques dents de lait datent de l'époque où j'arrive chez Mme Sincère.

C'est comme un refuge pour oiseaux éclopés. Une maison en bois un peu biscornue, au fond d'un terrain boisé. Il y a justement une volière, mais aussi, merveille, des clapiers. Et alors qu'on m'amène pour la première fois dans ce foyer, que je traverse ce jardin au gazon dru, aux pins maritimes penchés où se balance un hamac, tout en moi se met à respirer plus amplement.

Quand j'arrive, il y a un air dansant à la radio, et quelque chose cuit, qui sent bon. M. Sincère est petit, vieux, très laid et très drôle. Il est en train de se trémousser dans le salon. En nous voyant arriver avec l'assistante sociale, il éclate d'un bon rire et me fait un clin d'œil.

Mme Sincère, plus jeune que son mari, surgit de sa cuisine. Monumentale, ample comme une arche de Noé. Dans l'album, elle rayonne comme une image pieuse. Dès mon arrivée, elle m'enveloppe dans ses grands bras crémeux et m'appelle sa « petite fleur ».

C'est un nouveau portrait de famille, en technicolor.

Mes parents ont tous les deux un accent qui roule, jamais entendu. Et une peau couleur de caramel. Chez eux, il y a Jimmy, leur fils, qui va devenir mon vrai frère, et plein d'animaux à observer et à caresser.

C'est chez Mme Sincère que ma vie recommence, et que mes premiers vrais souvenirs vont prendre racine, dans ce parfum de cari bichiques et de fleur de frangipanier.

Tous les quatre, dans cette drôle de maison encombrée de bibelots, bercée de maloya et de séga, nous vivons dans une joie simple, qui va m'aider à grandir.

Regarde, Stan, cette dernière vignette : je suis blottie contre Mme Sincère, qui me raconte une histoire, un conte de son île. Je somnole dans la vaste chaleur de son corps de mère.

Progressivement, la vie me devient simple, souple, nonchalante, je m'y abandonne, je cesse enfin d'être sur mes gardes.

Entre les lignes de cette histoire décousue, je sais que tu es déjà capable, à ce stade, de mieux comprendre ce qui s'est passé et ce que j'ai fait.

8.

Hellébore noir ou rose de Noël *(Helleborus niger) : Plante vivace, à longue floraison hivernale, d'où son nom de rose de Noël. On l'appelle également herbe aux fous, pied de griffon, pied de lion, patte d'ours, rose de serpent ou pain de couleuvre. Dès l'Antiquité, on l'utilise comme remède contre la goutte, certaines paralysies, la démence ou la folie.*

La veille de Noël, je fus en proie aux souvenirs.

Après m'avoir confié ses hellébores, Vikki était partie le matin à Paris rejoindre Anders pour les fêtes. Je l'avais conduite à la gare, emmitouflée dans ses lainages préférés. À la fenêtre du train, elle avait tracé dans la buée, du bout de ses doigts gantés, un petit personnage au sourire triste.

Je rentrai lentement en voiture, en longeant la mer.

Je retardai le moment de rejoindre la maison. Je fis un arrêt dans un village côtier, où je passai quelques heures dans un café à écrire, derrière la vitrine où scintillaient des guirlandes, dans un gros carnet qui ne me quittait plus. Je bus du vin chaud et me sentis finalement bien. On me servit un plat de poisson que je mangeai de bon cœur. Je tournais le dos aux gens attablés et, perdue dans *mes écritures*, je ne levais les yeux que pour contempler la mer blanche et grise qui moutonnait au loin.

Tout en rentrant, je repensai aux yeux écarquillés de Vikki lorsque je lui avais dit que non, je n'avais pas de téléphone et que non, elle ne pourrait pas m'appeler. Et que oui, *il te faudra m'écrire, voilà tout.*

Le soir, je m'octroyai un festin. J'avais grand appétit. J'allumai des bougies et la musique emplit la maison. J'avais une ridicule envie de danser, comme un souvenir de fêtes passées qui aurait pris possession de mon corps. Mais je ne dansai pas.

Je montai dans la chambre chercher le sac à dos et, sur le tapis du salon, devant le feu qui rougeoyait, je sortis un à un tous les objets qui gonflaient ses poches. Je n'avais pas pu, ni vraiment voulu garder des traces de ma vie d'avant. Alors, j'avais tout écrit et tout dessiné. J'avais collé quelques images, des paysages ou des objets que j'aimais et que je n'avais pu emporter. Cela avait donné, au fil des années, des cahiers ventrus, que j'ouvrais parfois pour me souvenir de qui j'étais.

J'avais eu tellement de Noëls différents. Je les énumérai mentalement, en finissant la bouteille de Sauternes.

Il y avait eu les Noëls à l'institut. Le sapin dressé dans le réfectoire. Les papillotes et les jouets d'occasion à partager.

Un Noël chic et silencieux près d'un piano à queue, où je reçus un très beau jeu des sept familles.

Un autre, où deux jalouses regardaient ma poupée neuve avec hargne.

Une messe avec Jimmy tenant ma main. Nos chants à tue-tête au milieu de cette communauté de Réunionnais déracinés, suivis d'un feu de joie dans le jardin. Haleines glacées, rires, étincelles de bonheur.

Des réveillons avec Stan, parfois hors de France. Celui de l'oasis avait été le meilleur : les palmes penchées, la douceur des parfums.

Je retrouvai de nombreuses photos de moi dans mes carnets. Sur chacune d'elles, mon visage racontait ce que je traversais, et il m'était facile de faire resurgir en quelques instants le contexte et les sentiments. Mes coupes de cheveux, mes courbes ou ma maigreur, mes accoutrements – devrais-je dire mes travestissements ? – racontaient les difficultés du périple.

Ici, une enfant maussade sur un perron, entourée de petites pensionnaires tout aussi maigrichonnes.

Là, une fillette pâle au sourire édenté, que tenait par les épaules un grand Jimmy terriblement fier.

Plus loin, une jeune fille un peu sauvage aux cheveux ébouriffés, dont la beauté atypique me surprit.

Ailleurs, mille et un fragments de moi, mille et une femmes aux cheveux longs ou très courts, clairs ou foncés. Certaines portaient des lunettes, des casquettes, des manteaux, d'autres une robe pour danser ou un bleu de travail.

Et, pour une seule d'entre elles, un uniforme de détenue.

Le lendemain, je décidai de m'exténuer. Je ne méritais que ça. Comme d'habitude, j'avais exagéré avec le vin. Et j'avais dormi devant le feu, lamentablement enroulée dans ce drôle de vêtement que j'avais trouvé dans l'appentis, et qui me rappelait un caban que j'avais affectionné. Je me dis qu'il fallait que ça cesse ces trucs-là : le vin, les cabans, les ressassements. Vraiment.

Je vais préparer le sol du potager, oui, je vais faire ça, me dis-je.

Je passai donc la matinée à bêcher furieusement. J'éprouvai mes bras et mon dos, car la terre était froide et dure. Je fus sans pitié avec mon corps. Puis plus tard, dans le verger, je m'occupai à terminer mes tailles d'hiver et à composter les dernières feuilles. La journée s'acheva dans la serre éclairée. Tous mes muscles étaient douloureux. Je me calmai enfin.

C'était un moment plus délicat où, sous les leds colorées de ma petite maison de verre, je préparais, dans la tiédeur humide, les semis de printemps. Je privilégiais la lenteur, je chantonnais. Des chansons créoles de maman Sincère. *P'tite fleur fanée.*

D'où j'étais, j'apercevais un pan de jardin éclairé de lune, et au bout du terrain, la lumière orangée de mon salon, où m'attendaient le feu dans le poêle et *mes écritures.*

Je dis bonsoir des yeux à mes plantes, je fermai doucement la porte comme sur la chambre d'un enfant que l'on vient de bercer, et je traversai l'ombre du jardin vers ma maison brillant comme un phare.

À mi-parcours, quelque chose d'indéfinissable, comme une tension dans l'air, me prévint. Je sentis une présence ou la trace d'un passage. Rien n'avait bougé pourtant. Aucune branche n'avait frémi, aucune porte n'avait grincé.

Mais quelqu'un était venu, j'en étais certaine.

Mes sens n'avaient rien perdu de cette acuité si entraînée par le passé.

Quelqu'un était peut-être encore là.

Je montai doucement sur le perron arrière, et je jetai un œil par la fenêtre du salon. Le tapis couleur ficelle avec, dessus, le vieux bureau. La lampe verte qui éclairait mes papiers dispersés. Le sac à dos contre la chaise. Les bouquets de fleurs séchées sur le manteau de la cheminée. Les livres alignés sur les rayonnages bien cirés.

Cette douceur, ces couleurs aimées, cette harmonie tranquille autour de mes nouveaux objets familiers. La simple idée que quelqu'un ait pu poser les yeux sur ce minuscule univers si intime me figea. C'était comme si on avait ouvert mes carnets, observé mes collages, mes griffonnages, mes hiéroglyphes, ou fouillé dans mon tiroir à lingerie. C'est peut-être ce qu'on avait fait.

Je constatai cependant que la porte arrière était bien verrouillée. Je fis le tour des autres ouvertures, et les vérifiai une à une. Rien à signaler.

Je fermai les volets méthodiquement. Je contrôlai les loquets de chaque fenêtre. Je visitai ainsi toutes les pièces du rez-de-chaussée et de l'étage.

Je sentis en moi peu à peu s'apaiser la femme traquée d'autrefois.

À la cuisine, je fis réchauffer un bol de soupe. Malgré moi, mes sens restaient en éveil. La vie m'avait appris deux ou trois choses très tôt, et je gardais, contre le manteau de la cheminée, quelques outils que je pouvais au besoin manier avec une grande dextérité. Lorsque j'arrivais dans un endroit nouveau, j'identifiais dès la première minute deux manières d'en sortir rapidement.

Pendant l'heure qui suivit, je me laissai peu à peu aller. Je me plongeai, à la lueur des flammes, dans la relecture du *Jardin enchanté*, le journal de Maria Hofker, prenant des notes sur ses choix horticoles et sa poésie intense. Cette jardinière, poétesse et peintre avait, sa vie durant, fait fructifier de manière inspirée une minuscule parcelle de terrain, dans la banlieue d'Amsterdam. Très tôt, je l'avais lue, et je portais dans mon cœur certaines de ses phrases comme des talismans. « *Dès que j'entre au jardin, disait-elle, le temps disparaît, l'âge ne compte plus. J'ai la certitude que rien de triste ne peut m'y arriver, si ce n'est la difficulté de le quitter.* » J'aimais son visage autant que ses aquarelles, ses préceptes comme ses égarements. Ainsi découvris-je qu'un jardin, un simple îlot de luxuriance, était une aventure intellectuelle et émotionnelle à la fois, qu'il pouvait me raconter exactement, me soigner précisément, m'épouser de toutes ses feuilles, m'ancrer de toutes ses racines. Je n'avais ni ses mots, ni la délicatesse de son pinceau, résumant d'un seul trait la brièveté et la beauté des choses, dans le mauve pâle de ses pavots sauvages, ou le rose énamouré des fleurs de son cognassier. Mais je voulais être un peu cette femme. Voir éclore ou faner, et mieux comprendre. Planter, semer, aider à croître et grandir aussi. Échouer et apprendre, progresser et reconnaître mes victoires.

En feuilletant ses pages, j'étais en bonne compagnie, comme auprès d'une grand-mère très aimée. Ses portraits sous l'ombrelle ou la paille d'un chapeau à larges bords diffusaient une philosophie tranquille, un message confiant, une science salutaire.

La peur qui m'avait saisie plus tôt dans la soirée avait glissé sur moi. Je me dis qu'il était temps d'admettre que la vie pouvait aussi se montrer douce avec moi.

Avant de monter me coucher, je portai mon plateau à la cuisine, puis rassemblai mes papiers pour les placer sur le bureau. La soirée avait été belle, de celles dont j'avais rêvé fort, quelques années plus tôt.

Mais alors que je m'apprêtais à tirer le cordon de ma lampe de bureau pour l'éteindre, je la vis.

Et je me figeai.

Elle était posée contre le plumier en bois qui contenait mes crayons.

Une enveloppe ancienne au cadre tricolore marquée *Par avion*. Sans la toucher, je la regardai de plus près. Elle portait un vieux timbre en francs des Antilles françaises, un très beau timbre coloré. L'adresse avait été caviardée, on n'en distinguait rien, mais mon prénom, *Merel*, était écrit en diagonale sous le timbre. Mon visage se couvrit de transpiration, mon cœur se mit à battre très vite.

Mes sens m'avaient parfaitement renseignée. Quelqu'un était bien entré ici, dans cette maison pourtant fermée, et avait déposé cette enveloppe. Quelqu'un avait vu tous les détails de mon univers, et les avait frôlés, tenus, examinés. Quelqu'un savait désormais ce qui me touchait le plus.

Dès lors, rien ne m'appartenait plus. On avait été là, dans cette pièce, à deux pas de moi, et on m'avait peut-être observée dans la serre. J'eus envie à la fois de fuir et de tout détruire.

Putain, c'est quoi cette enveloppe ?

Je me surpris à regarder de tous côtés, comme si l'on m'observait encore. Puis j'approchai la main de l'enveloppe, la saisis et la soulevai. Je fus surprise de la sentir vide. Était-ce une blague ? Je la remuai doucement, et je sentis un petit frottement à l'intérieur. Je me décidai à l'ouvrir, et j'en déchirai délicatement le bord avec le couteau qui se trouvait bizarrement déjà dans ma main.

Et je les vis.

Regroupées dans un coin de l'enveloppe, comme trois coccinelles sans points. Luisantes, rouges et noires, magnifiques.

Trois graines de cascavelle.

Et la peur reprit le pouvoir sur moi.

Comme jamais.

Stan,

Après notre tentative avortée de recherche de maison, il y a entre nous une vibration différente.

Tes retours sont toujours aussi tendres, mais je sais que quelque chose en toi évolue.

C'est comme une maladie secrète, un symptôme invalidant que moi seule perçois. J'en détecte les signes dans certaines de tes brusqueries, certains de tes agacements, là où il y a peu tu n'étais que patience. Je repère tes moments d'absence, lorsque nous sommes entre amis et qu'une question qui t'est posée reste en suspens. Tu es, de plus en plus souvent, le seul qui ne rit pas à la chute des blagues et je te regarde interdite. Quelque chose a changé.

Alors, le poison du doute entre en moi. Par hasard.

Il paraît que c'est souvent comme ça.

Tu as rapporté des environs de Turin des tas de clichés de l'incroyable potager royal du palais de Venaria Reale, où tu as fait un peu de tourisme. Ils sont splendides, qu'il s'agisse de gros plans sur des plantes ou de vues panoramiques sur l'agencement structuré du parc paysager.

Lavandes et citronniers, fontaines et bassins, roseraies sur fond de sommets enneigés.

À ce stade, je me félicite encore, naïvement, de t'avoir offert ce très bel appareil.

J'adore parcourir tes photos, je suis curieuse de tout ce que tu découvres et apprends. Tes documents de voyage et de travail nourrissent souvent nos discussions, et mes rêveries.

Sur cette série, que j'éparpille sur le dessus-de-lit tandis que tu paresses dans ton bain, on voit des vues du verger, avec ses plantations en espalier comme des chandeliers de verdure. Tu m'as rapporté des compotées d'abricot, d'aubergine et de potiron que je savoure en te posant des questions sur ce que je vois. Tu m'expliques qu'autrefois les vergers étaient souvent les cimetières des monastères, que les fruits poussent sur ces lieux de mémoire, et je suspends en l'air ma cuiller avec une petite moue. Et alors que j'attache mes cheveux pour te rejoindre dans la vapeur du bain, mon regard se fige sur une silhouette, entrevue dans la brume d'eau d'une fontaine.

Là, sur cette photo. Au milieu de ce petit groupe de personnes.

Ce profil. Ces mèches dorées qui volent, cette taille souple, ce coin de sourire derrière le rideau d'eau.

Bréanne ?

Je sens à l'intérieur de moi des grilles de sécurité commencer de descendre pour bloquer l'accès aux émotions. Alerte. Peur. Gouffre. Vertige. Je ne respire plus. Je remonte en toute hâte le pont-levis, je suis une forteresse glacée. Je respire avec difficulté.

Tu m'appelles joyeusement dans un bruit d'éclaboussures. Je te crie : « Cinq minutes ! »

Je reprends une à une les photos que je viens de parcourir, en négligeant cette fois la végétation et le paysage, et en me concentrant sur les visiteurs du jardin. La fille porte une robe bleue. Je cherche toutes les parcelles de bleu sur les photos comme un chien rendu fou par la traque.

Et je la retrouve. Plusieurs fois. Bréanne. Encore et encore. Partout.

J'ai si froid tout à coup.

9.

Cascavelle *(Abrus percatorius) : Nom vernaculaire de l'abrus à chapelet, également appelé pois rouge ou haricot paternoster. Liane grimpante de la famille des Fabaceae, pouvant atteindre neuf mètres de haut. Sa graine, hautement toxique, en fait une des plantes les plus dangereuses du monde, utilisée au Vietnam pour le suicide et en Inde pour les flèches empoisonnées.*

J'arrivai au refuge à l'heure de l'ouverture.

Il faisait assez froid et le tintement de la sonnette extérieure déchaîna un vacarme d'aboiements. J'expliquai rapidement ce que je voulais à une petite dame frigorifiée. Nous entrâmes dans le local d'accueil surchauffé et elle m'exposa les conditions, l'engagement, le coût, les délais. Je ne voulais pas entendre parler de délai, je lui expliquai que c'était pour tout de suite. Elle fronça les sourcils et me mit en garde. *On n'est pas au supermarché, madame.* Je rectifiai mon attitude, je fus à deux doigts de m'excuser, mais les mots ne vinrent pas. Elle me jaugea silencieusement.

Et si nous allions faire un tour ?

Je hochai la tête, et nous nous engageâmes dans l'allée centrale.

Elle me les présenta tranquillement, tour à tour, en les appelant par leur nom.

Là vous avez Oslo, Noisette, Nouchka, Cherry...

Une voix murmurait dans les profondeurs de ma tête.

Là vous avez Sonia, Chantal, Cherifa, Merel...

Des yeux implorants ou des bonds pleins d'espoir, des appels ou des plaintes.

Je revis nos visages de petites filles anxieuses ou candides, face à des familles d'accueil potentielles, dans la salle de réception de l'institution. Nos ongles rongés ou vernis, nos minauderies, nos gloussements.

Puis nos retours à la niche.

Je les regardai un à un, je m'accroupis, je caressai, je me laissai faire.

Je tentais avec difficulté de rester focalisée sur mes intentions de départ.

Je vous laisse maintenant faire un tour, seule. Ça devait faire partie de la procédure. Elle m'avait beaucoup interrogée, l'air de rien, et maintenant elle allait observer mon comportement sur sa caméra de surveillance, depuis le local d'accueil.

Ici, on n'employait pas le mot *maître* mais le mot *humain*. Je serais donc son humaine.

Après un nouvel entretien, la petite dame ouvrit un box et nous laissa faire un tour le long du canal qui passait aux abords du refuge. Elle semblait approuver mon choix et me donna quelques instructions pour la prise de contact.

À la fin d'une balade que je n'avais guère envie d'interrompre, elle me proposa de revenir trois jours plus tard, après les formalités et la visite de la vétérinaire. Je tentai de négocier. Inutilement. *Nous sommes vendredi, vous comprenez.* Je repris la voiture avec la sensation d'avoir fait la plus grosse folie de ma vie. Quand on la connaît, ma vie, ça peut prêter à sourire. Mais bon, jusqu'alors je n'avais pris soin que de plantes, et de très peu d'humains.

Pas très bien, en plus.

J'arrivai à la maison pour trouver le serrurier qui m'attendait, au volant de sa camionnette. Il descendit la vitre, baissa le son de son autoradio et cessa de tirer sur sa cigarette pour m'interroger. *Alors, qu'est-ce qu'on fait ?*

Ce qu'on fait ? Eh bien, on change tout. Toutes les serrures.

Et, tandis qu'il se mettait à l'ouvrage, je déballai le contenu de la voiture, plusieurs cartons et boîtes. J'allumai mon ordinateur et commençai à étudier comment exploiter au mieux cette technologie dans mon environnement si désuet et bucolique. Mon esprit scientifique tournait à bloc, alors que je manipulais le plan de la maison et du jardin, les notices techniques, les petits boîtiers et les caméras que je venais d'acquérir. Je ne savais si cela s'avérerait utile. Mais l'activité occupa mon cerveau, et, quelques heures durant, je me sentis vaguement puissante.

Au fond de moi, je savais pourtant qu'Anders avait souvent eu un coup d'avance sur mes prévisions.

Je mis les graines de cascavelle dans un flacon devant moi. D'un grenat luisant, avec une petite tache noire, à la fois *graine l'église* dont on faisait des chapelets et *œil du diable*, elles étaient, je le savais, inoffensives tant qu'elles n'étaient pas croquées ou leur contenu injecté. Mme Sincère m'avait parlé des *kaskavèl zone*, ces plantes sauvages aux fleurs jaunes et graines luisantes comme des bonbons, si attirantes pour les enfants. Utilisées à mauvais escient, l'abrine qu'elles contenaient promettait une mort cruelle et pas toujours rapide. Et aucun antidote, je le savais parfaitement, n'était à ce jour connu. Dans plusieurs endroits du monde que j'avais visités, les trouver déposées dans votre maison signifiait qu'une personne pratiquait de la magie noire afin de vous nuire. Anders n'était pas un sorcier, mais le message était clair et la menace bien réelle.

Le serrurier fit sa pause casse-croûte et je lui offris une bière à la cuisine. Il était du coin et avait repris l'entreprise familiale.

« Quatrième génération », me dit-il avec un clin d'œil. Mais voyant que mon admiration tardait à s'exprimer, il changea de sujet. « On la connaît bien votre maison, vous savez ! Belle baraque que vous avez là, belle baraque… »

Il tenta quelques questions sur mon arrivée ici, mon acquisition, ma profession, et je produisis des réponses brèves et bien ficelées, qui n'invitaient guère aux développements. J'eus un peu de peine pour lui, et pour ses efforts douchés par mes réponses brèves, alors je lui fis la grâce d'une relance :

« Vous connaissez bien cette maison à ce que je comprends ?

— Oui oui, enfin c'est surtout mon père qui la connaît. Je ne sais pas si vous êtes au courant, mais votre maison a logé, il y a longtemps, des personnes de la même famille que celle d'à côté, le genre de gros manoir que vous avez sur la gauche, là, dit-il en esquissant un geste du bout de son tournevis vers la maison de Vikki. Celle qu'on appelle la Villa Adèle, ajouta-t-il, affectant un parler snob. La vôtre, excusez-moi, mais ça a dû être autrefois la maison du gardien.

— Du gardien ?

— Oui, le type, ou le couple qui était chargé à l'époque de surveiller, quand le proprio n'était pas là. Et sans doute d'entretenir, ou de faire le jardin, je ne sais pas. »

Il but une longue gorgée de bière.

« Ensuite ça s'est vendu séparément, et ça a été loué. Enfin, soupira-t-il, c'est pas récent-récent tout ça. Sans doute aussi vieux que vos serrures ! D'ailleurs, de vous à moi, dit-il en baissant bizarrement la voix, vous avez bien raison de tout changer. Il doit traîner des clefs de votre baraque un peu partout ! »

À qui le dites-vous, pensai-je.

Stan,

Bréanne ? Mais pourquoi, Stan ? C'est quoi ce bordel ?

Quand je ferme les yeux, toutes ces images d'elle se déplacent sous mes paupières comme un kaléidoscope infernal. Que fait-elle dans notre vie ? Pourquoi l'y as-tu laissée entrer ?

Je ne sais pas comment faire pour t'en parler. Je développe un étrange sentiment de culpabilité, comme si c'était moi qui avais pénétré par effraction dans ton intimité.

C'est probablement un processus bien connu qui s'enclenche en moi. Tout d'abord je me raisonne, et tente de me persuader que oui, justement, si tu ne m'en as pas parlé, c'est évidemment parce que ça n'est pas important. Mais cette pensée ne tient pas, car le contraire aurait été tout aussi naturel. Défilent ces années qu'elle a passées à te convoiter, à t'inviter en Bretagne, à multiplier les prétextes pour participer aux colloques auxquels tu es inscrit, à te contacter très régulièrement pour de menues questions prétendument liées à vos travaux de recherche.

Mais toutes les filles de notre bande le savent : son sujet de recherche, c'est toi.

Nous en avons plaisanté tous les deux et tu t'es si souvent moqué de ses manières. Tu excelles même à la parodier, à prononcer « Stan » avec un « â » un peu alangui, traînant et supposé sensuel, qui nous a fait rire plus d'une fois. Donc à quoi rime ce froid polaire qui m'a envahie ? C'est un frisson ancien, brutal, une vague glacée qui remonte des profondeurs de l'enfance et fait de moi un bloc de peur pure.

Dans mon effroi, je me persuade qu'il n'en faut rien dire, car si je parle, je fais exister davantage la situation que je redoute. Une forme de superstition ou de lâcheté me fige, alors que je repose dans l'eau tiédie, allongée entre tes jambes, dans une mousse si légère.

Ce froid-là m'a obligée dans l'enfance à faire des choses que les adultes n'ont pas comprises, pour lesquelles j'ai été sanctionnée, exclue, humiliée parfois.

Mais qu'aujourd'hui encore, j'ai du mal à regretter.

À cet instant, blottie dans tes bras refermés, alors que tu somnoles un peu, je sens que remonte en moi ce limon noir, cette fange incandescente que je crains de ne pas savoir contenir.

10.

Tilleul *(Tilia) : Arbre rustique d'ombrage au port majestueux pouvant atteindre trente mètres de haut. Feuilles caduques vert foncé en forme de cœur renversé. Fleurs jaune pâle parfumées dont les abeilles font un miel onctueux.*

Nouchka est une grande timide et elle est encore assez jeune, m'avait dit la petite dame du refuge, *il faudra être patiente et respecter son rythme.* Elle était effectivement un peu craintive, mais elle était surtout grande, très grande, et c'est ce que j'avais vu en premier. Race indéfinie. Provenance confuse. Toujours aux aguets.

Nous avions quelques points communs.

Fourrure noire et blanche, œil de velours, mais grosse mâchoire carrée tout à fait intéressante. Je choisis d'emblée de lui proposer le siège passager. Bien harnachée, elle posa les pattes avant sur le tableau de bord et nous prîmes la route. Elle savait déjà visiblement ce qu'était une voiture, mais analysait prudemment mes mouvements. Je souris de satisfaction en l'entendant gronder sourdement alors que nous dépassions deux grands ados avec un chien.

J'eus cependant de petites inquiétudes en la regardant du coin de l'œil et en pensant à mes semis délicats, à mes plantations toutes fraîches, à ma mare boueuse et à mon parquet verni.

Qu'est-ce qui m'arrivait en ce moment ?

Je faisais vraiment n'importe quoi.

D'abord Vikki, et maintenant quoi ? Un chien ?

Nouchka aussi observait *son humaine.* Elle me jaugea, puis se fendit d'un sourire. Elle était vraiment énorme. Et pour la première fois depuis longtemps, une chaleur envahit ma poitrine, et j'éclatai de rire.

À mon retour, je trouvai une courte lettre de Vikki dans la boîte. Je la lus debout dans le jardin, sous le tilleul défeuillé. Une écriture d'écolière, avec de grandes volutes, dansait d'un bout à l'autre du papier. J'eus l'impression de la voir sautiller sur la page.

Coucou Maya

Nous sommes à Paris et je m'ennuie à la folie. Mon mari est très pris. Même le soir. Pourtant ici, je reconnais que tout est joli, avec Noël et les fêtes. Les vitrines, les arbres décorés, l'ambiance. Mais bon. Je pense aux préparatifs du départ, dans peu de temps apparemment, et je ne sais pas si j'en ai envie. Je dessine souvent, surtout parce que tu m'y as encouragée. Et pendant ce temps-là, je rumine moins. J'ai un livre sur les oiseaux d'Afrique de l'Ouest, et je reproduis des gravures à ma façon. J'ai trouvé un cadeau parfait pour toi, mais c'est une surprise !

J'attends ton courrier impatiemment.

Je repliai sa lettre avec douceur. *Vikki, petite Victoire, je vais te décevoir, mais je ne te répondrai pas.* Je n'aimais pas laisser de traces écrites.

Plutôt que de risquer une erreur, je m'abstenais.

J'aurais pu lui écrire : *Anders, ton mari, n'était pas à son travail, ma jolie. Il rôdait chez moi, et est peut-être en ce moment même juste de l'autre côté de la haie.* Je pensai à ses bras graciles striés de griffures, à son profil penché sur la page d'écriture, dans un bel appartement parisien. Je pouvais presque sentir son parfum.

Je me ressaisis, je devais rester concentrée.

Nouchka franchit le perron avec hésitation, ayant auparavant prudemment flairé les alentours. Je pris mieux conscience de son volume lorsqu'elle fut au milieu du salon, et m'empressai de déplacer quelques objets qui se trouvaient à sa hauteur. Mais je constatai qu'elle était assez délicate dans ses mouvements. Je lui fis donc visiter l'ensemble de la maison, tout en lui parlant. Après l'avoir abreuvée, je lui expliquai ce que j'attendais d'elle. Je n'avais aucune expérience en matière de chien, et je ne voyais pas comment m'y prendre autrement. Elle penchait la tête de côté, semblant tenter de déchiffrer mon langage.

Je poursuivis ma journée en restant attentive à son comportement. Elle était belle et affectueuse, et levait vers moi un regard que j'interprétais comme reconnaissant. J'avais éprouvé cette gratitude moi aussi, quand on avait enfin voulu de moi. Cela avait même souvent précédé l'amour.

Elle me suivait dans les allées, et ne s'éloignait guère tandis que je travaillais. Par moments, je m'arrêtais, nettoyais mes mains sur mon tablier et caressais sa tête soyeuse en lui parlant doucement. Ses beaux yeux dorés étaient insondables, mais je m'entretenais régulièrement avec mes plantes, alors pourquoi pas avec les bêtes.

Les jours suivants, il y eut la mare, le jeu, la balade en bord de mer, la nuit au pied du lit. Elle me montra par ailleurs qu'elle avait compris sa mission, en réagissant d'une manière que je jugeai tout à fait appropriée aux allées et venues d'innocents passants. Son aboiement puissant et sa large denture me plaisaient démesurément. J'avais su être féroce moi aussi en mon temps.

Stan,

Après le bain, ce jour-là, je range les photos, les replace en une pile bien nette sur ton bureau, et je garde le silence. Je mets les produits italiens au réfrigérateur, où je vais les laisser moisir sans plus y toucher. Dans quelles circonstances ont-ils été achetés ? Avec qui ?

Je reste la nuit entière éveillée, raidie comme une gisante, à côté de ton corps vaste et chaud que j'adore.

Une forme d'existence normale reprend. Cela englobe notre vie sociale, notre intimité, nos relations familiales, notre travail, nos déplacements. Je suis comme anesthésiée. Je bloque toute pensée parasite et je te reprends. Je veux croire que tu es à nouveau à moi.

Je ne dis rien de ce qui me ronge, car je sais que d'une seule parole je peux tout perdre. Te reprendre veut aussi dire te laisser voyager, sans montrer d'émotion nouvelle, et espérer que la vie, chaque fois, te rende à moi.

De mon côté, bien mal à propos, mes recherches me conduisent dans l'océan Indien, et plus particulièrement à La Réunion, une zone du globe que je connais assez bien. Là encore, un travail sur les plantes médicinales traditionnelles m'attend.

J'y retrouve mon frère Jimmy. Les années passant, il s'y est installé comme médecin. Son père est décédé et Mme Sincère, moins âgée, est retournée dans sa famille à Sainte-Rose.

Dans mes souvenirs, mes années d'enfance avec eux sont si belles.

C'était leur premier « accueil », comme on dit, et, n'ayant jamais été en difficulté avec un enfant déraciné, ils avaient la fraîcheur et l'enthousiasme de cette nouvelle expérience. Tout en eux respirait la générosité, et je mis du temps à comprendre que cet état d'esprit familial ne recelait aucune ruse. Aucune contrepartie désagréable n'allait être exigée de moi. Il y avait de la simplicité et du plaisir dans chaque chose. J'observais aussi leurs mots tendres et leurs câlins sans retenue. Le soir dans mon lit, j'y pensais, et même si je me murmurais que c'était ridicule et dégoûtant tous ces bisous, vraiment n'importe quoi, je voulais cela aussi de toutes mes forces.

Heureusement, Mme Sincère ne fut pas avare de tendresse avec moi. Elle m'apprivoisa peu à peu. Plus tard, elle me raconta en souriant comment elle s'y était prise.

Elle nous gavait, Jimmy et moi, de petites choses sucrées et épicées que j'adorais. Elle me disait leurs noms en créole. Bonbon nénèr, bonbon lagom, lorio, sikordoz. Elle voyait que j'aimais les prononcer. Elle me proposa alors d'apprendre avec elle d'autres mots.

Je nous revois, côte à côte sur le canapé, près de la volière où chahutent des perruches multicolores. Et nous rions quand elle m'égrène des mots chantants qui me ravissent.

Puis elle commence gentiment à me caresser les cheveux et me dit : « Tu n'aimerais pas que je te fasse des petites tresses, toi ? »

On ne m'a encore jamais coiffée comme ça. Et sous cette caresse lente des cheveux que l'on brosse, je m'attendris. Elle me parle de mes cheveux emmêlés avec des mots mystérieux, sové pinpin, sové lé mayé, je me laisse bercer par cette mélopée.

Cela devient un rituel. Plusieurs fois par semaine, pendant le coiffage, elle ne démêle pas seulement mes cheveux, elle dénoue en moi, l'air de rien, des choses que l'on a laissées en friche, tout emmêlées.

Tu m'aurais aimée, Stan, à cet âge.

Car mes années chez eux furent une clairière dans ma vie, où je découvris le calme et la joie.

À La Réunion, chez Jimmy, j'ai une chambre, de bons repas, et des soirées de discussions qui m'attendent. J'y puise quelque temps un réconfort. Jimmy n'ignore rien de mon enfance chaotique, et il ne sait pas encore qu'il sera là pour des moments plus terribles encore. Son compagnon Félix partage nos soirées. Ils m'accompagnent tous deux dans mes excursions quand le week-end arrive. Comme le veut la tradition locale, nous pique-niquons en famille au bord de la mer, rejoints par Mme Sincère et ses cousines, de splendides vieilles dames, replètes et volubiles, chargées de victuailles. Je suis toujours sa petite flèr, sa margrit, son mèrl. Elle aime raconter à la cantonade des épisodes de notre vie commune, nos frasques avec Jimmy. Elle est aussi fière de moi que de son fils. Il faut dire que je ne suis jamais repartie de chez eux. Grâce à eux trois, j'ai étudié, et renversé le sort, qui ne me prédisait rien de bon. Elle passe sous silence certaines périodes d'égarement, valorise au contraire mes réussites. Elle me fait rire, me chante les chansons que j'aime.

Et comme autrefois, tout en parlant avec son délicieux accent qui roule contre mon oreille, elle caresse mes cheveux dénoués.

Pendant quelques jours, je suis choyée et je tiens ma rage à distance. Je ne te contacte pas.

Dans la journée, je poursuis mes missions scientifiques parmi les collections du conservatoire botanique. J'arpente avec ferveur quelques parcelles de la forêt des Hauts-sous-le-Vent, où, dans la brume humide, je prélève des échantillons.

Mais la nuit, oh la nuit, je revois les jardins italiens, les jets d'eau et Bréanne qui rit aux éclats dans son immonde robe bleue.

Je rêve de noyade dans un bassin, de plantes toxiques, de flèches empoisonnées, de chute dans le vide. Je la veux blessée, défigurée, mutilée.

Morte.

11.

Passerose *(Alcea Rosa) : Rose trémière ou primerose, plante vivace de la famille des Malvaceae. Parfois nommée rose papale ou alcée rose. L'ensemble de la plante est comestible, et sa fleur a des usages médicinaux. On la rencontre dans les friches, à la lisière des champs ou le long des murs.*

Vikki revint avec la nouvelle année.

Elle me surprit alors que je m'essayais à la teinture végétale dans ma cuisine. J'avais récolté depuis mon arrivée, dans mon terrain ou au fil de mes promenades avec Nouchka, des végétaux que j'avais laissés sécher dans le grenier. Orties, bogues de châtaigner, fougères, pelures d'oignons ou roses trémières allaient colorer les vieux draps de lin dénichés dans la maison. Elle me trouva enroulée dans un grand tablier, les cheveux pris dans un foulard, toute luisante de la vapeur qui émanait de mes casseroles, où mijotaient dans un sirop brûlant mes futurs textiles. Elle me serra fort dans ses bras. Je percevais chez elle une joie mêlée de soulagement, comme si elle avait craint que je ne me volatilise en son absence. Il est vrai que je n'avais pas répondu à ses lettres.

Avait-on déjà eu besoin de moi comme cela ?

Nouchka l'avait laissée entrer avec un simple grondement interrogatif, et devant la joie mutine et démonstrative de Vikki – *Oh, Maya, tu as un chien maintenant ! C'est trop génial !* – elle s'était laissé conquérir en un instant. Elle exposait maintenant la fourrure blanche de son ventre à la caresse délicieuse de sa nouvelle amie.

Vikki était pâle et me parut amaigrie. Elle brandit fièrement un paquet. *S'il te plaît, ne lui dis pas que je t'ai acheté un cadeau, c'est secret.* C'était un délicat et précieux bracelet qui entrelaçait un M majuscule à des feuillages d'or léger. Je ne portais pas de bijoux, mais je fus touchée. Il me faudrait le mettre un peu, juste pour elle.

Au moins, me dis-je, l'initiale est exacte.

Elle me raconta les semaines passées à Paris. Tout en parlant, elle me suivait et observait mes mouvements, alors que je mettais à sécher sur un fil des coupons de lin que des fleurs de cosmos avaient teints en orangé, ou des brassées de roses trémières en violet profond.

Cela venait en petites phrases allusives. Elle me disait l'air de rien, avec de légers haussements d'épaules nerveux, les heures solitaires. Puis les retours d'Anders. Les questions et les reproches pour des broutilles, des retards ou des petits achats imprévus. Les habituelles manœuvres d'intimidation et de culpabilisation. Et cette forme de réclusion volontaire, qu'elle pratiquait maintenant depuis plusieurs années, pour ne pas s'exposer à son courroux. La coupure avec sa famille et l'éloignement méthodique des amis. La Villa Adèle, la parfaite maison de vacances isolée. Parfaite à de nombreux égards, pensai-je. Et ce prochain départ pour l'Afrique, qui allait la séparer plus encore, trancher les derniers liens.

Je lui fis choisir une étoffe et un coloris, et lui montrai comment réaliser un petit foulard. Je devinais que cela faisait longtemps qu'on ne lui avait pas manifesté d'intérêt, sans parler d'affection.

Alors que je m'étais juré de me reprendre, je me sentais couler. Je m'attachais. Fort.

Elle riait en mélangeant des pelures d'oignon rouge dans une marmite, impatiente de voir son foulard devenir jaune d'or. *Jaune d'or ? Tu me fais marcher !* Elle volait des instants, elle stockait des souvenirs pour plus tard. Elle embrassait Nouchka, caressait ses grosses pattes, la gavait de biscuits.

Je sentais, je savais déjà que je ne pourrais pas laisser Anders la consumer. J'entrevoyais ce qu'il pouvait faire d'elle. Elle s'étiolait à vue d'œil, et le départ pour l'Afrique n'augurait rien de bon. Il me faudrait l'aider.

Et pour l'aider vraiment, je ne voyais qu'une solution.

Toujours la même.

Stan,

Au cours des semaines qui suivent, à La Réunion, le tourment se répand dans tout mon corps, comme une grosse fleur vénéneuse qui m'étouffe petit à petit.

Je ne fais que penser à Bréanne et toi.

L'œil professionnel de Jimmy remarque beaucoup de choses à mon sujet. Mes sautes d'humeur, mes absences, mes problèmes de concentration, mes insomnies, mes cauchemars, ma perte d'appétit. Il me prescrit de quoi tenir, mais rien ne m'aide. Mon corps fait bloc, il ne veut recevoir aucun secours. Il a déjà trinqué dans l'enfance et se souvient sûrement de ce qu'on a voulu lui faire ingurgiter. Les calmants, les sédatifs, dont les médecins de l'institut n'étaient pas avares. Il a bien dérouillé.

Malgré ma confiance dans les prescriptions de mon grand frère, je vomis sans distinction tout ce que j'ingère. Et ne lui en dis rien.

Je travaille avec acharnement pour distraire ma douleur, mais ça ne fonctionne pas du tout.

Je veux repartir.

Mon séjour chez Jimmy prend fin plus tôt que prévu.

Je vole alors en sens inverse.

Dès l'arrivée en métropole, j'abandonne dans les toilettes de l'aéroport ordonnances et traitements. Je ne veux pas que tu découvres tout ça de moi.

Quand nous nous retrouvons tous les deux, malgré mes efforts pour donner le change, tu es choqué de voir combien ce séjour m'a transformée. Quelque chose en moi se réjouit un peu de ton inquiétude. Il faut dire que je n'ai rien d'appétissant. Pas du tout bronzée. Davantage cernée, amaigrie, à fleur de peau. Mais le choc est vite passé. C'est comme si tu avais remarqué en passant quelque chose sur quoi, finalement, tu n'as pas trop envie de t'appesantir.

Et toi, qu'as-tu vécu en mon absence ?

Je ne fais qu'y penser. Et je cherche dans tous les recoins de notre logement, dans les conversations de nos amis, sur ton corps endormi, des traces d'elle. À m'en rendre dingue. Mais en vain.

Au travail, je suis comme naufragée. Dans mes travaux, j'erre sans but, je me noie, je peine à refaire surface. Je ne parviens plus à rien rédiger. Plusieurs fois, par manque de sommeil et de nourriture, ou par abus d'alcool, je m'évanouis. Un jour, on me trouve endormie dans le bus, alors que la nuit est tombée.

Je ne t'en dis rien.

Le médecin du travail entre en scène un peu plus tard, après que ma hiérarchie l'a alerté. Je me suis ridiculisée en public. J'ai mis l'équipe de mon labo très mal à l'aise, voire en difficulté, à deux reprises, lors de réunions publiques. Phrases incohérentes, état d'ébriété, allure négligée. Je suis gentiment mise en congé.

Là encore, je ne t'en dis rien, et tu es si absorbé que les rumeurs à mon sujet n'arrivent étonnamment pas jusqu'à toi. Peut-être est-on trop gêné de t'en parler. Tu es si solaire et apprécié. On veut sans doute te ménager. On te plaint certainement. Tu es trop occupé à courir après de nouveaux honneurs, tu brilles, tu plais, tu te démultiplies.

Et mon amour pour toi grandit, dévorant, dévastateur, désespéré.

Pendant quelques mois, je joue une petite comédie journalière, comme si mon travail se poursuivait. Je me prépare et je vais prendre le bus. Puis je déambule dans la ville, dans les parcs et les cafés. Je m'épuise et je dépéris. Tes absences prolongées facilitent mes dissimulations. Je reste alors au lit jour et nuit, après avoir fait provision d'alcool.

Un matin je suis réveillée par le froid. Je me découvre mouillée d'urine, allongée sur notre petit balcon, le visage appuyé contre le ciment d'une jardinière. Visiblement j'ai vomi. Mon visage est tuméfié, comme à la suite d'une chute. Mes ongles sont pleins de terre et de sang. Je suis torse nu. Comment suis-je arrivée là, si près du vide ? Je me traîne avec difficulté jusqu'à la salle de bains, et observe dans le miroir ce visage hâve et bleui. Ces côtes saillantes, ces hanches aux os protubérants, ces si petits seins, ces cheveux filasse. Je me fais horreur. Tu ne dois pas trouver cette personne à ton retour.

J'emploie les jours suivants à ma réparation. Bains chauds, litres de café, retour à un peu de nourriture. Le processus lui-même me demande beaucoup d'efforts. J'ai glissé tellement bas.

Notre logement est devenu une tanière. Je descends à la supérette du coin, le visage partiellement dissimulé par une grosse écharpe. À mon retour, je nettoie à fond le réfrigérateur dégoûtant et y installe des fruits frais, du lait, des œufs, du fromage. Après ce premier exploit, je dors plusieurs heures. À mon réveil, je remplis un grand sac-poubelle de toutes les traces de mes excès. Je découvre d'affreux dessins et des poupées vaudoues d'herbes diverses que j'ai faits dans mon délire. Je les jette, ainsi qu'une partie de mes vêtements. Ceux dans lesquels je me suis traînée, vautrée, perdue. Au fil des heures, avec une invraisemblable lenteur, je range tout ce qui est en vrac et décape tout ce qui me tombe sous la main.

Après deux journées occupées à ces tâches, entrecoupées de siestes, je sors, le visage un peu restauré, et fais couper mes cheveux, épiler mon corps, soigner mes mains. Je veux être telle que tu m'aimes, propre et neuve pour ton retour. Je m'achète quelques vêtements simples et colorés, des sandales, des lunettes de soleil, du parfum. Je marche longuement dans la ville, le long de l'eau, dans les parcs, et je réfléchis intensément.

Deux jours encore et je retourne au laboratoire. Après un rendez-vous avec le médecin du travail et une entrevue avec mes supérieurs, on me permet de réintégrer l'équipe. Mais pas tout de suite. On m'impose un traitement – ils sont si naïfs – et un délai de deux semaines, au cours desquelles je dois confirmer mes progrès et reprendre du poids. Cela va coïncider avec ton retour.

Comme toujours, j'ai reçu en ton absence tes lettres, tes photos, tes croquis. Un peu plus succinctes qu'autrefois, les lettres, mais quand même régulières. J'en ai déchiré la plupart mais tu n'en sauras rien, tu n'as pas pour habitude de les relire.

J'installe quelques plantes nouvelles dans notre environnement. Je trie mes livres, élimine quelques bibelots, réorganise notre décor.

Je reprends petit à petit un projet de livre, abandonné l'année précédente, sur les plantes dans les contes de tous les pays. Car je sais que certaines histoires consolent, guérissent, ou nous apprennent à patienter. Je me plonge à nouveau dans ces récits et c'est, chaque fois, comme si Mme Sincère, maman Sincère, comme je disais parfois, me parlait à mi-voix.

Je relis par exemple la légende du sureau, une plante qui réalise les désirs inavouables.

C'est celle d'une jeune fille convaincue qu'un pêcheur du village voisin lui est destiné. Une rivale le lui ayant volé, elle n'a d'autre recours que la magie du sureau pour reconquérir l'homme dont elle veut partager la vie et faire disparaître celle qui se trouve à la place qui lui revient.

Je suis du bout des doigts les lignes du récit, et c'est comme une liane qui m'enserre le cœur, des parfums poivrés qui me galvanisent.

Arrête ça, Merel, tu n'es pas une sorcière.

Je décide de me tenir tranquille.

Je dois absolument me contrôler.

C'est à cette période si troublée de notre histoire que tu rencontres Anders.

Une vraie aubaine pour lui, un mauvais rêve éveillé pour moi.

Tu es rentré depuis quelques jours, sans vraiment te rendre compte de ce que j'ai traversé en ton absence.

C'est toi, Stan, qui mentionnes son nom, au détour d'une conversation.

« Anders Irving, tu sais le naturaliste. Enfin, l'ornithologue surtout. Parce que pour lui, il n'y a que les oiseaux qui comptent dans le règne animal ! Figure-toi que je l'ai rencontré à Rome. Il était là pour un colloque sur quelque

chose comme "L'engouement pour les oiseaux exotiques à la Renaissance", enfin un truc sur la lubie des volières, des perruches, des aras, etc., à la Villa Médicis. Sa famille est originaire du Suriname, d'où son nom, mais il est français en fait ! Je ne savais pas. On a bien sympathisé. Assez fascinant, le type ! Un sacré charisme… On doit se revoir, manger ensemble. Il a écrit des trucs qui m'intéressent beaucoup, et il a vraiment fait un super boulot. »

Je ne respire plus. Je ne dis rien.

Je trouve une excuse pour ne pas participer au repas que vous partagez, dans un restaurant du quartier la semaine suivante. Tu en reviens enthousiaste, surexcité. Tu m'en parles toute la soirée. Une collaboration est en vue. La participation à un prochain ouvrage collectif. Vous vous êtes découvert des amis communs, génial.

J'ai la désagréable impression que tu viens de te faire un pote.

Alors que nous sommes sur le point de sombrer dans le sommeil, tu t'assieds soudainement dans le lit, te tournes vers moi, comme si un détail te revenait brutalement :

« Mais au fait ! Il m'a dit qu'il t'avait croisée en Guadeloupe. Pourquoi tu ne m'en as pas parlé ? »

Je ne dis rien, je marmonne dans mon oreiller. Alors tu insistes. Je finis par te répondre :

« Parce que je n'aime pas ce type, il représente tout ce que je déteste. »

Tu es tellement interloqué que tu te recouches sans un mot.

Nous n'en parlerons plus, mais j'ai la sensation qu'un espace plus grand vient de se creuser entre nous.

Cette nuit-là, j'ouvre dans l'obscurité un tiroir secret de ma mémoire.

Cette nuit-là, comme tant d'autres nuits de ma vie avant toi, je revois le visage charmeur d'Anders et son regard glacé, intensément fixé sur moi lors du repas où, troublée, je l'aperçois pour la première fois.

Je revois, dans le jardin de Guadeloupe, son visage excité alors qu'il chuchote à l'oreille de Sana, une jeune chercheuse, des paroles qui la font rougir.

Je revois son visage convulsé, alors que Sana débraillée, souillée, échappe à son étreinte. Ses cheveux de bellâtre collés sur son front moite, sa bouche luisante hors d'haleine et tordue par la contrariété. J'entends ses cris de rage et ses pas qui se rapprochent, alors que nous fuyons. Et je ne dors pas.

12.

Jasmin de nuit *(Cestrum Nocturnum) : Arbuste buissonnant originaire des Antilles. Ses fleurs blanches en grappes restent closes toute la journée, mais exhalent un parfum intense dès la nuit tombée. Aux fleurs succèdent des baies blanches, toxiques.*

Le départ de Vikki et Anders pour l'Afrique fut avancé.

Anders n'était pas fou, il savait sans aucun doute que nous nous étions rapprochées, elle et moi. Il craignait peut-être que j'entreprenne quelque chose.

C'était mon tour après tout. Vraiment mon tour.

Il souhaitait à n'en pas douter que cesse cet attachement naissant, qu'il n'avait en rien anticipé, et qui menaçait sa situation privilégiée auprès d'une jeune femme fortunée et asservie.

Elle vint, en toute hâte, me porter cette nouvelle qui l'affolait. Plus l'échéance approchait, et plus je la sentais paniquer. Elle connaissait cet homme depuis l'enfance. Pourtant, sa peur n'avait fait que croître avec les années.

Nouchka et moi avions commencé les semis de printemps. Moi, courbée sur mes carrés de terre meuble et bien travaillée. Elle, vautrée sur le flanc dans une allée, la babine terreuse, un œil fermé, l'autre attentif à mes mouvements.

J'essayais de me convaincre que je n'avais pas à tenir compte de ce qui allait advenir de Vikki. Cela ne devait pas devenir mon problème, ne cessais-je de me répéter.

Non, je ne pouvais plus dévier le cours de ma vie, ni commettre l'erreur de m'impliquer.

Vikki était une jeune adulte, elle devait pouvoir chercher secours auprès de sa famille, renouer avec eux. N'avait-elle pas une sœur dont elle avait été proche ? Plus la journée avançait, et plus je sentais en moi cette résolution s'affermir, certaines cloisons étanches de mon cerveau se remettre en place.

Comme souvent, après un bain très chaud, enveloppée dans des vêtements confortables, je m'installai au coin du feu, avec un verre de vin rouge et des biscuits salés que je partageai avec Nouchka. Puis, après un copieux plat de pâtes qu'elle m'aida à terminer, je m'assis au bureau pour reprendre mon travail d'écriture. Elle prit place, la tête sous ma chaise, aussi près de moi que possible.

Pendant plus de deux heures, j'écrivis avec concentration et lenteur, comme on met doucement en place les pièces d'un puzzle.

Mon travail à la table d'écriture, comme au jardin, progressait avec régularité, carré après carré, page après page, plus ou moins ardu selon les jours.

Je menais de front la réhabilitation d'un jardin ensauvagé par le manque de soins et la reconstruction de mon histoire saccagée avec Stan. Tout dans ma vie parlait désormais de réparation. Une maison à retaper, des meubles et des objets à rénover, une vie à rapiécer, une santé mentale à consolider.

Réhabiliter signifiait aussi, je le savais pertinemment, effacer la peine, pardonner, se pardonner. Là, en revanche, ce serait plus difficile.

Je m'exténuais donc sans relâche, car ce beau travail ne pouvait plus être différé.

Quand la fatigue me gagna, j'appelai doucement Nouchka, qui dormait habituellement au pied de mon lit. Mais elle était plongée dans un sommeil très profond. Je montai donc dans ma chambre, supposant qu'elle me rejoindrait plus tard. En quelques minutes, je sombrai, calfeutrée sous la plume légère de mon édredon. Je rêvai de ces périodes troublées que j'évoquais dans mes écrits pour Stan. Ces mois où germait et s'installait en moi, tel un liseron puissant, la fleur démente de la jalousie.

Je fus réveillée par une odeur, plus précisément par un parfum.

Mon cerveau, au ralenti, l'identifia progressivement.

Du freesia, du chèvrefeuille, du jasmin ? Oui, du jasmin.

Non pas le jasmin naturel dont les effluves nocturnes se libèrent avec l'obscurité dans les pays chauds, mais un jasmin trafiqué, un jasmin de boutique d'aéroport, un après-rasage sucré un peu envahissant.

Mes yeux s'ouvrirent et je me figeai. Le parfum n'était pas rêvé. Il était là, tout près de moi, comme encapsulé dans l'air immobile. Quelqu'un portait ce parfum et se tenait à mes côtés.

Je sus instantanément de qui il s'agissait.

Une main puissante immobilisa mon torse, me clouant au lit, tandis qu'une autre caressait d'un doigt lent le contour de mon visage, puis se promenait le long de mon cou et frôlait, l'un après l'autre, mes seins.

Je bloquai ma respiration, me tendis comme un arc, prête à bondir.

Une haleine chaude près de mon oreille.

Sa voix me parvint dans un murmure rauque.

Ne bouge surtout pas. Et écoute bien ce que je vais te dire : Laisse-nous tranquille. Maintenant !

Sinon…

Puis, encore plus près, tout contre ma bouche :

Merel, ce que tu as fait par le passé… il y a environ sept ans, n'est-ce pas ? Eh bien, je sais le faire moi aussi. Vraiment très bien. Je n'épargne que les oiseaux… tu te souviens ?

Sa main se fit plus dure. Dans un souffle brûlant contre mes lèvres, il susurra encore.

Va voir.

Je vais partir et tu pourras descendre voir.

Il laissa promener sa main libre le long de mon ventre, jusqu'à mon entrejambe, la laissa là, fermement accrochée. Il fit durer le moment en riant doucement puis me relâcha. Je restai tétanisée. Je sentais des larmes tremper mes joues ; de sa langue de reptile, il lécha ma bouche. Puis, se redressant, il quitta tranquillement la pièce. J'entendis son pas pesant décroître dans l'escalier. Et la porte d'entrée s'ouvrir.

C'était fini.

Je restai encore quelques minutes sans pouvoir mobiliser aucune partie de mon corps.

Va voir. Va voir ?

Je me dressai sur mon lit, aspirant une grande gorgée d'air, la peau couverte d'une sueur glacée.

Vikki ! Bordel, qu'est-ce que cette ordure lui a fait ?

Mon esprit enclencha sa cavale, je l'imaginai tuméfiée, ligotée, droguée, marquée au fer… Il me semblait la voir ramper, l'entendre gémir ou supplier.

Mon cœur battait à tout rompre.

Puis je pensai aux conséquences pour lui d'un tel dérapage. Et je repoussai l'idée qu'il ait pu lui nuire d'une manière si flagrante, juste avant leur départ. Vikki lui était pour l'instant trop précieuse. Elle lui assurait une aisance financière à laquelle il avait pris goût.

Je restai pétrifiée, n'osant toucher mon corps contaminé par ses mains, mais le cerveau affolé comme un papillon prisonnier.

Alors, l'évidence me cingla comme un coup de fouet.

Et je sus. *Nouchka.*

Je me levai d'un bond.

Je criai son nom, et descendis en trombe au rez-de-chaussée.

D'un seul regard je vis la vitre du salon découpée, des petites caméras et tous mes papiers jetés au sol, mon fauteuil renversé et la porte d'entrée laissée grande ouverte sur la nuit glacée. *Comment avais-je pu dormir aussi profondément ?*

Et gisant sur le tapis, enveloppée d'obscurité…

Je soulevai sa grosse tête soyeuse, qui retomba sur mon bras. Je mis sa truffe froide contre mon oreille, ma main sur son poitrail. Un peu de vie résistait encore. De la bave écumait au coin de sa gueule. Je courus jusqu'à l'appentis du jardin, dégageai d'un fatras d'outils amoncelés une vieille brouette, et la roulai aussi vite que possible vers la maison. Il me fallut des efforts démesurés pour hisser le corps massif de ma chienne dans la brouette, puis dans la voiture. Je pris la route sans chaussures ni manteau, avec juste mon sac à dos, mais sans prendre le temps de fermer la porte de la maison. Que m'importaient maintenant l'air froid, la nuit, les intrusions.

À la clinique vétérinaire, la jeune assistante de garde réveilla immédiatement sa patronne, et Nouchka fut prise en charge. Bien qu'elle m'ait fait comprendre que cela ne servirait à rien, la vétérinaire me laissa passer le reste de la nuit dans la salle d'attente, tandis que Nouchka recevait des soins et restait en observation.

Un quart d'heure de plus, et c'était trop tard, me dit-elle le lendemain. *Je la garde ici mais je ne garantis rien. Appelez-moi ce soir, je vous dirai comment ça évolue.*

Je ne repris la route qu'au lever du jour. La campagne était rose et brumeuse, désespérément magnifique. La température avait encore chuté, mais en roulant je ne ressentais ni froid ni fatigue, j'étais galvanisée par la rage.

J'entendais la voix de maman Sincère. Mafat, mafatanbwa, l'herbe pour empoisonner les chiens.

J'avais remué des pensées vengeresses toute la nuit. Elles rougeoyaient en moi comme un brasier.

Mes résolutions de non-intervention venaient de voler en éclats.

Ma maison était glaciale, un vent humide s'était invité par la porte restée ouverte comme une bouche qui crie. Tout en faisant chauffer du café, je m'équipai sommairement. J'en bus deux tasses coup sur coup et me dirigeai rapidement vers l'appentis. Il y avait là suffisamment d'outils contondants pour une jacquerie.

Je sortis dans la rue, comme possédée, courus le long de la haie, me heurtai au grand portail verrouillé. Évidemment. On n'allait pas me dérouler le tapis rouge. Sans me démonter, je revins sur mes pas, rentrai à nouveau dans mon jardin et, mieux outillée, commençai à creuser dans la haie, à coups de sécateur, un passage vers le jardin de Vikki. Je m'infiltrai dans le parc, et courus dans le jour pâle vers l'entrée arrière de la villa.

Je savais de toutes les fibres de mon corps que j'étais en train de commettre, comme par le passé, une terrible erreur, mais rien ne pouvait m'arrêter. Je choisis de fracturer une porte de service, cela ne me prit qu'une minute. Ce sont des choses que l'on n'oublie pas. Et je pénétrai dans la Villa Adèle.

Elle me parut plus immense encore dans le demi-jour. Mais je me repérai facilement. Je savais d'instinct où étaient les chambres à l'étage. Je m'engageai dans l'imposant escalier central, couvert d'un épais tapis.

Ce que tu sais faire, Anders, je sais le faire moi aussi. Mais en pire.

La maison était extrêmement silencieuse. Toutes les portes de l'étage, échelonnées de part et d'autre d'une large galerie, étaient closes. Je ne savais par laquelle commencer. Le tapis amortissait mes pas. J'entrouvris la première, sur ma droite.

Une chambre rose tout en chintz, avec baldaquin.

Une autre, également lugubre, toile de Jouy, ambiance de boudoir.

Une troisième, en boiseries sombres et soie tendue.

J'ouvris une à une chaque porte, jusqu'à la dernière.

Personne.

Aucune trace. Aucun objet personnel.

Ils étaient partis.

Je repris tout en sens inverse, inspectant les placards, les draperies, les cabinets de toilette, de plus en plus frénétiquement. Rien ni personne.

Le salaud m'avait bien eue.

J'étais pitoyable de naïveté. L'expérience ne m'avait-elle donc rien appris ?

Mon énergie fut soufflée comme une bougie qu'on éteint. Je me sentis faiblir.

Je m'assis au pied des marches du hall et jetai au sol mes outils dérisoires. Leur fracas résonna dans le silence monumental de la maison. Ma rage, comme une substance froide, m'imprégnait tout entière et m'intoxiquait. Elle enserrait ma gorge. J'eus envie de vomir, là. Sur le beau tapis du hall. Vomir ma haine de lui, ma haine d'autres hommes aussi. Je restai ainsi de longues minutes, balayant du regard le décor somptueux et suranné de cette vaste demeure bourgeoise.

Dorures. Miroirs. Velours. Cristal. Bois exotiques.

Sur une console, j'avisai un petit bouquet de fleurs fraîches, qui se dessécherait bientôt en dégageant un écœurant parfum.

Je m'approchai et reconnus, au milieu de quelques freesias, des fleurs de jasmin.

Stan,

Oui, j'ai rencontré plusieurs fois Anders dans ma vie.

Anders et ses nombreux clones.

J'aurais dû te raconter cela il y a bien longtemps.

Peut-être que tout en aurait été changé. Peut-être que toi et moi aurions été épargnés.

Anders Irving m'apparaît lors d'un de mes premiers séjours aux Antilles.

Même s'il se présente comme un modeste naturaliste qui observe le merle de Sainte-Lucie ou l'aigrette bleue, il en impose et rayonne comme un chasseur de grands fauves.

Sa stature virile, sa beauté nordique, son regard très clair, sa voix douce et rauque à la fois, autant de caractéristiques qui m'ont frappée et, autant l'avouer, malgré notre différence d'âge, attirée.

Mais qui, aujourd'hui encore, chez n'importe quel homme, me font détaler comme un gibier.

Nous sommes, mes collègues et moi, à un dîner organisé par le Conservatoire botanique des Antilles. Il y est question des utilisations traditionnelles des plantes caribéennes. On me détaille les espèces rares ou menacées, pourtant indispensables à la confection de remèdes amérindiens toujours en usage. Il existe, me dit-on, une liste rouge où sont répertoriées plusieurs dizaines de ces espèces endémiques de la faune et de la flore, décimées par la déforestation et la destruction d'habitats. Mes interlocuteurs me passionnent, et je voudrais tirer parti de ces discussions sur des sujets très en lien avec mon travail. Cependant, ma concentration n'est pas optimale.

Depuis le début du repas, je suis perturbée par le regard insistant de ce naturaliste, à l'autre bout de la table. Et même carrément troublée.

Il a participé à la conversation, dispensé sa science, évoquant l'ara tricolore, le dernier des six aras disparus, et laissant s'envoler au-dessus de la table les images perdues de la colombe de Grenade ou de l'engoulevent de Porto Rico. Et alors qu'une femme qui cherche son attention le questionne sur le sort programmé du colibri abeille, le plus petit oiseau du monde, chantonne-t-elle en prenant à témoin ses voisins, il ne répond pas, et me fixe.

Longuement.

Ce soir-là, Anders ne m'approche ni ne me parle directement. Devant le miroir de ma chambre, je me déclare soulagée, ah la la oui, quel drôle de bonhomme, mais en réalité j'en suis déçue, voire vexée. Je pense à lui toute la soirée.

À un dîner suivant, nous faisons brièvement connaissance. Il m'avoue entre deux rires avec ses voisines de table être comme moi un peu déstabilisé par les récits de sorcellerie locale. C'est un thème que l'on aime évoquer ici face à des métropolitains imbus d'eux-mêmes et persuadés de l'infaillibilité de leurs connaissances. Il me dit être choqué par les sacrifices d'oiseaux.

Sale temps pour les poules blanches ou noires, plaisante-t-il.

La conversation se prolonge un peu, et nous ne sommes plus que quelques-uns à table. Il possède un charme indéniable, que je ressens à mon corps défendant. Tout en me parlant, il frôle ma main à plusieurs reprises, l'air de rien. Quand nous nous séparons, il ramasse mon étole glissée du dossier de ma chaise, et me la pose lentement sur les épaules.

Malgré la douceur du geste, quelque chose en moi déclenche un signal d'alerte. Dans mon ventre, c'est chaud, et ça monte comme une puissante nausée. Mon corps vient de comprendre avant moi. Je prends rapidement congé.

Quelques jours plus tard, ces dîners débouchent sur la visite de plusieurs jardins créoles traditionnels, et tandis que nous déambulons dans les allées de ces petits potagers exotiques, je sens que la présence muette d'Anders me met mal à l'aise. Il sourit et parle à mi-voix à une jeune femme de notre groupe qui semble très perturbée par ses murmures. Du coin de l'œil, j'observe ses manigances, puis reviens à l'objet de notre visite.

Sous la galerie couverte d'une maison, une jardinière nous présente les plantes nécessaires à la fabrication du mabi, breuvage amérindien, puis nous fait goûter cette décoction rafraîchissante.

Alors que nous contournons la case créole pour observer le géranium, l'ylang-ylang et la citronnelle qui poussent à l'aplomb du toit ouvragé et protègent par leur parfum les habitants des moustiques, je m'aperçois que l'homme et sa jeune camarade se sont éclipsés. Elle paraissait pourtant gênée à son contact, et réticente à ses avances peu discrètes. La journée se poursuit, et, tout à l'enchantement de ce que l'on me fait découvrir, j'oublie peu à peu leur absence.

Jusqu'au soir.

L'université d'accueil a recommandé aux chercheurs invités quelques lieux de résidence à proximité du centre-ville. Pour ma part, j'ai une chambre dans une belle case à deux étages, transformée en gîte touristique par un couple de retraités. Nous avons libre accès à une cuisine commune, ouverte sur le jardin, et sa petite cocoteraie. Cinq ou six d'entre nous y séjournons, et partageons la plupart du temps le repas du soir, sur place ou à l'extérieur. J'y fais la connaissance de Sana, la jeune femme croisée dans le potager créole. La nouvelle conquête d'Anders ?

Elle est brune et douce comme un faon, avec de longs yeux ambrés qui posent sur le monde extérieur un regard timide. Elle s'anime lorsqu'elle me parle de ses travaux sur les traditions amérindiennes, et nos échanges sont pleins d'intérêt pour moi. Nous énumérons les espèces locales que nous avons découvertes en venant ici. Nous passons la soirée sous la varangue, cette galerie couverte dont le toit s'orne d'une dentelle de métal, à boire de l'infusion de citronnelle, puis du rhum. Elle m'interroge sur ma vie personnelle et je lui dis ton prénom. Puis je lui parle d'Anders, l'air de rien, aidée par la chaleur douce de l'alcool. Elle sursaute et m'exprime aussitôt son dégoût et sa méfiance. Je la vois resserrer son châle autour de ses épaules et nous changeons de sujet.

Alors que la nuit est bien avancée, je me réveille, accablée par la chaleur que le climatiseur poussif ne parvient pas à dissiper. Je m'apprête à descendre chercher un verre d'eau lorsque j'entends du remue-ménage sur le palier, ou peut-être dans l'escalier. Puis plus rien.

Je sors de ma chambre pour descendre à la cuisine d'où me parviennent des sons confus.

En bas, le couloir d'accès est éteint, et je progresse à l'aveuglette en cherchant l'interrupteur.

J'allume enfin le plafonnier.

Au moment où la lumière jaillit, je découvre Sana aux prises avec un homme massif qui la maintient plaquée contre le mur, chemisier ouvert et jupe dégrafée, et s'affaire contre elle. Elle lui oppose peu de résistance, sa tête ballotte bizarrement comme si on l'avait droguée.

Surpris par l'éclairage, l'homme se dégage et la lâche, puis se tourne vers moi.

Et je le reconnais. Anders.

Sana me jette un regard pitoyable, je lui crie : « Viens ! », elle se lance maladroitement en avant vers moi, laissant à terre sa jupe et une de ses chaussures. Ses mouvements sont mal coordonnés, elle trébuche mais arrive jusque dans mes bras, et nous montons les marches quatre à quatre, Anders à nos trousses, jusqu'à atteindre ma chambre où nous nous enfermons. Sana s'écroule au pied de mon lit, au bord de l'évanouissement. Anders se met à tambouriner à la porte, hors de lui, sans réaliser qu'il va ameuter toute la maison. Mais il semble possédé et furieux. Il nous insulte, tout en collant son visage à la porte. J'entends son souffle excité et ses murmures suppliants derrière la cloison. Ouvrez, petites salopes ! Quand des voix s'élèvent enfin à l'extérieur de la pièce, nous entendons une galopade dans le couloir, puis plus rien.

Le lendemain, nous apprenons qu'Anders Irving est rentré en métropole « en raison d'un impératif familial ».

Quant à Sana, malgré le temps passé ensemble, l'amitié naissante, et cet épisode douloureux au cours duquel je la soutiens, elle coupe très vite les ponts avec moi, et disparaît des radars.

Plus aucune publication d'elle ne paraît, et malgré mes recherches, je n'en entends plus parler.

Voilà l'Anders que je connais.
Voilà ton nouvel ami.

13.

Millepertuis *(Hypericum perforatum) : Millepertuis perforé, également appelé herbe de la Saint-Jean, herbe aux fées, herbe aux mille vertus, herbe à la brûlure. Plante herbacée vivace dont les feuilles paraissent percées de milliers de trous. Autrefois connu comme un « chasse-diable », c'est une plante utilisée en magie blanche mais aussi pour traiter la mélancolie, soigner les infections ou les brûlures.*

Je dormis deux heures sur le tapis de mon salon, là où Nouchka s'était couchée.

C'était un réflexe d'enfant, mais c'est à cet endroit que je me sentais le moins mal.

Puis je retournai à la clinique, bien qu'on m'ait recommandé de prendre de préférence des nouvelles par téléphone. On me permit de la voir, et de la caresser. Elle avait survécu à la nuit. Son jeune cœur avait résisté au poison, mais son corps bataillait ferme pour aller plus loin. J'avais fait bien pire qu'Anders dans ma vie, c'était vrai, mais cette pensée ne me servait à rien. Je regardais intensément cette grosse masse de poils et me jurai de me tenir tranquille si elle survivait.

Anders serait puni un jour ou l'autre, et il valait mieux que ce soit par quelqu'un d'autre que moi. Je devais renoncer, ne pas lui ressembler, et me concentrer sur l'essentiel. C'était incroyablement difficile, mais je devais contraindre ma nature.

Je secouai la tête. Je n'étais pas sûre d'y parvenir.

L'après-midi, je retournai par le même chemin à la Villa Adèle. Je devais réparer les dégâts avant que quelqu'un ne s'en rende compte, puis restaurer ma haie du mieux que je pouvais. Je me rassurai avec l'idée que leur départ avait été précipité, et que la location, si elle avait été interrompue, devait courir au minimum jusqu'à la fin du mois. Je ne risquais pas d'être surprise par un agent immobilier.

Avant d'entamer le travail, j'eus envie de faire un tour plus lent et plus complet de la maison. Comme pour continuer de penser à Vikki, désormais éloignée de moi, et à ce que nous avions partagé. Peut-être aussi pour calmer ma mauvaise conscience.

Je n'avais techniquement rien fait de mal, bien entendu. Mais, sachant ce qu'elle vivait, et avec qui, j'avais le sentiment de l'avoir abandonnée.

J'errai au rez-de-chaussée dans les communs – cuisine, office, buanderie, cellier – puis dans les salons, la salle à manger, la bibliothèque, la salle de billard. Je poussai la porte de l'orangeraie, une magnifique pièce vitrée où végétaient, soumis au bon vouloir des locataires successifs, quelques jeunes palmiers et citronniers, au milieu d'un ensemble de mobilier de jardin raffiné, jeux d'extérieur, raquettes, cannes à pêche, ballons, entassés pêle-mêle.

Je subtilisai sans scrupule une clef donnant accès à l'endroit par l'extérieur, qui me permettrait de venir discrètement prendre soin des plantes, et accessoirement de retourner à l'intérieur de la maison.

Puis je parcourus à nouveau silencieusement les chambres de l'étage. L'une après l'autre. En prenant mon temps. Une rose, une blanche, une grise, une rouge grenat. D'autres encore, moins meublées.

Où Vikki avait-elle dormi ? Joli oiseau de prix dans sa cage dorée.

Cette promenade transgressive éveillait en moi des sentiments contradictoires.

Excitation. Et calme profond.

Découverte. Et reconnaissance.

Curiosité. Et familiarité. *Familiarité ?*

Alors que je m'arrêtais à cette pensée, je fus distraite par un frottement doux, un grattement à la fenêtre de la chambre que je visitais. J'observai entre la vitre et le volet fermé, en hauteur, un nid de merles bâti dans un renfoncement du mur. Je voyais les petites têtes s'agiter, et assistai à la becquée donnée par un parent, vite reparti par un espace étroit vers le jardin. Maintenir en vie cette couvée était un travail épuisant.

Je pensai à Nouchka qui luttait pour sa vie à quelques kilomètres d'ici, et aussi à Vikki qui survivait ailleurs.

Au bout de la galerie du premier étage, on accédait au second par un escalier moins ouvragé, en bois sombre. Le long de ce nouveau couloir étaient distribuées quelques chambres mansardées, plus petites, que j'imaginais autrefois réservées à des enfants ou à des nounous, des lingères, des petites bonnes.

Au centre du couloir, une porte plus large, à deux battants.

Je la poussai.

Cela avait été une nurserie ou une salle de jeux. À travers les persiennes closes, le soleil tigrait le sol, et dans ses rayons obliques voltigeaient de fines poussières dansantes.

Debout au centre de la pièce, il me sembla percevoir un crépitement dans l'air. Des paillettes de lumière brouillèrent ma vue. Et soudainement, le malaise me saisit. Des symptômes longtemps tenus à distance affluèrent vers moi. Mon cœur fit une embardée et se mit à galoper à toute allure. C'était une vague. C'était une montagne. C'était quelque chose de plus grand que moi.

Une moiteur, des fourmillements dans mes mains et mes jambes, une sensation de grande faiblesse m'envahirent. Je sus que je risquais de m'évanouir. Je fermai les yeux et me laissai glisser au sol. *C'est un éblouissement. Je n'ai pas assez dormi. Ou alors je fais un malaise vagal. Trop de stress ces dernières heures. Et si je mourais là, personne ne me trouverait avant longtemps.*

Avant de sombrer, je pensai à Nouchka esseulée, à Vikki séquestrée, à Anders impuni. Je pensai à Jimmy, mon médecin, mon frère.

Alors, je luttai et ne sombrai pas. Un sursaut vital me maintint à flot, et je dominai la vague. Je m'appliquai à respirer calmement pendant de longues minutes. Je comptai à rebours de vingt à zéro, comme on m'avait appris, quand je faisais une crise, à l'institut... Ma gorge était contractée et chaude à la fois. Je respirai plus amplement encore, en pensant à la main tranquille de maman Sincère dans mes cheveux. *Tite flèr, tite margrit.*

Puis, très lentement, la marée reflua. Quelque chose de moite et de vibrant me quitta, peu à peu. Je restai au sol, immobile, épuisée. Je pris mon temps avant d'ouvrir les yeux. Encore engluée dans un reste de torpeur, je regardai la pièce.

Il n'y avait pas de cheval de bois, pas de dînette en métal bleuté, pas de figurines en carton à habiller. Pas de fantôme de petite fille aux longs cheveux.

Mais il y avait bel et bien un berceau d'osier, pour des poupées depuis longtemps égarées. Et la géographie de la chambre me faisait un effet invraisemblable. Une espèce de grosse boule de chaleur roulait dans mon ventre.

Pourquoi être là fait si mal ? C'est quoi ce bazar ?

Il y avait une grande carpette élimée et un papier peint fané, où de tout petits personnages délavés gambadaient, cow-boys et squaws, chevaliers et marquises, dompteurs et écuyères. Je me redressai et, à genoux, je suivis du doigt leurs minuscules visages. Le temps s'était arrêté.

Puis, me levant, je sentis mon corps se diriger, sans hésitation, vers l'angle opposé de la chambre, où un placard avait été aménagé sous la pente du toit. J'ouvris la porte dont la petite taille avait dû amuser beaucoup d'enfants. Je passai la tête par l'entrebâillement, dans ce réduit étroit et poussiéreux.

Et je le découvris. Couché. La crinière mitée. Le regard pâle mais sa bouche peinte toujours hilare. Le cheval de bois.

Non, non, non, non. Cela n'avait pas de sens. Il y en avait plein des vieilles baraques comme celle-là par ici et ailleurs, partout dans le monde, avec des chevaux de bois déglingués et des berceaux en osier tout pourris.

Voilà ce que je me répétai en quittant la maison.

Je sortis au grand air. Un vent léger rafraîchit mon visage en feu.

Je regardai longuement le parc.

Le parc.

Y avait-il eu une balançoire ? Arrête ça.

Je renonçai. Je n'avais plus l'énergie de réfléchir, ni de réparer la porte aujourd'hui. Ça attendrait un jour ou deux. Je replaçai le battant et remis en place la poignée, le tout sommairement.

Que m'était-il arrivé aujourd'hui dans cette salle de jeux ? Je ne voulais pas y penser pour le moment.

Je réintégrai mon petit salon.

J'avais besoin de boire et d'écrire, ce que je fis jusqu'au soir.

À la clinique vétérinaire où je retournai, la docteure m'informa que rien n'avait vraiment évolué, que ma chienne tenait le coup, bravement.

J'eus envie de pleurer comme jamais.

Un chagrin qui remontait de très loin. Un chagrin d'enfant perdue, un chagrin de femme bafouée, un chagrin d'impuissance et de rage.

La vétérinaire le vit, et me sourit gentiment. Elle me proposa une infusion de millepertuis pour calmer mes nerfs et soigner ma tristesse. Je la suivis dans un petit local de cuisine, où elle me fit asseoir. Je la regardai me préparer une tisane, y ajouter un petit biscuit. Depuis quand n'avait-on pas fait cela pour moi ?

Je la bus en silence, réconfortée par ce geste si simple. Merci, dis-je.

Puis je partis.

Stan,

Ton amitié avec Anders et ton histoire alors secrète avec Bréanne s'entremêlent dans mes souvenirs. Ces deux personnes font éclore en toi un Stan que je ne reconnais plus.

Progressivement, tu prends de moins en moins de gants avec moi. Au départ, c'est imperceptible. Mais au bout de quelques semaines, c'est assumé.

Tu sors beaucoup avec Anders. Tu cites souvent ses phrases, adoptes certains de ses points de vue, et pas seulement sur des questions scientifiques.

Cela devient plus flagrant après la disparition de ton père. Je comprends qu'Anders a pris dans ta vie un rôle de mentor. Aux obsèques, Anders est là, près de toi, il pose sa main sur ton épaule. Quant à moi, je dois me tenir en arrière, effarée de ce que je vois.

À plusieurs occasions, j'ai envie de te parler de la Guadeloupe, des agissements d'Anders. Et de tout ce que j'ai appris par ailleurs sur ce récidiviste. Mais tu sembles conquis, et je suis toujours aussi attentive à ne pas te déplaire. Alors, je ne dis rien.

Insensiblement, tu évolues.

Tu rentres le soir, et ne me racontes rien.

Mentir par omission, nous excellons donc à ce jeu toi et moi…

Nous continuons pourtant d'explorer ensemble les jardins que nous aimons. Nous flânons dans les serres d'Auteuil, dans le palmarium et la serre tropicale. Et dans d'autres jardins remarquables, où je crois chaque fois avoir retrouvé cette complicité qui nous définit, notre intrinsèque similitude. Je m'échine à créer des moments poétiques, dans les champs ou la forêt, mille fantaisies adolescentes.

Je veux si fort te garder. Car, Stan, tu le sais, nous sommes une seule et même personne, la même chair, le même feu. Mon esprit ânonne inlassablement ces phrases gluantes de sirop. Je continue à me bercer de ces illusions, tandis que notre routine se prolonge, et que ta tendresse demeure presque inchangée.

Nous nous envolons même ensemble en Italie. C'est moi qui ai voulu ce voyage. Précisément là où tu es allé avec cette chienne. J'ai envie de gribouiller sauvagement tes souvenirs, du moins ce que j'en imagine. De tout saccager.

J'insiste par exemple pour aller près de Turin, au Venaria Reale. Et pour voir tous ces endroits qui sont sur tes photos avec cette truie en robe bleue. Je veux imprimer dans ton cerveau d'autres souvenirs, des souvenirs géants, qui dévorent tout. Indécents et magnifiques.

Je veux définitivement prendre la place, dans ce décor, de sa silhouette à elle.

Je me sens alternativement surpuissante et pitoyable.

Et puis, comme dans les histoires les plus banales, tu me dis que tu veux me parler.

Nous avons passé une soirée délicieuse, mangé et bu en terrasse, dans la douceur du soir. Je me sens légère et grisée. De retour dans la chambre, je respire par la porte ouverte sur le balcon le parfum discret des arbres fruitiers. Je suis blottie dans tes bras, exactement à l'endroit qui a été pensé pour moi. Mon endroit. Tu caresses mon visage doucement, dans la tiédeur de l'étreinte.

Et, en quelques phrases, tu me foudroies.

Merel, il m'arrive quelque chose que je ne comprends pas, me dis-tu. Et tu souris dans l'ombre.

Je voudrais détruire sur ton visage ce sourire que je ne connais pas.

Je ne veux pas te faire de peine, ajoutes-tu dans un souffle. Ton sourire s'estompe un peu.

Je vais partir, je suis amoureux de quelqu'un d'autre, prononces-tu lentement.

Je hoquette, je ne respire plus, je tombe dans un gouffre.

Mais je t'aime aussi, Merel, tendrement. Un peu comme un amour d'enfant, tu vois ? Ça a été fort et doux à la fois, mais voilà, je crois que j'ai grandi, et quelqu'un d'autre m'attend pour ma vie d'homme. Tu comprends ?

Une boue noire envahit mon corps, je sens ce truc immonde qui me serre la gorge et envahit ma bouche. Penchée sur le lavabo, je vomis ce que je viens d'entendre. Je vois dans le miroir mon visage devenu gris, mes cernes creusés et mes lèvres bleutées.

Je repense au jour où je t'ai aperçu pour la première fois, dans ce hall de la fac, penché sur un livre replié dans ta main. Un moment miraculeux dans le déroulé de mon existence.

Une fulgurance. Une certitude absolue. Comme un truc déjà vécu.

Tu étais enfin arrivé.

Je m'étais souvent dit par la suite que c'était la puissance de mon désir, la force de mon attente qui t'avaient en quelque sorte invoqué, fait surgir dans ma vie. Et que tout, à ce jour, n'avait été vécu que pour parvenir à ce moment parfait.

À quel moment m'étais-je trompée ?

Tu éponges mon front, lisses mes cheveux, me regardes avec des yeux doux, comme si j'étais une enfant qui affronte une grippe carabinée. Mais tu n'es déjà plus avec moi.

Une fois cette phrase prononcée – « Quelqu'un d'autre m'attend pour ma vie d'homme » – c'est comme si tu t'étais octroyé un laissez-passer pour la suite. Un sauf-conduit. Un blanc-seing. Bref, un mot en deux parties qui te donne le droit de traverser la vie comme bon te semble, sans te soucier de briser la mienne en passant.

Nous rentrons en France, mon état de sidération se prolonge.

Je n'arrive pas à intégrer qu'un processus est enclenché.

Te concernant, cela commence par des absences prolongées, des nuits où tu ne rentres pas, un lit dans le salon, une penderie qui se vide de plus en plus, des objets qui ne sont plus là. Maintenant que c'est dit, tu te donnes le droit de te comporter ainsi.

Me concernant, cela débute par une forme d'hébétude et une paralysie totale de certaines de mes fonctions essentielles. Celle de raisonner, celle de dormir, celle de m'alimenter.

Au bout de deux semaines, je suis hospitalisée. On prévient ce qui me tient lieu de famille. Jimmy me rejoint à Paris, et assiste à mon lent plongeon. Plus profond que le précédent. Tu dois être content qu'il prenne le relais. As-tu mauvaise conscience ? Je ne le sais pas.

J'apprends qu'avant son arrivée, tu m'as rendu visite régulièrement, mais je n'en ai pas de souvenirs.

Ensuite, la vie te happe, te vole à moi définitivement. Je ne te revois plus.

Nos amis sont mal à l'aise. Je suis un cas difficile. Une personne énigmatique. Peut-être qu'ils te comprennent finalement. Il n'y a pas à dire, c'est difficile de vivre avec quelqu'un qui a une histoire si troublée, une nature si fragile. Tu as tes raisons. Et puis vous formez un si beau couple avec Bréanne. Une fille saine, talentueuse. Ça va te changer !

En tout cas, nos « amis » sont peu présents pour moi.

Quelques semaines encore, et je suis autorisée à sortir. On permet à Jimmy de me ramener dans ses bagages à La Réunion, à condition qu'il garde un œil sur moi.

Retour sur l'île. Je séjourne à Sainte-Rose chez maman Sincère. Je nage longuement.

Je l'aide avec son potager. Patates douces, chouchous, brèdes, bringelles et piments.

C'est lent. C'est interminable. C'est calme. C'est désespérant.

Mais sa délicatesse me répare un peu. Elle me berce de noms d'oiseaux, ti bèkroz, ti payanké.

Retour en enfance, courte parenthèse d'oubli.

Nous parlons beaucoup, plus que nous ne l'avons jamais fait. Et, pour la première fois, elle me raconte son passé d'enfant arbitrairement placée, comme quelques milliers d'autres, en métropole. On est dans les années soixante, elle est arrachée très jeune à des parents illettrés qui croient lui assurer un avenir meilleur, des études. Qui signent sans le comprendre avec l'État français ce qui est en réalité l'abandon de leurs enfants.

Elle me décrit son arrivée dans une ferme de la Creuse, où elle devient non pas la fille de la famille mais une petite employée, de la main-d'œuvre gratuite jusqu'à sa majorité. Elle me parle de ses frères et sœurs perdus, renommés, éparpillés. Nul parcours d'études en vue. Aucune promesse tenue par les puissants. Pas d'affection à donner à celle qu'on appelle juste « petite noiraude ».

Seule la majorité, si longue à attendre, lui rend sa liberté. Une association lui évite la précarité, elle va batailler pour s'en sortir. Des années pour comprendre, davantage encore pour pouvoir se payer un retour au pays et partir à la recherche d'une famille dont elle ne connaît pas l'identité.

Cette partie de son histoire, si terrible, cet innommable scandale d'État qui brisa des destins par centaines, a fait d'elle une femme puissante et la parfaite mère d'accueil pour des petits esseulés comme moi.

En me racontant son histoire, elle me signifie que nous avons grossi les mêmes rangs, ceux des enfants malmenés. Tu ne peux pas partager ces choses-là, Stan, sinon, tu ne m'aurais jamais laissée.

« Maintenant, tu es assez grande fille pour m'appeler Rosalie. Rosalie de Sainte-Rose », me dit-elle, évoquant son prénom reconquis dans un grand éclat de rire qui me fait fondre, comme toujours.

Puis, quand elle comprend qu'elle peut me faire confiance, je suis autorisée à partir dans la montagne, pour une randonnée solitaire sur le chemin des Cirques.

Je marche interminablement, je reste absente de longs jours, je dors dans des gîtes, je me ravitaille dans les îlets.

Cet effort physique continu me lave et me renforce. Dans la fraîcheur des Hauts de l'île, je chemine dans la verdure, poursuivie par les oiseaux tek-tek, bercée par les sources, saoulée d'air pur. Je ne sais pas encore que cette initiation à la vie errante va m'être d'une grande utilité.

14.

Fleur de lune *(Ipomea Alba) : Plante à floraison nocturne, espèce grimpante tropicale de la famille des Convolvulacées, à grandes fleurs blanches en forme de calices, dont le parfum attire les papillons de nuit. Plante ornementale des jardins créoles.*

Le lendemain, je retraversai la haie équipée des outils nécessaires à la réparation de mes dégâts. Cela me prit peu de temps. J'entrai aussi dans l'orangeraie, et arrosai les arbres assoiffés. Il y avait là quelque chose de doux et de nostalgique, un parfum de poussière et de paille séchée, le souvenir des saisons passées, des générations disparues, des objets délaissés.

J'errai à nouveau dans la Villa Adèle, d'une façon différente de la veille, plus lentement, plus intensément, posant sur chaque chose un regard comme une question. À certains endroits, je fermai les yeux et respirai. J'écoutai les bruits de la bâtisse, en espérant que cette concentration me permettrait de laisser advenir quelque chose. Une sensation familière, une réminiscence.

Pourtant, rien ne vint.

Mais dans la salle de jeux, où je restai de longues minutes, je fus troublée à nouveau, bien que plus légèrement que la veille. Je m'allongeai sur le sol, en différents endroits de la pièce, scrutant le plafond, la tapisserie et ses petits personnages fascinants, la manière dont la lumière entrait en fines rayures par les persiennes. Les yeux clos, je frôlai les murs, le sol, les boiseries. Je caressai l'osier du berceau, la crinière orange du cheval.

Je ne sais pourquoi, mais je décidai d'y revenir dormir la nuit suivante.

Des nouvelles encourageantes de Nouchka m'attendaient à la clinique. La brave bête avait ouvert les yeux. Je me penchai, embrassai son museau, et elle battit faiblement de la queue. Je lui parlai longuement de ce que nous ferions à son retour. Lui murmurant des tonnes de promesses, tandis qu'elle se rendormait, emportée dans des rêves qui agitaient doucement ses paupières noires. L'espoir de la sauver avait un peu augmenté, m'assura la vétérinaire. *Je vous tiens au courant.*

La fin de journée se passa en *écritures*. Mes pages s'additionnaient. Il serait bientôt temps d'en faire usage. Dès que j'aurais atteint la fin de l'histoire.

Puis je rejoignis la maison de Vikki, avec mon sac de couchage.

La nuit tombait, et je pris le temps d'aller nourrir les carpes koï dans leur bassin, et de marcher entre les arbres dans ce parc profond et travaillé, le long des bordures à l'anglaise, foisonnant de variétés qui formeraient l'été venu un tableau splendide. Alors que j'arrivais à l'angle d'une dépendance, qui avait peut-être été autrefois une écurie ou le garage de belles automobiles, mon œil fut attiré par des taches blanches dans l'obscurité, étagées sur le mur, et noyées dans le feuillage. Je m'approchai et reconnus des ipomées, une tardive envolée de fleurs de lune dans le noir. Préservées de la fraîcheur, elles tendaient vers moi leurs toutes dernières fleurs, comme si elles m'avaient attendue. Et je sus, dans l'instant, que j'étais déjà venue dans ce jardin.

Je restai longuement, paupières closes, à respirer leur parfum ténu, déjà presque évaporé. Il me semblait entendre la cascade d'un rire d'enfant, des chuchotements excités, et je pensai, je ne sais pourquoi, à un jeu de cache-cache dans le jardin. Puis à une fête nocturne, avec au loin, vers la maison, des conversations, de la musique, et des tintements de verres entrechoqués. Je n'osai m'éloigner de ce point précis, persuadée qu'un souvenir était là, en suspens dans l'air sucré, et que le moindre mouvement le dissiperait.

Je rejoignis la villa presque à regret, empruntai le chemin vers le second étage. Je n'avais pas peur, je voulais savoir, ou tout au moins m'approcher de quelque chose que je sentais à ma portée. Et, enroulée dans mon sac de couchage, je passai, sur un matelas emprunté à une autre chambre, une nuit pleine de rêves calmes, bercée par le bruit du vent dans les arbres et sous le toit.

Malgré mon désir fou de trouver ici, je ne savais pourquoi, dans l'air confiné de cette immense maison de vacances, des bribes de mon enfance, je remontai bredouille d'un sommeil enchanté.

Allongée dans la salle de jeux, je me sentis, le temps d'une nuit, en paix.

Stan,

Jimmy et son compagnon Félix, Rosalie et ses cousines, chacun à leur manière, prennent soin de moi. Rosalie aimerait me voir m'installer sur l'île, où je trouverais probablement à la longue quelque chose à construire. Malgré l'amour qu'on me témoigne, personne ne mesure l'ampleur des dégâts que j'ai subis, ni ne peut pressentir ce qui va suivre.

Mon attitude, cependant, ne change pas. On peut, de l'extérieur, me croire en voie de guérison.

Mais en réalité, des pans de raison s'écroulent en moi peu à peu.

Jimmy sait que, pour ralentir ma dérive, il faut occuper mon cerveau. Il est catégorique, il me faut un projet qui mobilisera mon énergie et amorcera ma remontée. Je le laisse y croire.

Il s'est donc mis en tête d'acheter pour moi, depuis La Réunion, une maison en métropole.

Quand je parviens à me concentrer et à revenir un instant à la réalité, je le regarde et il m'attendrit.

Il bouillonne, il écrit, il téléphone, il utilise même son ordinateur.

Une maison ET un jardin avec BEAUCOUP de travail, me précise-t-il.

Il rit, il me chahute comme autrefois. Nous passons des soirées sous la varangue à imaginer cet endroit. C'est délicieux et douloureux à la fois. Car j'ai déjà fait ce projet. Avec toi.

Sur l'écran, Félix et lui me présentent leurs trouvailles de la journée.

Ferme à restaurer, chalet dans les bois, manoir avec parc, maison avec vue sur l'océan ?

J'acquiesce à toutes leurs propositions, je m'en fiche.

Après des échanges avec Rosalie, leurs recherches se concentrent sur un morceau de territoire en bord de mer. Il me faut quelques jours pour comprendre leur engouement pour ces villages côtiers, qui me paraissent bêtement semblables, leur obsession pour ce périmètre que Jimmy a dessiné au feutre sur une carte, autour d'un point central.

Je fronce les sourcils sur le document, mais rien ne fait sens. Oui, pourquoi pas.

Mon cerveau brasse ses propres obsessions, qui n'ont que faire de la géographie.

Faites ce que vous voulez, je vous fais confiance.

Un soir où Jimmy est de garde, je traîne sans but autour de la case, ramassant ici et là, le long des haies, des petites branches de bougainvillées cassées, des fleurs d'hibiscus fanées. Je trouve Félix allongé et fumant dans le hamac du jardin. C'est pour moi un bon camarade. J'aime qu'il soit dans la vie de Jimmy. Nous avons, au fil des années, développé un attachement que rien, malgré mes erreurs, n'a jamais démenti.

Nous parlons de mes voyages passés, de mon histoire, dont il sait quelques bribes, et sur laquelle il m'interroge gentiment, tout en me resservant d'un alcool local qu'il est allé chercher. Il me demande si cela me plaît que nous soyons tombés d'accord sur cette zone de recherche pour la maison.

Je n'ai aucun souvenir d'accord particulier, alors je dis : quelle zone ?

Il se redresse et me fixe dans l'obscurité. Il semble interloqué. D'un geste il rassemble les verres et la carafe, et m'entraîne à l'intérieur. Dans le bureau, il déniche sous un tas de papiers la carte routière dont ils ont fait un véritable outil de travail. Il attire sous la lampe la partie repliée qu'il veut me montrer. Son doigt brun suit le cercle tracé au feutre, y entre et s'arrête en son milieu.

Regarde mieux, me dit-il.

Je me penche. Je suis un peu éméchée. Et je fais : Oh. C'est sorti de moi doucement, dans un souffle.

Oui, je vois. Je connais le nom de ce lieu. Des adultes l'ont prononcé de temps en temps, dans mon enfance, tout bas, puis ouvertement. Je l'ai murmuré moi-même secrètement, quand, adolescente enfiévrée et intense, je fantasmais mes origines. C'est l'endroit où l'on m'a trouvée, enfant.

Je ne dis rien mais je pense : quelle drôle d'idée.

Plus tard dans la chambre, je bascule à nouveau dans mes divagations.

J'ai déjà oublié la carte sous la lampe. Peu importent le lieu, la mer, le ciel, je m'en contrefiche, je veux cette maison pour un usage qu'ils n'approuveraient pas, je le sais. Mais, qu'est-ce que ça peut bien leur faire ? Est-ce que je n'ai pas enfin l'âge de faire ce que je veux ?

Je revois mentalement les images qui ont défilé sur l'écran ces derniers jours, et je me projette avec toi, qui m'es rendu, dans un verger, sur une terrasse, sous un saule penché, sous les arceaux d'une serre. Cela m'apaise quelques instants.

Oui, j'en suis sûre, je vais bâtir un écrin si beau que tu ne pourras que m'y rejoindre. Un jardin pour l'étude et pour l'agrément, qui sera un peu la somme de tous les espaces que tu aimes. Il abritera le dosage parfait de chaque continent. Tu seras si fier de moi. La nuit venue, de retour de tes longs voyages, tu le traverseras comme un dernier pays, pour me rejoindre.

Loin de m'aider, le projet de Jimmy démultiplie mon excitation, et me fait perdre pied.

Plus j'y pense, plus tout cela me paraît tomber sous le sens : il me faut cet endroit.

Je n'y tiens plus, et avance mon retour.

Jimmy, je le vois bien, ne sait plus trop quoi penser. À tout prendre, il me préfère évidemment active plutôt qu'apathique. Mais pas aussi survoltée.

Pendant ce temps-là, que vis-tu ? Je suis à peu près certaine de le savoir.

Tu t'es à coup sûr ressaisi. Tu as compris !

Tu attends impatiemment mon retour, car tu n'es rien sans moi.

Cette grande bécasse, tu en as déjà fait le tour, tu n'en reviens pas d'avoir fait une pareille bévue. Quelle conne, cette fille. Et pas si belle finalement. Avec sa grande bouche remplie de voyelles traînantes. Stââân.

Pas grave, mon amour. On va tout reprendre depuis le début.

Dans cette fameuse maison que je vais trouver pour nous.

Tu vas adorer.

15.

***Acacia** (du grec akis : « la pointe ») : Genre d'arbre ou d'arbuste appartenant à la famille des Fabacées (acacia, cassier, mimosa, tamarin). Dans les pays méditerranéens, l'acacia, dont les épines ont composé la couronne du Christ, symbolise la résurrection et l'immortalité.*

Après le départ de Vikki, j'entrai dans une longue succession de jours harassants, où je m'abîmai dans un travail forcené au jardin, sans tenir compte des intempéries. Je n'eus aucune nouvelle d'elle. Je comprenais que je ne devais plus me mêler de sa vie, mais la savoir au loin me perturbait étrangement. Malgré moi, je me sentais impliquée.

Nouchka m'avait été rendue au bout d'une semaine, mais restait très faible. Je l'avais installée sur un matelas à côté du feu, et je passais mon temps libre à la cajoler. Elle ne se levait pas, et restait perfusée.

J'avais achevé de briser au marteau la découpe trop nette pratiquée par Anders dans le carreau de la fenêtre du salon. Puis j'avais appelé le serrurier, qui m'avait vanté ses multiples talents de réparateur, prétextant un dégât accidentel. Comme la fois précédente, je lui avais offert un café, et j'eus droit de nouveau à ses bavardages.

« J'ai repensé à votre histoire de clefs, vous savez par rapport à la maison d'à côté... De mon point de vue, vous avez bien fait de changer vos serrures. On ne sait jamais qui traîne dans ces locations. Ils ont l'air plein aux as comme ça, mais ça ne veut rien dire, vous pouvez me croire... »

J'opinai du chef sans commenter. *Tu ne crois pas si bien dire, mon ami.*

« Qui sont les propriétaires actuels ? Vous les connaissez ?

— Ah, ça risque pas ! Mon vieux doit bien savoir leur nom. Il sait toujours des tas de trucs sur tout le monde. Forcément..., ricana-t-il avec un air entendu qui ne me plut pas du tout, quand on entre dans une maison, on apprend tout plein de choses sur ses habitants. Il vous dira, si vous allez le voir. Vous verrez, il a encore toute sa tête ! Mais c'est des étrangers je crois. Europe du Nord ou quelque chose comme ça. Jamais vus ! Et c'est pas plus mal, c'est moi qui vous le dis !

— Ah bon, pourquoi ?

— Chacun chez soi, c'est aussi bien ! Vous êtes pas de mon avis ? »

Je ne lui proposai pas de deuxième café, j'avais eu ma dose. Mais, alors qu'il s'en allait, je me ravisai et lui demandai ce que faisait son père désormais.

« Mon père ? Il est aux Acacias, depuis la mort de la maman.

— Aux Acacias ?

— Oui, la maison de retraite. Il est pas mal là-bas, le vieux, il voit la mer ! » s'esclaffa-t-il.

Il se redressa, rajusta son pantalon et remit à sa lèvre un mégot froid.

« Allez, bonne journée ! Je vous envoie la note dans la semaine », ajouta-t-il en rejoignant sa camionnette.

Il y avait différentes façons d'en apprendre davantage sur la Villa Adèle et les environs. La mairie, le notaire, l'agence de location, les anciens du village, les Acacias. Mais je n'étais pas encore vraiment sûre de souhaiter aller plus loin.

Quelques jours plus tard cependant, je me rendis à l'agence immobilière du coin et expliquai l'objet de ma requête.

Le local à l'ancienne ressemblait à une bonbonnière kitsch, au milieu de laquelle trônait une spectaculaire créature hybride, entre la cartomancienne et la cantatrice. Elle occupait l'espace central, toute en frisettes élaborées, velours grenat et breloques de couleur, et se propulsait d'un coup de bottine d'un bout à l'autre de l'agence, sur une puissante chaise de bureau à roulettes.

« Oh la la la la la la, entonna-t-elle d'une voix mélodieuse, les registres d'il y a plus de trente ans… ? Il va me falloir explorer les archives, une vraie aventure, vous pouvez me croire, et je ne sais pas du tout du tout du tout où je vais trouver ça, seigneur ! J'espère que vous n'êtes pas pressée… Je crois que vous n'imaginez pas tout ce que j'ai à faire ! »

Après un soupir théâtral, « Bon bon bon, voyons voir par là… », elle se leva dans un frou-frou soyeux, et commença à compulser énergiquement des fiches écornées dans un meuble classeur.

Puis, comme mue par une idée de génie, elle fit volte-face et s'abattit, dans un fracas de plumes et de perles, sur son clavier d'ordinateur. Elle se mit à taper frénétiquement de ses ongles fuchsia, tac tac tac tac, puis figeant dans les airs ses longues mains baguées s'exclama :

« Ah ça y est, ça y est, ça y est, je crois savoir où ça se trouve ! Et je sais aussi ce qu'on va faire ! » Elle roucoula. « Figurez-vous qu'on a une petite stagiaire – oh, une mignonnette ! une vraie poupée ! – qui arrive la semaine prochaine. On ne sait jamais comment les occuper ces gamines, eh bien ça va lui faire une première mission toute trouvée ! On... va... la... faire... cher... cher ! » dit-elle en détachant chaque syllabe, soudainement emballée par son idée. « Et je l'enverrai aussi faire un tour chez le notaire. Oui oui oui. On se connaît bien, il nous aidera. Qu'est-ce que vous en dites ? Ça vous va, comme ça ? Eh bien, c'est parfait ! chantonna-t-elle. Je vous appelle dès que j'ai quelque chose ! Ah ? vous n'avez pas le téléphone ? Ça alors ! Vous n'êtes pas banale, vous... Dans ce cas, on dit que vous repassez dans une dizaine de jours ? Je suis sûre qu'on aura bien avancé ! »

Je lui spécifiai à nouveau ce que je recherchais. Je la remerciai en notant mentalement de lui apporter une jolie production de ma serre. Pourquoi pas cette foutue rose de porcelaine, débordante d'énormes pétales magenta, parfaitement raccord avec le personnage ?

Je poursuivis mes recherches à la médiathèque, où je me plongeai sans vraiment de méthode dans les archives du journal local, en privilégiant les saisons estivales.

Des étés secs, des étés pluvieux, des fêtes foraines, un modeste festival, des brocantes, des régates, des lotos, des concours de maisons fleuries, de pâtisserie, de pétanque, de châteaux de sable.

Je ne sais pas ce que j'espérais en noircissant mes doigts sur ces pages d'un autre temps.

« Nous avons aussi des archives audiovisuelles, si vous voulez », me dit un bibliothécaire zélé. Mais cela me parut plus hasardeux encore.

Je passai de longues heures à feuilleter ces journaux, plusieurs jours de suite, sans savoir vraiment ce que je cherchais. Par moments, je m'interrompais et fustigeais ma fébrilité. Tout cela pour une fugitive impression de déjà-vu. Pour un cheval de bois et un parfum de fleurs. Ridicule.

Mon esprit scientifique reprenait le dessus et me rappelait que l'on pouvait respirer le message biochimique de cette fleur nocturne, la fleur de lune, sur plusieurs continents. Ma mémoire olfactive l'avait peut-être stocké bien loin d'ici.

J'avais été si souvent emportée par mes émois vers du grand n'importe quoi.

Libérer cette part de moi, fantasque, brutale, m'avait rarement rendu service.

J'en conclus que je cherchais plutôt à donner un nouveau but à mes journées sans Vikki, à masquer la culpabilité qui m'avait envahie. *Non-assistance à personne en danger*. Voilà ce que mon cerveau martelait.

En quittant la bibliothèque, un soir, je me promis de cesser mes recherches dès que Nouchka aurait terminé sa convalescence. Une échéance comme une autre.

Au fil des jours, elle avait regagné goutte à goutte son énergie. Son organisme éprouvé finissait peu à peu d'éliminer le toxique. Son foie et ses reins étaient intacts, m'avait dit la vétérinaire, et ils avaient bien travaillé. Je l'alimentais comme un nourrisson. Et notre amitié grandissait à chaque petite bouchée que je lui donnais. Je dormis pendant plusieurs semaines sur un matelas posé au sol le long du sien, tendant la main vers son flanc quand je me réveillais en pleine nuit. Elle fit enfin quelques pas malhabiles dans la maison, et le jour suivant sur le perron. Puis, petit à petit, elle commença à m'accompagner dans les allées du jardin, où le travail ne manquait pas.

Stan,

Quand je rentre de La Réunion pour rejoindre Paris, je n'ai qu'une obsession. Te trouver.

Mais on est très avare d'informations te concernant. On me ménage ou on me tient à distance. On te protège.

Dans notre logement, il n'y a plus rien de toi ou presque, juste quelques objets délaissés, vestiges d'une histoire partagée, et passée. Je me laisse croire que tu n'es pas complètement parti, puisqu'il reste à la patère de l'entrée ton indispensable veste de pluie, ou au fond d'un placard tes chaussures de marche préférées. Et puis, ces très beaux livres qui t'avaient donné tant de joie. Linné. Jussieu. Lamarck. Sans parler de cette gravure ancienne de l'Acacia Sénégal que tu aimais tant.

Je refuse juste de remarquer que tous ces objets te viennent de moi.

Je ne peux me résoudre à cette situation invraisemblable.

Ton histoire avec cette fille n'a absolument ni queue ni tête.

Il me faut élucider ce mystère. Alors, dans tout Paris, je la cherche, elle aussi. Cette sale garce, que t'a-t-elle fait ?

Contrairement à toi, elle laisse beaucoup de traces. Dans les conversations, dans la mémoire des gens, sur les réseaux sociaux qui, à l'époque, balbutient encore. Elle est tellement fière de sa conquête. Elle en fait des caisses. Stââân !

Je veux la trouver, l'affronter, la démolir.

J'entends parler de la Bretagne, mais la Bretagne, c'est grand. Je précise ma traque. Cela me prend du temps. Je trouve la station balnéaire. Je cherche encore. Je localise la fameuse maison de famille.

Et je m'y rends.

Voiture louée, route interminable, cerveau en ébullition, cœur en vrac, allure hagarde.

Et voici la maison. Impressionnante. Caricaturale. Une maison de magazine.

Vue sur mer, vaste parc plongeant sur un promontoire rocheux. Petite plage privée romantique.

Tout cela est à vomir.

Des Parisiens en cirés. Une ambiance épuisettes, vareuses et bottes en caoutchouc. Avec option pêche aux coques à marée basse, fruits de mer et vin blanc, sentiers côtiers, calvaires, galettes, folklore. La totale.

Je loue une chambre, où je ne parviens pas à dormir. Je me donne du courage avec l'alcool local.

J'adore. Vraiment.

Je marche la nuit vers la maison, puis autour de la maison. Plusieurs tours. J'étudie. Puis j'entre dans le parc. Juste pour voir. Immense. Oh la la. Gros massifs d'hortensias, camélias, asters, pivoines, et même palmiers, protégés par la douceur du climat océanique. Quel bel objet d'étude !

Baies vitrées, où doit, sans aucun doute, se refléter un monstrueux soleil couchant. Vaste salle à manger illuminée, famille rassemblée. Bourgeoisie en villégiature. Plusieurs générations. Grands-parents, parents, frères et sœurs, neveux et nièces. Enfants qui gambadent et crient. Des cheveux blonds, du bleu marine et du rouge, un joli hâle sur les visages. Ou bien est-ce le cidre qui colore les joues ? Joie, grands éclats de rire, musique discrète, repas du soir partagé, après une bien belle journée de plein air, non ?

Et, au centre, au milieu de la tablée, comme un roi et une reine, elle et toi.

Elle et toi. Elle et toi.

Je vais vraiment vomir. Je me plie en deux dans l'obscurité.

Stan, que fais-tu là ? Tu ne peux pas être là. Tu ne peux pas rire là, manger là, prendre ce gosse sur tes genoux, passer les plats, servir le cidre.

Ni mettre ton bras autour de ces épaules-là, car c'est ma place à moi.

À MOI.

Mon irruption fait un sacré effet.

Il faut dire que je n'ai pas trop eu le temps de me pomponner. Ni même de me laver à vrai dire. Il y a bien longtemps que j'ai oublié ce genre de chose. Manger et parler me sont également devenus difficiles.

J'ai juste eu à faire coulisser la baie vitrée. Pas fermée.

Mon apparition fait taire toutes les conversations. Une dame en bleu roi met la main sur son cœur. Le vieux chien, lui, n'a même pas frémi dans son panier. Sans doute sourd. Mais tout le monde s'est levé ou presque.

On ne rit plus.

« Vous êtes ? chevrote le plus âgé des messieurs.

— Laisse, Grand-Papa, dit Bréanne, c'est une amie. Bonjour, Merel.

— Une amie, je ne crois pas », dis-je.

Et tout dégénère assez vite.

Je lance sur la table le premier objet qui me tombe sous la main.

C'est un gros objet.

Un genre de porte-parapluies métallique, avec, coup de chance, les parapluies dedans. J'ai très bien visé. Le truc atterrit au centre de la table, casse quelques assiettes et éclabousse généreusement ceux qui avaient mal choisi leur place. Suivent, avant que l'on parvienne à me ceinturer, un tisonnier, une pelle à cendre et le panier déserté par le chien.

Un beau chantier, qui me réjouit.

Le troupeau d'enfants a été mis à l'abri dans la cuisine. Grand-Maman se cramponne à son fauteuil.

Je n'ai rien prémédité, mais il y avait urgence à détruire au plus vite ce tableau obscène de bonheur familial. À t'extraire de ce piège.

Je me rends compte que c'est toi qui me tiens.

Tes bras. Ton souffle dans mon cou.

Merveille.

Je me retourne à demi et te murmure : « Viens, Stan, on y va ! » Mais ça n'a pas l'air de te faire plaisir. Tu me regardes, rouge, interloqué, et je sais que tu as envie de me faire mal. Nous sortons par la baie vitrée. Et là, à toute volée, tu me gifles.

C'est la première fois que tu fais une chose comme ça. Ils t'ont rendu cinglé ces guignols.

Sous le choc, je tombe. Tu me relèves brutalement. Nous sommes seuls dans le jardin humide de rosée. Et tu me parles, vite, énormément, des mots incompréhensibles qui me percutent et ne font pas sens. Tu me secoues par le bras.

Comme je ne bouge plus, tu te radoucis. Tu m'entraînes et nous marchons dans l'obscurité. Quelqu'un, dans la maison, allume les lampes du parc. Sûrement elle.

Tu parles, encore et encore, et je ne comprends vraiment… aucun… mot.

Je suis agitée de tremblements et tu me dis : « Reste là. » Tu cours vers la maison et reviens avec un manteau pour moi. Tu m'obliges à l'enfiler puis tu me raccompagnes jusqu'à l'hôtel. Le chemin est un peu long et tu ne cesses de parler. Quelques mots se frayent jusqu'à moi, mais je ne parviens pas à les relier entre eux.

Puis nous arrivons devant le porche de l'hôtel. J'ai dû pleurer car tu essuies mes yeux et écartes doucement les mèches de cheveux qui encombrent mon front. Mon visage suit ta caresse, je grelotte et pleure un peu plus. Je m'agrippe à toi comme une enfant et tu consens à m'accompagner à la chambre. Le veilleur de nuit lève un seul sourcil en nous voyant passer.

Tu me fais couler un bain et m'aides à me déshabiller. Je suis nue, debout dans l'eau chaude, et tu me laves. Tu me masses longuement la tête et je pense que je vais m'endormir, que tu es là enfin et que tout est parfait. Puis tu me fais sortir, tu me sèches et m'installes au lit. Je veux ta bouche et tes bras et tout ton corps sur moi, mais tu me repousses doucement.

Finalement, tu m'embrasses quand même, et c'est doux, profond, long et merveilleux.

J'ai gagné, j'en suis sûre.

Ton visage, si près. Ton odeur qui me rend folle.

Je sais que c'est pareil pour toi et que ça te prend par surprise.

Cette chimie-là, comment lutter ?

Alors tu défais les couvertures et tu entres dans le lit. Comme on saute dans l'océan. J'ai encore ce pouvoir sur toi. C'est tendre, et c'est furieux. C'est lent, et c'est urgent. Ça nous ressemble tellement.

Je revois toute notre histoire, c'est comme un kaléidoscope, alors que nous sommes emportés par notre faim l'un de l'autre. Les étreintes, les émois, les voyages, les jardins. Puis on s'apaise et tu lisses mes cheveux, tu embrasses mes paupières qui sourient.

Et, en quelques secondes, une nouvelle fois, tu me crucifies.

« Pardon pour tout, Merel, mais tu as bien compris tout ce que je t'ai dit ce soir ? Nous n'allons plus pouvoir nous revoir. C'est terminé. Je vais me marier. »

Mais quand as-tu dit ça ? Je n'en ai aucun souvenir.

Stan. Stan. Que dis-tu ?

La porte se referme en douceur. Tes pas dans le couloir. Dans l'escalier.

Et tu t'enfuis. Dans la nuit.

Et je plonge. Dans ma nuit.

16.

Héliotrope *(Heliotropium arborescens) : Plante de la famille des Boraginacées, originaire du Pérou. On l'appelle « herbe de Saint-Fiacre » ou « fleur des dames », en raison de son parfum entêtant. Placée sous l'oreiller, sa fleur provoque des rêves prémonitoires.*

Je me souvins brusquement, quelques jours plus tard, de l'agence immobilière. Misère.

Nouchka m'y accompagna en trottinant.

La « cantatrice » était très en forme. Elle rayonnait dans un costume couleur d'or et de soleil couchant. Où trouvait-on ce genre de tenue ? Une pâlotte petite jeune fille se tenait en retrait, comme l'assistante prudente d'un lanceur de couteaux.

La diva se mit à glouglouter comme un dindon en me voyant arriver :

« Eh bien, eh bien, eh bien, je commençais à m'inquiéter, et à croire que vous m'aviez posé un lapin ! Ça aurait été bien dommage, voyez-vous… Ma petite stagiaire a fait du joli travail, elle vous a tout bien photocopié, la mignonne. Normalement c'est un peu confidentiel, mais bon bon bon allez, plus de trente ans, il y a prescription, non ? » me dit-elle en me tendant un dossier cartonné.

« Oh mais-oh mais-oh mais qu'est-ce que c'est que ça ? C'est pour moi ? Mais c'est magnifique ! » s'exclama-t-elle en se redressant, dans de grands cliquètements de colliers et chuchotements d'étoffes. Dans ce mouvement, l'air fut brusquement saturé d'un capiteux parfum d'héliotrope, qui progressa par vagues alors qu'elle se déplaçait. Se saisissant de la rose de porcelaine comme d'une torche olympique, elle la porta en triomphe jusqu'à la vitrine de l'agence et l'installa bien au centre, entre une maquette d'immeuble et un panneau d'annonces. Elle produisait d'étranges petits sons de gorge satisfaits, qui intriguaient beaucoup Nouchka.

Je m'enfuis avant qu'elle ne m'embrasse, ayant discrètement abandonné sur le bureau des chocolats pour la stagiaire effarée.

Le même jour, je reçus, suite à ma demande, une lettre de Jimmy, qui m'adressait les quelques pages de l'Aide sociale à l'enfance encore en possession de maman Sincère, pouvant d'après lui me donner un point de départ, le début de mon histoire.

J'avais eu connaissance à dix-huit ans de l'existence de ces quelques éléments, mais j'avais à l'époque refusé d'y jeter un œil. Je ne voulais même rien en savoir, et surtout rien perturber de cette longue embellie qu'était ma vie avec la famille de Jimmy. Que m'importait ? De qui d'autre aurais-je eu besoin ? Je voulais rester cette Merel-là qui chantait des chansons créoles, se passionnait pour la botanique, la cuisine, les oiseaux du jardin, et s'épanouissait dans l'affection protectrice d'un grand frère tombé du ciel.

Aujourd'hui, après tant d'années tumultueuses, je pouvais commencer à m'y intéresser, à remettre de l'ordre dans les grandes ères de ma vie :

— Avant et après ma rencontre avec la famille Sincère.

— Avant et après ma rencontre avec Stan.

À l'intérieur de ces périodes, aucune logique, aucune limite.

Un seul schéma récurrent : l'alternance cyclique de calme et de chaos.

Dans les documents de l'agence que j'épluchai à mon retour, je trouvai effectivement matière à réflexion. Tout en partageant équitablement des biscuits avec Nouchka, je notai la réapparition régulière de certains noms de famille, sur les quelques étés qui m'intéressaient.

Rosalie Sincère m'avait raconté le début de mon histoire, du moins telle qu'elle apparaissait dans les documents de l'administration. J'étais une petite fille trouvée dans un jardin public, une arrivée poétique à l'entendre, mais autour de cette apparition soudaine, il n'y avait que du flou.

En tant qu'enfant trouvée, j'avais été dotée d'un patronyme à consonance française par les autorités administratives qui m'avaient prise en charge. Un prénom m'avait été attribué grâce à une gourmette trouvée dans ma poche. Je l'avais longtemps conservée avant qu'elle ne me soit volée, à l'institution.

Était-ce mon vrai prénom ? Dans le cas contraire, à qui ce prénom appartenait-il réellement ?

À l'époque, liberté était laissée à l'officier d'état civil de baptiser ou rebaptiser l'enfant d'un prénom du calendrier, et de choisir un patronyme souvent en lien avec l'endroit précis où il avait été recueilli, Laplace, Lacour,

Laporte, Léglise… Parfois, il leur préférait le lieu-dit, la ville, la région, ou encore un élément de relief, Duval, Dumont, Rivière… Un fonctionnaire davantage inspiré par le calendrier que par la toponymie m'avait fait surgir du néant dans les registres de l'état civil français sous le nom de Demai. Le mois de mon apparition. Me privant par là même d'un beau Desjardins. En revanche, il avait conservé le prénom peu usuel en France de Merel.

Enfant, je rêvais en m'endormant, ou en contemplant le grand calendrier de la classe, de rencontrer les enfants Davril ou Dejuin. Et de tous les autres mois. Je les imaginais avec précision, et nous formions une famille soudée, à qui il arrivait tout un tas d'aventures extraordinaires. Cela m'entraînait dans des rêveries délicieuses et parfois salutaires, quand la vie était trop rude soudainement.

On avait dû également m'attribuer une date et un lieu de naissance fictifs. Comment avait-on procédé ? Il y avait probablement une méthode, des règles établies, des données médicales à prendre en compte, mais je ne les connaissais pas.

Je progressai à l'aveuglette, au milieu des listes de noms et de périodes de location, redoutant brusquement d'y trouver le nom d'une de mes familles d'accueil, celui du couple de musiciens classiques par exemple. Je voulais que mon souvenir de ce lieu soit antérieur, qu'il me donne une autre partie de mon histoire, partagée avec mes vrais parents.

L'état civil me faisait « naître » à une trentaine de kilomètres d'ici, là où, probablement, se trouvait la maternité la plus proche.

Je pris conscience à nouveau de la bienveillance de mon frère. Jimmy avait à l'époque intelligemment orienté ses recherches d'une maison pour moi. Il souhaitait me remettre sur mes propres traces. Et libérer mon esprit de l'obsession de Stan, qui allait me conduire, malgré ses efforts, à l'extrême.

Stan,

Après ton départ de l'hôtel, je reste sidérée.

Sur le carrelage de la salle de bains je m'allonge et gémis comme un enfant.

Combien de temps ? Aucune idée.

Après, c'est le flou. Au matin, mon visage est en sang – front griffé, lèvre éclatée, arcade fendue – et mes avant-bras lacérés. Je me souviens de la vodka et un peu du rebord de la baignoire, où je frappe ma tête avec méthode. Pas du tout en revanche de la chambre saccagée, des objets lancés par le balcon, des clients de l'hôtel réveillés dans le couloir, des forces de l'ordre, du véhicule de police. Lucidité intermittente.

Pendant ma garde à vue, on exhume quelques archives datant de mon adolescence. Ça ne m'aide pas. Je suis jugée en comparution immédiate. J'écope d'une amende importante et de travaux d'intérêt général. Je m'en moque totalement.

C'est même très bien, puisqu'après l'entretien avec le conseiller du service pénitentiaire, on m'affecte rapidement, pour quelques semaines, aux espaces verts d'une municipalité provinciale.

Ironie remarquable pour une botaniste chevronnée.

Dans ces jardins publics aux petits massifs pathétiques, mes mains font ce qu'elles savent faire de mieux, tandis que mon visage se répare.

Et que mon obsession s'amplifie.

Quand je rentre à Paris, je parviens sans trop de peine à retrouver ta trace, ou tout au moins à glaner des nouvelles de toi.

Très vite, j'ai les données qu'il me faut.

Et j'ai le matériel.

Il tient tout entier dans une petite boîte d'allumettes. Quelques feuilles, quelques graines, indétectables aux éventuels contrôles des douanes, c'est pratique.

Je prends donc un billet d'avion pour Rome, où je me souviens, car elle s'en est si souvent vantée, que les parents de Bréanne ont une propriété.

Rome…

Tu aurais pu choisir pire destination pour te marier.

17.

***Sauge** (Salvia officinalis) : Du latin* salvare *(sauver, guérir), arbrisseau de la famille des Lamiacées, plante condimentaire et officinale. Pour les druides gaulois, la sauge avait le pouvoir de ressusciter les morts.*

Lorsque l'on sonna à mon portail quelques jours plus tard, j'étais penchée, concentrée, en sueur, sur de nouveaux semis.

J'avais en effet décidé de m'inspirer du cahier trouvé dans l'appentis pour recréer une partie du jardin d'Agata, la jardinière passionnée à l'origine du lieu. Je voulais faire renaître ses bordures de sauge et de lupins, de verveines et d'achillées. Pour mon seul plaisir. On sonna à nouveau.

Nouchka s'était élancée, avec son énergie retrouvée et sa grosse voix, vers sa première mission de la journée. Je la suivis sans me presser, contournant la tonnelle, longeant le pignon colonisé de lierre, passant en inspirant à fond sous le tilleul parfumé, dans l'allée qui conduisait à l'entrée.

Lorsque j'ouvris la grille, avec des mains sales et une légère dose d'agacement, ce fut pour voir s'éloigner sur un vélo qui oscillait dangereusement la petite stagiaire de l'agence de location, que les aboiements de la chienne avaient fait fuir.

Dépassant de la fente de ma boîte aux lettres, un courrier avait été déposé.

Je rejoignis l'arrière du jardin, tirai une chaise au soleil et déchirai le rabat de l'enveloppe.

Quelques mots d'une écriture extravagante galopaient élégamment sur une première page, agrafée à des documents photocopiés. Il me semblait recevoir au visage des bouffées d'héliotrope. *Madame, j'ai appris par le bibliothécaire que vous effectuiez des recherches dans les journaux de l'époque...* Les nouvelles allaient vite. *Voici deux articles susceptibles de vous intéresser, concernant une famille de locataires ayant séjourné plusieurs années de suite dans la maison que vous avez mentionnée. Une bien triste histoire, quand on pense à...* De quoi je me mêle ? Je ne lus pas le reste.

Un premier article assez bref faisait état d'un accident de voiture survenu à quelques kilomètres du village, ayant entraîné la mort de trois adultes, un homme et deux femmes, originaires de Belgique, de retour d'un séjour de vacances dans la région. Une terrible photo de la carcasse incendiée du véhicule aimantait le regard.

Dans le deuxième article, datant du lendemain, des noms de famille étaient mentionnés, que j'avais effectivement vus sur la liste des occupants de la maison de Vikki. *Franken, Peeters...* Le récit était plus élaboré et contenait des détails météorologiques et mécaniques sans intérêt pour moi. Dans celui-ci, le nombre des passagers avait augmenté, et la marque du véhicule était mentionnée.

À aucun moment je n'avais pensé à compulser les faits divers.

Je rentrai à la maison et rangeai le tout dans un tiroir.

Je n'étais pas prête à enclencher l'étape suivante, qui aurait consisté à aller chercher d'autres éléments sur Internet. C'était comme cela qu'on faisait apparemment depuis quelque temps. Pendant mon absence du monde, la révolution technologique s'était poursuivie, qui m'avait dépassée. Disons plutôt qu'elle m'indifférait.

Je refusais pour l'instant d'envisager de possibles implications de l'article sur mon histoire.

Je repris mes travaux jusqu'au soir, faisant une simple pause de pain et de fromage au bord de ma mare, où surnageaient comme des petites bulles d'un vert translucide les premiers œufs de grenouilles. Je me réjouissais d'avance de leur chant qui bercerait mes soirées d'été.

En rejoignant la maison, je regardai par-dessus la haie la grande bâtisse voisine et son jardin si inspiré. Je pensai à ces vacanciers insouciants, qui l'avaient un jour fermée puis quittée, avec des bagages dans le coffre et un panier de pique-nique sur le siège arrière pour la longue route jusqu'en Belgique.

Avaient-ils craint d'avoir oublié un foulard, un réveil de voyage sur une table de nuit ? Avaient-ils formulé un au revoir muet à ces grands arbres, à ce bassin qui miroitait, à ces toits circonflexes, en rêvant déjà de l'été suivant ?

Y avait-il une enfant dans leur voiture, qui regardait filer les feuillages et les nuages, allongée sur la banquette arrière ?

J'eus envie de vin comme jamais.

Il m'en fallut peu pour me sentir fondre dans une torpeur apaisée.

Sur la pierre usée du perron, je terminai mon verre puis me rendis à ma table de travail, un peu plus tôt que d'habitude, pour honorer mon rendez-vous quotidien.

Stan,

La crique est d'une splendeur tout italienne, et c'est la tombée du jour. Les couleurs sont magnifiques et l'air tiède me parvient dans un léger souffle de vent.

Personne ne sait que je suis en Italie. Aucun de nos amis.

Car je ne suis pas la bienvenue.

Personne, sauf toi.

J'ai trouvé une pension discrète, où j'ai donné une identité fantaisiste. La mamma, qui a empoché mon argent, n'en a rien à faire de mon nom.

Je t'ai approché le matin de mon arrivée, et nous avons pris un verre.

Contrarié de me voir, tu as prétexté je ne sais quoi, et tu es parti assez rapidement, non sans m'avoir fait jurer de me tenir tranquille.

Avant que tu ne t'enfuies vers ta saleté de promise, je t'ai fixé un autre rendez-vous en soirée. Que tu as catégoriquement refusé, me conseillant fermement de rentrer à Paris.

Mais je sais, sans l'ombre d'un doute, que rien ne t'empêchera de venir.

Car d'ici moins d'une heure, tu n'auras plus de volonté.

Ce que je t'ai fait boire, à ton insu, te lie à moi.

Merci Docteur Feuilles.

D'après ce que je sais de cette poudre fine, si rapidement dissoute dans ton spritz, tu vas très vite avoir envie de me revoir.

Nous sommes maintenant en terrasse.

C'est le soir, tout est magnifique et lent aux abords de cette crique.

Nous sommes extrêmement bien, dans cette torpeur tranquille. Le sable paraît doux dans le couchant. Nous buvons, et dans l'état où tu te trouves déjà, je n'ai aucun mal à dissoudre ce qui me reste de poudre dans ton verre.

Je sais que ça n'agira plus très longtemps maintenant. Quelques heures, un jour encore tout au plus.

Et que ce sera notre dernière fois. Alors je veux me saouler de toi jusqu'à en crever.

Nous avons plus bu que mangé sur cette petite terrasse de bord de mer. La table est à l'écart, sur la plage. Mes doigts de pieds nus jouent doucement avec le sable, frôlent tes chevilles, et mon corps, si légèrement vêtu, moite et magnétique, électrise tout de toi.

Le résultat semble à la hauteur de mes prévisions.

Tu as les yeux fous et le corps impatient.

Cela fait tellement longtemps que je ne t'ai pas vu comme ça.

J'ai hâte moi aussi.

Nous nous levons.

J'ai jeté sur la table une poignée de billets sans attendre le dessert.

Nous parlons peu dans l'obscurité qui s'installe. Je prends ta main et tu me suis sans hésiter derrière les rochers. Tu n'es déjà plus toi-même. Le sable est sec et doux sous nos pieds nus. Et alors que nous marchons en silence, tu caresses sur ma nuque mes cheveux avec fièvre, tu gémis de désir comme un animal.

Je te dis : « Attends, c'est un peu plus loin ! » et c'est comme si tu allais pleurer de frustration.

Quand nous arrivons à l'entrée de cette grotte basse que j'ai repérée dans l'après-midi, je me retourne vers toi, je prends ton visage, ta bouche haletante à deux mains et je t'embrasse follement. Je suis affamée de toi, affamée à en crier, et je veux te reprendre à elle.

Tu es à moi, à moi seule, à jamais.

Je sais que je vais te perdre au matin, et que tu ne te souviendras probablement de rien, mais je refuse d'y penser. Je veux graver ton odeur sur moi. Je te veux, tout entier allongé sur ton véritable territoire.

Très vite, nous sommes nus sur le sable humide de la grotte.

Dans ce ventre sombre et frais, on entend un léger bruit d'eau, un clapotis discret, qui berce notre fièvre. J'ai froid et chaud, je tiens tes cheveux à poignées, et je t'attire à moi. Je sens que je m'écorche sur les petits cailloux, mais je m'en fous. Nous aurons demain toi et moi sur nos corps de longues écorchures semblables, et cela me rend folle de désespoir et de joie mêlés.

Puis je me dis que j'en veux davantage.

Je veux te marquer.

Te marquer comme un animal qui m'appartient.

Alors, tandis que couché sur moi tu es tout entier à ton ouvrage, j'attrape dans l'ombre une pierre pointue et j'écris en grand, bien profond dans la chair de ton dos, l'initiale brûlante de mon prénom.

Tu n'as même pas frémi.

Ce sera un cadeau pour elle et pour toi, un cadeau pour votre nuit de noces.

18.

Rose thé *: Rosier issu d'hybridations entre le Rosa Odorata et le rosier Bourbon ou le rosier Noisette. Parfois grimpant, il est réputé pour ses qualités esthétiques et son parfum de thé.*

En me rendant aux Acacias, la maison de retraite où vivait le père de M. Belmont, l'artisan qui m'avait aidée, j'essayai de me convaincre que l'idée était bonne. Il me fallait profiter du peu de résolution qui m'animait, et ne négliger aucune piste. Le seul risque, c'était de perdre un après-midi avec un vieillard sénile ou irascible.

Pas vraiment mon truc, mais bon.

L'idée de m'y rendre m'était tombée dessus par surprise, alors que je prenais une tasse de café dans ma cuisine et jouais distraitement avec le trousseau de mes anciennes clefs.

Cet homme avait travaillé dans les deux maisons à l'époque, et côtoyé, un été après l'autre, des locataires en vacances. Un événement comme celui relaté dans ces journaux lui était certainement resté en mémoire.

Je revoyais l'air entendu de M. Belmont fils, qui, au sujet des occupants de la Villa Adèle, m'avait murmuré : « Mon vieux doit bien savoir leur nom. Il sait toujours des tas de trucs sur tout le monde. Il vous dira, si vous allez le voir. Vous verrez, il a encore toute sa tête… »

J'avais terminé lentement mon café et empoché le trousseau de clefs. J'avais décroché la laisse de Nouchka du portemanteau, ce qui l'avait immédiatement mise en joie. Et nous avions pris la voiture. La route de bord de mer.

Une petite galopade, chien fou le long des vagues, puis hop, retour dans la voiture.

Nouchka, sur le siège passager, babines au vent.

Le ciel, dans le pare-brise qui filait à l'envers.

Et, malgré tout ce qui me tourmentait, j'éprouvai un sentiment nouveau de liberté.

Quand j'arrivai, j'aperçus, dressés en sentinelles sur un long terrain d'herbe rase, de grands acacias, sous lesquels quelques bancs avaient été disposés pour les résidents. Dans leur ombre mouvante, on aurait dit des barques échouées. Un long immeuble bas à deux étages, en béton clair. Quelques jolis massifs de roses anglaises de part et d'autre de l'entrée. Un petit hall vert pâle animé de fades aquarelles, une odeur de désinfectant et de soupe froide.

Avec ma boîte de chocolats sous le bras, je m'accoudai au comptoir vitré de l'accueil et demandai M. Belmont.

« M. Belmont, Félicien ? » me répondit l'aide-soignante, levant à peine les yeux de ses piluliers. « Très bien. Et vous êtes ? »

Qui étais-je pour lui ? Absolument personne. Je bredouillai :

« Une amie de son fils.

— Très bien, répéta-t-elle. Alors M. Belmont, c'est chambre 123, tout de suite au premier étage. Il doit y être jusque vers 16 heures. Après, c'est la belote. »

La chambre était modeste, mais joyeuse. Il y avait un bouquet de fleurs fraîches, et au mur une quantité invraisemblable de photos et de dessins d'enfants. Sur une commode, un bocal de bonbons et un beau dinosaure en lego. Ce M. Belmont avait visiblement une famille aimante. Je lui tendis mon offrande ridicule de chocolats. *C'était quoi d'ailleurs cette nouvelle manie d'offrir des chocolats ?* Il me sourit.

L'homme, confortablement installé dans son fauteuil, avait une figure joviale et une mise impeccable. Ses yeux vifs, derrière des lunettes rondes, m'accueillirent avec une lueur malicieuse. Il replia son journal sportif, se redressa légèrement, lissa des deux mains son pantalon de velours côtelé.

Son entrée en matière me prit de court.

« Vous en avez mis du temps à vous déplacer ! »

Je marquai un temps d'arrêt et ouvris la bouche pour bégayer :

« Vous saviez que j'allais venir ? Vous… vous me connaissez ?

— Eh bien, pas encore vraiment. Mais mon fils m'avait dit que je vous verrais. Et je suis très content que vous soyez venue.

— Ah oui ?

— Je suis bien soulagé de savoir que la maison est à nouveau habitée. C'était triste pour moi de la voir à l'abandon, et depuis si longtemps. Elle était vraiment jolie autrefois. Quand j'étais jeune, si j'avais eu les moyens… »

Je souris en me disant qu'il en parlait avec douceur, comme on le fait d'une femme secrètement aimée.

« Et je suis heureux que ce soit vous qui l'habitiez maintenant.

— Vraiment ? Pourquoi vous dites ça ? »

Je vis à nouveau cette lueur espiègle briller dans son regard.

« Eh bien, à ce que je sais, vous êtes, si j'ose dire, la personne idéale. Une femme qui aime les jardins. »

Je fournis un effort pour dominer un début d'agacement, qu'il perçut tout de même puisqu'il enchaîna :

« Il ne faut pas vous froisser, ma petite dame. C'est juste que j'ai toujours aimé cet endroit, et que ça me fait plaisir de savoir que vous allez bien vous en occuper.

— Vous avez fréquenté les personnes qui y vivaient ?

— Oui, bien sûr. Enfin, comme un artisan du village, comme un homme qui a travaillé régulièrement dans la maison. Disons, un homme à tout faire, vous voyez. À ma connaissance, il y a eu la même famille sur au moins trois générations. Moi, bien sûr, je n'en ai connu que deux.

— Vous vous souvenez de leur nom ?

— Oui, évidemment. C'était la famille Janssens. D'abord il y a eu les grands-parents, mais je n'en ai pas bien de souvenirs, j'étais loupiot. Puis M. et Mme Janssens, les parents. Ils venaient tous de Belgique. Pas de chez nous, mais des gens très bien. »

Tiens, me dis-je, pas le même discours que son fils.

Il se frotta le front et reprit :

« Le père travaillait aux chemins de fer. Une très bonne place. La mère, elle, avait dans mon souvenir une petite santé… Souvent fatiguée, toujours pessimiste. Aujourd'hui, on dirait dépressive. Ils ont eu juste une fille, qui a vécu avec eux jusqu'à la fin. Elle était couturière de métier, et avait un atelier de retouche au village. Avec deux employées. C'était bien pour l'époque. Certaines femmes, en ce temps-là, faisaient faire leurs robes. Ou retoucher. Ah, elle était douée ! Et elle travaillait aussi pour des grandes maisons de Paris, vous savez. »

Il disait cela avec une pointe de fierté qui m'intrigua. Je vis une émotion passer sur son visage, comme l'ombre légère d'un nuage.

Il marqua une pause, puis reprit :

« Agata. C'était son prénom. Une bien gentille personne. Et qui aimait les jardins comme vous. Les arbres surtout. Mais, en ce qui me concerne, c'est avec les plantations de fleurs que je l'ai aidée, des quantités de fleurs, des roses thé, des iris, des glaïeuls, des choses comme ça. Enfin, des fleurs un peu démodées de nos jours. Elle les faisait venir de Hollande. C'était sa passion. Il m'est arrivé de les choisir avec elle sur catalogue. On passait de longs moments à discuter avant qu'elle fasse son choix. »

Cette femme l'avait touché.

Peut-être l'avait-il aimée.

Je me contentai de lui dire, pudiquement :

« Et bien sûr, vous aimiez les fleurs vous aussi. »

Il me sourit, comme un enfant démasqué, et d'une voix plus basse il ajouta :

« Oui, j'aimais les fleurs. À la folie. »

Je lui laissai quelques secondes, me détournai tandis qu'il essuyait ses verres de lunettes, puis j'entrai dans le vif du sujet :

« Monsieur Belmont. Pardonnez-moi, mais je viens aussi pour vous poser des questions sur la Villa Adèle.

— Oui, bien sûr, la Villa Adèle. Je m'en doutais.

— Pourquoi ? C'est votre fils qui vous en a parlé ?

— Mon fils ? Non, pas du tout. Ce grand bêta n'est au courant de rien.

— Au courant de quoi ? Que voulez-vous dire ?

— Je sais juste que vous faites des recherches sur ces familles. Vous me direz peut-être pourquoi. »

Je me contentai de sourire.

« Bien, bien. Alors, il va nous falloir un peu de temps. Vous avez un moment, mademoiselle ? »

J'acquiesçai. Il m'indiqua une chaise où m'asseoir, à côté d'une table à roulettes, chargée de catalogues de Lego. Il se leva avec lenteur, se servit un grand verre d'eau, et en posa un devant moi. Puis il se rassit, but quelques gorgées, me sourit et, sans que j'aie besoin de le questionner, il commença.

« À ce que j'ai compris, la famille d'Agata est venue vivre en France à la suite d'un différend familial. Mais là-dessus, je ne sais rien de précis. J'ai seulement su que c'était une histoire de spoliation de biens. M. Janssens était visiblement très remonté contre sa famille restée en Belgique, qui lui avait fait un sale coup. Il n'y est jamais retourné, d'ailleurs. Il me faisait l'effet d'un riche fils de famille qui avait tout perdu. Il était souvent aigri, irritable. Son épouse, elle, séjournait en Belgique une ou deux fois par an, avec sa fille Agata. C'est pendant un de ces séjours qu'Agata a été choisie comme marraine du premier bébé d'une de ses jeunes cousines. Ça lui a fait tellement plaisir. Elle parlait souvent de cette petite fille et montrait à tous des photos d'elle. Elle lui confectionnait sans cesse des vêtements dans son atelier, elle lui bricolait des garde-robes de poupée. »

En l'écoutant, je réalisais peu à peu combien il avait été proche d'Agata. *Un artisan du village, un homme qui a travaillé régulièrement dans la maison, un homme à tout faire,* avait-il dit. Je n'en croyais rien. Il en parlait avec moi sans retenue. Comme s'il avait attendu longtemps l'autorisation de s'épancher sur cette partie de sa vie, que son fils ne connaissait pas.

Je repensai au cahier d'Agata. À aucun moment, je ne l'avais imaginée, travaillant dans le jardin, aux côtés d'un jeune ouvrier. Je me décidai à lui poser la question qu'il espérait :

« Monsieur Belmont, excusez-moi de vous poser cette question un peu personnelle, mais... vous avez... si je comprends bien... comme on dit... fréquenté Agata ? »

J'employai à dessein le terme de l'époque. Il se troubla un peu.

« On peut dire ça. Oui, on peut le dire. On s'entendait bien, on riait beaucoup. On aurait pu faire un gentil petit couple. Alors avant de partir à la guerre, j'ai pris mon courage à deux mains, je lui ai fait ma demande. Eh oui, quelle audace j'avais à l'époque... Elle n'a rien dit à ses parents, elle m'a juste promis qu'elle m'attendrait. Mais à mon retour, on l'avait mariée. La malheureuse. Et bien mal mariée. Elle n'a jamais voulu me dire ce qui s'était passé, j'ai juste compris qu'on ne lui avait pas laissé le choix. Le type était un planqué. Ouais, un embusqué, une vraie ordure. Un collègue de son père, un gars des chemins de fer, bien plus vieux que nous. Et qui a fait des choses dont je ne veux pas parler. Du reste, il a été fusillé à la Libération. Il ne l'avait pas volé. Une histoire lamentable. Ah, pour sa femme aussi ça a été une libération, vous pouvez me croire ! Une sacrée délivrance, même ! Personne ne l'a regretté celui-là. Et, elle, elle a repris son nom de jeune fille, Janssens. Porter celui de ce salopard, ç'aurait été une honte. »

M. Belmont s'échauffait. Il se reprit.

« Heureusement, dans le village, la plupart des femmes savaient à quoi s'en tenir. C'était une victime, en quelque sorte. Alors, elles ne l'ont pas rejetée et ont continué à lui donner du travail de couture. Une drôle d'époque, tout ça... Enfin, pour en revenir à ce qui vous intéresse, être marraine de cette petite, ça a été pour elle, comment dire, je sais pas moi... une lumière ! Elle savait qu'elle aurait pas d'enfant, que sa vie était tracée. La veuve d'un collabo, vous pensez... Aucun homme n'en aurait voulu. Et moi, qui aurais bien aimé, eh bien, elle m'a tenu à distance. Elle disait qu'elle ne voulait plus d'homme. Peut-être, je me suis dit, qu'elle essayait un peu de me protéger. J'ai jamais su. Et puis, elle avait ses parents à aider. Ensuite elle a même dû les soigner, toujours dans la maison que vous habitez. On est restés amis. Vraiment bons amis. Même quand je me suis marié avec ma Mariette. Disons que j'étais là quand elle avait besoin de moi. Sa vie était pas marrante, alors la gamine, la Dina, vous pensez comme elle l'aimait...

— La Dina ?

— Oui, c'était son petit nom à sa filleule. Bien mignonne aussi cette Dina, une vraie poupée... Quand elle a été plus grande, je ne sais pas, huit, dix ans, elle est venue en vacances chez Agata, presque chaque été. Ah, les jolies vacances, le jardin était beau... Elles faisaient des bouquets, elles pique-niquaient avec les petites employées d'Agata, elles allaient à la mer. C'était la joie. Alors, bien plus tard, quand la petite Dina est devenue une jeune femme, elle s'est mariée avec un gars de là-bas, un Belge ou un Hollandais, je sais plus, elle a continué de venir avec son mari, et plus tard ses enfants. Pas chez Agata bien sûr, c'était trop petit, mais dans la maison juste à côté. La Villa Adèle. Ils louaient, des fois un mois entier ! Ces gens-là, ils avaient pas de problème d'argent, si vous voyez ce que je veux dire. Il y avait des fêtes, des jeux en plein air, beaucoup d'invités. Et la sœur de Dina aussi, comment s'appelait-elle ? Ninette ? Lisette ? Je ne sais plus trop. Enfin, Agata était tout près de sa filleule, elles s'aimaient beaucoup. D'ailleurs à cette époque, Agata m'a demandé d'installer un petit portail entre les deux jardins. On pouvait aller de l'un à l'autre sans faire le tour par la rue. »

Il soupira, un soupir doux comme un secret dévoilé. Il murmura :

« Les étés la rendaient vraiment heureuse. »

On frappa à la porte, qui s'ouvrit sur un vieillard ébouriffé, le sourire dissimulé par une large moustache jaunie de tabac.

« T'es prêt, mon gars ? » claironna le visiteur.

Puis il m'aperçut.

« Oh, mais c'est que monsieur a de la compagnie ! » et, entrant dans la pièce, il vint me saluer. M. Belmont parut agacé.

« Je vous rejoins, Frédo, vas-y, vous avez qu'à commencer sans moi.

— Sans toi ? Vrai de vrai ? Ah bon d'accord… »

Surpris mais rigolard, Frédo sortit en nous faisant un petit signe de la main.

M. Belmont fit une pause, but un peu d'eau.

Il n'avait pas perdu le fil de son récit.

« Ah, ça a été une belle époque. Toute cette jeunesse. »

Il étendit ses mains sur ses genoux, regarda ses ongles, puis le sol.

Puis il leva les yeux sur moi.

« Après ça, il y a eu l'accident.

— L'accident de voiture ? Celui du journal ?

— Oh oui, celui-là. Tous les journaux de la région en ont parlé. Pauvres jeunes gens. Ça s'est passé à la fin des vacances d'été, alors qu'ils repartaient. Pas loin d'ici en plus. Des fois on dit "une tragédie" pour pas grand-chose, mais là, c'était vraiment ça. Une tragédie. La petite Dina, et tous les passagers de l'auto... Pour Agata ça a été... ça a été... »

Je voyais des larmes perler au coin de ses yeux. Il se moucha, essuya ses lunettes à nouveau, continua en regardant ses mains.

« Elle s'est éteinte comme une bougie qu'on souffle, d'un coup, vous voyez ? Toute sa joie, ses idées de jardin, sa couture... Tout s'est arrêté pour elle. Ses parents étaient déjà décédés à l'époque. Elle s'est retrouvée sans personne, sans rien dans sa vie. Même ma Mariette, qui ne voyait pas toujours d'un bon œil que je traîne chez *ta Madame Agata*, comme elle disait, l'avait prise en pitié et a voulu s'occuper d'elle un peu, lui faire à manger, tout ça, l'aider avec son linge, ses courses, ses conserves de fruits, vous voyez, comme font les femmes. Mais Agata n'a pas accepté. Elle a voulu aller sur le lieu de l'accident. Allez savoir pourquoi. Il n'y avait plus rien à voir, ils avaient tout enlevé. La voiture, les traces. Il restait que des arbres brûlés. Après ça, elle est restée enfermée pendant des semaines. Des mois, même. C'est le printemps qui l'a fait ressortir. Le jardin avait besoin d'elle. Elle n'a plus fait que ça ensuite, de sa vie, je veux dire, elle a fait le jardin. Les glaïeuls, les iris, les roses thé, les arbres...

— Vous avez continué à la voir ?

— Oui, bien sûr. Au début, elle m'ouvrait pas, je lui parlais derrière la porte, et puis un jour je suis entré. »

À nouveau, un silence, empreint de douceur cette fois.

« Et vous savez quoi ? »

Un peu de malice était revenue dans ses yeux.

« Quoi ?

— Eh bien, la vie fait de drôles de choses parfois. On avait une petite différence d'âge elle et moi. Elle était de six ans mon aînée. Alors, quand ça a plus été possible de vivre dans sa maison, elle est venue ici, aux Acacias. »

J'étais stupéfaite.

« Ça a été très dur pour elle au début. Elle savait pas quoi faire de ses mains. Je venais la voir autant que je pouvais, avec des brassées de fleurs de son jardin pour qu'elle fasse des bouquets, mais bon, rien à voir avec la vie d'avant. Pourtant les filles ici étaient très gentilles, elles lui demandaient des astuces en couture, tout ça, oh elle a aimé ça toutes ces jeunes femmes autour d'elle. Et quelque temps plus tard, quand ma Mariette m'a quitté, je suis venu ici à mon tour, aux Acacias, et ça a été mieux pour nous deux. Je suis resté auprès d'elle jusqu'au bout. »

Il se tut un instant. Je me rendis compte que j'avais cessé de respirer.

« On a eu ça, voyez, et j'en suis heureux. »

Il se leva lentement, enfila un gilet, prit sous le bras la boîte de chocolats, me faisant comprendre d'un sourire que notre conversation était terminée. Frédo et les autres l'attendaient.

« Je vous raccompagne. »

Il prit ma main un court instant.

« N'hésitez pas à revenir me voir. Vous causer m'a fait du bien. Mais pas un mot à mon idiot de fils, je compte sur vous ! Et vous viendrez me parler du jardin, n'est-ce pas ? »

J'acquiesçai, et nous descendîmes l'escalier à pas comptés jusqu'au rez-de-chaussée. Arrivé vers le comptoir de l'accueil, il me fit un petit signe mystérieux et, se penchant vers la porte vitrée de l'entrée, m'indiqua, d'un doigt tendu, les massifs que j'avais remarqués à mon arrivée.

« Vous voyez les roses, me dit-il. C'est elle et moi qui les avons plantées. »

Avec un large sourire et sur un « au revoir, mademoiselle », il partit sans se retourner vers la salle commune. Ses amis l'attendaient, des exclamations fusèrent.

« Ah, sacré Félicien, c'est pas trop tôt ! Quel joli cœur celui-là ! »

Dans la voiture, Nouchka, qui s'ennuyait, avait sauté sur la banquette arrière où elle avait pris ses aises. Un regard appuyé suffit à lui faire reprendre sa place de copilote. Je roulai sans hâte, comme on sort progressivement d'un rêve. En me garant sous le tilleul de la cour, j'eus une pensée pour Agata, et eus envie de parcourir à nouveau son cahier.

Puis je me ravisai et, distraite par une branche de glycine à accrocher, j'oubliai.

Stan,

Après la crique, je pars dans la nuit qui finit.

Mon corps brûle, ma peau est irritée par le sable et le sel. Ma bouche est écorchée de nos baisers, mes cheveux gluants d'eau de mer, mes mains poisseuses de sang.

Je veux rire comme une dingue, mais je pleure à gros bouillons, je rugis même, comme une bête blessée.

J'entre dans l'eau jusqu'à mi-cuisse, et je crie.

Est-ce ma voix ce bruit rauque qui me tord les entrailles et me plie en deux ?

Je gueule jusqu'à la douleur, jusqu'au feu dans les poumons. Stan.

Je t'ai soumis. Je t'ai puni. Je t'ai marqué. Tu es à moi, oh je t'aime tellement.

Puis je pars en courant vers ma voiture. Ruisselante. Éperdue.

Avec une seule idée : boire. Boire jusqu'à oublier.

Je frissonne dans les lumières du levant. Je titube d'épuisement et rejoins ma voiture. Je déniche une bouteille sous un siège. Il ne faudrait pas, mais je m'en fous. Je bois, je bois, je bois, et je démarre en trombe. La route, longue route, folle route, vitres ouvertes dans le paysage qui s'enfuit.

J'ai si mal. Bien plus mal encore qu'avant, avec ce goût de toi, ce parfum de toi qui me poursuit.

Je n'irai pas rendre la voiture, je m'en moque complètement. Je pourrais tout aussi bien la lancer contre un mur. Contre un mur, avec moi dedans. Juste pour nous faire encore plus mal.

Mais je roule, je roule au hasard, je m'arrache à toi. Je conduis à l'aveuglette. Je n'ai pas retrouvé comment allumer les phares. Entre mes larmes, sur le pare-brise, défilent des images de toi.

Le voyage est interminable. À chaque instant je pense sombrer, et je m'éveille dans un sursaut.

Quand j'arrive enfin à ma pension, le jour commence à poindre. Je trébuche bruyamment à plusieurs reprises dans l'escalier qui monte à ma chambre. J'entends des protestations et des coups dans les murs. Dans ma tête aussi.

Je me traîne jusqu'à mon lit, où je m'écroule.

Je me relève et bois encore et encore.

Je tombe sur le sol.

Sous mes paupières fermées, je te vois mort.

Puis tout est noir.

19.

Pivoine *(du grec Paeonia, plante à guérir) : Plante fleurie à racines tubéreuses, originaire de l'Extrême-Orient, notamment de Chine, où sa beauté et ses propriétés médicinales en font un symbole national. Dans une légende grecque, on raconte que la nymphe Péone était si courtisée par les dieux qu'une déesse, folle de jalousie, l'aurait transformée en cette fleur aux mille pétales.*

Des nouvelles de Vikki me parvinrent quelques jours plus tard sous la forme d'une missive à l'écriture penchée. Au dos d'une carte postale représentant un groupe de sternes du Sénégal, je lus avec terreur ces deux phrases très simples : *J'ai fait une très grosse bêtise. Je serai avec toi bientôt. V.*

Aucune des deux parties du message ne me plaisait. Quoi qu'elle ait fait, je ne voulais pas y être mêlée. Mais quand je voyais en pensée son visage de petite fille maquillée en femme, quelque chose au fond de mon ventre savait déjà que je ne pourrais pas lutter. Elle s'était sauvée, c'est ce que je comprenais, mais il y avait autre chose.

Je regardais la date de l'envoi près du timbre coloré. Illisible. Le courrier d'Afrique était parfois paresseux. Serait-elle aussi rapide que la carte ? Allait-elle apparaître à l'instant sous le tilleul, comme autrefois ?

J'aérai une chambre à l'étage, mis des draps frais et un édredon sur le lit, une bouilloire, du thé, du miel et une tasse sur une commode. Nouchka, sur mes talons, furetait dans ce nouvel espace.

Un plan se mettait en place dans mon esprit. J'avais appris très tôt à trouver des solutions de repli, à élaborer des cavales, à brouiller les pistes. Mais là, c'était compliqué, je n'étais plus seule, je devais réfléchir autrement, et intelligemment.

Car Anders était redoutable.

Ce fut un taxi aux vitres fumées qui la déposa le soir suivant devant ma porte. Elle me sembla toute petite au milieu de ses gros sacs. Le taxi depuis Paris avait dû lui coûter une fortune, mais ça n'était pas un problème pour elle. Elle avait gardé contenance pendant plusieurs jours, tout au long de son périple, mais il n'était plus nécessaire de faire semblant.

Oh Maya, si tu savais…

Elle ne fit que pleurer sans parler davantage, ne voulut rien manger. Elle resta longtemps sous la douche, jusqu'à ce que je l'appelle. Elle était comme hébétée.

Puis je l'aidai à se coucher, la bordai comme une enfant dans ce lit trop vaste.

La nuit passa, une nuit sans sommeil pour moi. À chaque instant, un frôlement léger de feuillage sur le volet, un grincement dans la charpente, une image à moitié rêvée, m'obligeaient à m'asseoir dans le lit et à me raisonner. *Non, Anders n'était pas en train d'essayer de s'introduire dans ma maison. Oui, ma chienne était bien en vie et à mes côtés.*

Nouchka sur le tapis me regardait, soulevant seulement les oreilles, puis se désintéressait de mes mouvements et se rendormait.

Mais je me doutais que si Anders se lançait à la recherche de sa femme, il serait très vite ici.

Au matin, j'entrouvris la porte de la chambre de Vikki et l'aperçus, abandonnée au sommeil, longue et fraîche comme une jeune fleur coupée. Une timide pivoine un peu chiffonnée par le sommeil. Une petite nymphe échappée d'une légende.

J'avais été, il y avait bien longtemps, ce genre de jeune fille, de jeune proie.

Je lui laissai un mot sur la table de la cuisine et missionnai Nouchka pour veiller sur elle. Je me rendis rapidement à la jardinerie pour me procurer tout le matériel dont l'achat s'imposait désormais.

Il fallait faire vite.

Je revins moins d'une heure plus tard, équipée de systèmes d'arrosage automatique sophistiqués et de programmateurs, en espérant que ce matériel serait un investissement plus utile que mes ridicules caméras de surveillance. Je contactai M. Belmont fils et lui demandai de veiller sur le jardin en mon absence. Il avait été bien initié par son père, et saurait faire l'essentiel.

Vikki dormait encore, je m'attelai donc à l'installation de mes fins tuyaux et autres jets oscillants. Je soignai particulièrement mes bordures anglaises, où pointaient déjà les petites tiges carminées de mes précieuses pivoines.

Puis je rassemblai dans mon fidèle sac à dos tout ce qui pourrait m'être utile, ainsi que mes écrits et documents.

En levant la tête, je vis les petits pieds aux ongles nacrés de Vikki descendre l'escalier. Son visage encore légèrement bouffi d'avoir pleuré. J'avais envie de la serrer dans mes bras, mais mes bras ne savaient plus faire ça. Je lui tendis une tasse de café et lui beurrai des toasts, tandis qu'elle s'installait à côté du poêle éteint. Enroulée dans mon vieux châle, pieds repliés dans un fauteuil.

« Tu me racontes ?

— Je ne peux pas.

— Il le faut, on n'a pas beaucoup de temps à mon avis.

— Il se pourrait que si.

— Qu'est-ce que tu veux dire ?

— Laisse-moi déjeuner d'abord.

— Mais Vikki…

— J'ai pas mangé depuis deux jours.

— OK, je finis de préparer des trucs et après tu m'expliques tout. »

Je lui préparai des œufs et quelques tranches de fromage, des fruits coupés en morceaux, un peu plus de café. Elle dévorait en silence, sous le regard amoureux de Nouchka.

Puis je commençai de faire le tour des pièces en fermant, une à une, les paires de volets.

Stan,

Lorsque j'arrive le lendemain Via Giulia, au consulat de France à Rome, je suis très en avance.

Je n'ai pas encore vraiment dessaoulé.

D'après ce que je sais, la cérémonie n'est que dans quarante-cinq minutes. Bien évidemment, je ne compte pas me montrer. Tu ne me verras pas. Je veux juste me faire plus de mal, avoir une ou deux images supplémentaires de toi, pour nourrir ma souffrance par la suite. Et peut-être, qui sait, apercevoir dans tes yeux une pointe de trouble ou de regret.

Je regarde le numéro 251 devant lequel sont garés quelques véhicules blindés, dont certains occupants armés discutent sur le trottoir. La bâtisse est majestueuse, murs d'un rose saumoné, végétation grimpante sur la façade, massive porte d'entrée en bois sombre, encadrée d'arbres en pots.

Vous n'avez pas eu droit au Palais Farnèse. Bien fait.

L'après-midi est suffocant. Il y a peu d'ombre et peu d'affluence.

J'ai particulièrement travaillé mon allure de touriste, chapeau de paille sur mes cheveux relevés, lunettes de soleil et longue robe fleurie, tout l'opposé de ce que je porte habituellement.

Une manière aussi de dissimuler mon visage bouffi et mes égratignures. Mais il n'y a personne pour l'instant.

Je fais donc un tour du quartier, reviens vingt minutes plus tard, m'attendant à trouver un petit groupe d'invités déjà massés devant l'entrée. Mais il n'y a qu'un couple, et une dame âgée qui agite son éventail, tous trois follement élégants. Ils regardent de tous côtés, paraissant étonnés de se trouver si peu nombreux.

« Tu es sûre que ce n'est pas à l'ambassade, plutôt ? » demande l'homme.

Ce ne sont pas des proches des futurs époux. C'est pour cela, je le saurai plus tard, qu'ils n'ont pas été prévenus. Quant à moi, je suis la persona non grata par excellence. Pourquoi aurait-on pensé à moi ?

Encore un tour de quartier, plus bref, et je retrouve le même petit groupe auquel se sont joints deux hommes, pas du tout en habits de circonstance. Ce qu'ils apprennent aux premiers arrivés, je l'observe de loin, suscite chez eux une vive réaction. La dame âgée porte ses mains à son visage, la plus jeune agrippe le bras de son époux. Il s'est passé quelque chose de grave.

J'éprouve une joie malsaine à l'idée qu'un contretemps puisse foutre ton mariage en l'air. Parfait !

Mais cela ne dure que quelques secondes. Autre chose me submerge et j'ai soudain très peur pour toi. C'est irrationnel et violent, ça me saute au ventre, je manque d'air brusquement. Que s'est-il passé depuis hier soir où je t'ai laissé, endormi dans la grotte ?

Je m'approche du groupe lentement, comme pour lire la plaque « Consulat de France », ou examiner les arbustes en pots, et j'entends seulement : « Comment ça, introuvable ? »

Ils ont commencé à s'éloigner sur le trottoir. Je marche à leur suite le long des rues. Dans leur sillage, j'attrape au vol les mots « invraisemblable » et « police italienne », puis plus rien.

Je les laisse s'éloigner, je les vois disparaître, et je reste appuyée, bizarrement essoufflée soudain, à la grille d'un jardin. Il y a un cèdre, un palmier, des eucalyptus, et abondance de lauriers-roses. Je revois le cèdre de Jussieu du Jardin des Plantes à Paris, que nous aimions tant. Mais c'est le parfum de l'eucalyptus qui vient jusqu'à moi, avec ta voix qui me dit : « Merel, Merel, je t'en supplie, embrasse-moi encore. »

Depuis une cabine, je téléphone à Selim, ton meilleur pote, probablement un de tes témoins. Un coup de fil comme par hasard. Il ne répond qu'au bout du troisième appel. Il a l'air tout à la fois excédé, affolé, gêné. Il me dit que non, ça n'est vraiment pas le moment.

Il est vrai que je l'ai appelé tant de fois au cours de l'année écoulée – on peut presque dire harcelé – quand je te cherchais, quand je voulais savoir, en apprendre toujours plus. J'ai été si pathétique, et lui si diplomate parfois. Mais je n'ai pas le temps de culpabiliser.

Je suis censée être à Paris, loin de tout ça, donc je lui demande pourquoi ça n'est pas le moment. Il me glisse, énervé, qu'il est à Rome et que je dois bien savoir pourquoi. Je bredouille des inepties du genre : c'était une belle cérémonie ? Il me dit d'arrêter mon cirque, et que je n'ai pas besoin de dire des trucs comme ça. Je crie : tu préfères que je chiale ? Puis je me ressaisis, car je ne veux pas qu'il raccroche. Je le supplie de m'en dire plus. Oh, et puis tu finiras bien par le savoir, dit-il en soupirant d'une drôle de façon, comme si c'était lui qui allait se mettre à pleurer. Il m'explique que c'est, selon son expression, « la merde totale », que tu as disparu, que tu ne t'es pas présenté à la cérémonie, que personne ne t'a vu depuis la veille en début de matinée.

Là je laisse tomber le combiné du téléphone, la communication est coupée, je le rappelle. Il me demande si ça va. À nouveau je me reprends. Je lui murmure péniblement de m'expliquer. Il me raconte que tu n'es pas venu à la fête des garçons, la veille au soir, et que tu n'es pas rentré dormir avec…, bref que tu n'étais évidemment pas non plus ce matin à l'habillage avec tes témoins, et que la police s'est lancée à ta recherche. « Je pourrai te rappeler ? » je l'implore. Je le lui répète plusieurs fois jusqu'à ce qu'il raccroche.

Je me laisse glisser le long du mur et m'assieds sur le trottoir.

Mon instinct sait, à ce moment-là, que tu n'as pas fui le mariage, que tu n'as aucunement changé d'avis, mais qu'il s'est passé quelque chose d'anormal.

J'ai comme un éblouissement, et je n'ai qu'une pensée : retourner à la grotte.

Il faut que j'aille voir de mes yeux. Tout de suite.

Je dois trouver un véhicule. Vite.

Il y a plus d'une heure de route.

Suis-je en état de conduire ? Je ne sais pas.

Qu'est-ce que t'as foutu, Stan ?

Qu'est-ce qu'on a foutu ?

20.

Fromager *(Ceiba pentadra) : Fwomajyié, kapokier ou bois coton, arbre géant de la famille des Malvaceae, aux tronc et contreforts épineux et à la couronne en parasol. Il produit une fibre imputrescible, le kapok. Pour les Mayas, il reliait le monde terrestre à celui des esprits. En Afrique, toujours entouré d'un fort mysticisme, c'est un arbre sacré, respecté et protégé, qui veille sur les villages.*

La nuit nous cueillit alors que nous arrivions à destination.

Nous avions roulé toute la journée, traversé la France.

L'idée s'était imposée à moi naturellement, en me préparant au départ, alors que je glissais dans mon sac les articles de presse que la diva de l'agence immobilière m'avait transmis. Personne ne viendrait nous chercher en Belgique. Je tentais de me convaincre que c'était brillant. Et que j'y serais probablement allée à un moment ou un autre, alors pourquoi pas maintenant ?

La ville ne me disait rien, bien sûr.

J'avais appelé en route pour réserver une chambre dans une petite pension. Deux personnes et un chien, si c'était possible. Et c'était possible.

Je n'étais ni Merel ni Maya. Cette fois j'étais Malène,

et je voyageais avec ma petite sœur. Nous n'étions pas si dissemblables après tout.

Au matin, je trouvais sur place le paysage charmant, les pâturages d'un vert profond, sur lesquels tranchaient de belles constructions en briques rouges.

Nous allions jouer aux touristes, en attendant d'en apprendre davantage.

Après le petit-déjeuner de la veille, Vikki m'avait raconté son séjour au Sénégal et son retour en catastrophe en France.

Les premières semaines de leur vie d'expatriés. Toutes ces personnes regroupées par le hasard des mutations, contraintes de former une communauté artificielle.

L'ennui. Comme une chape de béton. La comédie à jouer dans les dîners locaux.

Les relations sociales faussement enjouées. Le discours rodé, la tendresse conjugale de façade.

Avec la distance, un cran de plus avait été passé. Dans ce nouveau territoire, sans repères pour elle, l'emprise d'Anders s'était révélée plus forte, son contrôle plus étroit. La solitude et le désœuvrement plus pesants. Elle s'étendait peu sur la brutalité de son mari, ses emportements, ses désirs impérieux, mais je n'avais aucun mal à me représenter tout cela.

Cependant, contre toute attente, une amitié clandestine était née. Avec Élise, une psychologue rencontrée à une exposition de l'Alliance française. Cette femme avait rapidement identifié des signes de souffrance chez Vikki. Elle connaissait ce genre de profil. Elle avait entamé une discrète croisade avec d'autres femmes de son entourage pour lui venir en aide. Mal lui en avait pris. Car Anders lui aussi était à l'affût. Sentant Vikki sur le point de se lier, il avait raccourci la laisse, mieux délimité l'enclos, augmenté la pression.

Vikki ne sortait plus. Elle se mit à dépérir, ne faisant plus que dessiner des oiseaux. Pour lui. Elle savait que, par ailleurs, il multipliait les aventures, et dépensait sans compter. Elle continuait d'en être affectée. Persuadée par Anders de son insignifiance, elle n'avait cessé de se déconsidérer, et commencé à bafouiller, à laisser échapper des objets. Ce qui déclenchait de nouveaux incidents.

Le charme puissant d'Anders ne s'était pas émoussé, il savait en jouer à la perfection, *a fortiori* sur un public nouveau. Il était tellement sûr de lui qu'il en était devenu imprudent. Il avait jeté son dévolu sur la femme désœuvrée d'un collègue assez terne. Mais cette fois avait mal calculé son coup. Le satyre avait été débusqué par le mari et d'autres mâles de la tribu européenne, avec sa jeune amante, dans un appartement de location. Il avait été roué de coups et laissé pour mort au pied d'un arbre fromager, l'arbre aux esprits. De folles rumeurs coururent qui firent forte impression sur la communauté.

Au même moment, Vikki, ignorante de ce qui se tramait, se trouvait dans un avion pour Paris. Son amie Élise l'avait aidée à mettre au point sa fuite. Ce fut elle qui la prévint des événements qui avaient suivi son départ.

Je compris instantanément la terreur de Vikki. Je la partageais, je la sentais vibrer dans mon corps. Mais pas cette sorte de culpabilité qui semblait la miner. Après tout, elle n'avait fait que partir. Puis je réalisai à quel point elle se pensait responsable de l'expédition punitive.

« J'ai acheté un sort, me dit-elle. La femme m'a dit de placer le sachet sous l'oreiller de mon mari et de prendre l'avion pour la France. Et je l'ai fait, Maya, je l'ai fait. »

Ses pleurs redoublaient. Elle pensait le sort réalisé. Et par sa faute Anders agressé, ou pire. Elle craignait aussi que cela ne la désigne comme l'instigatrice de l'agression. Chacun là-bas pourrait attester de ce qu'elle subissait.

Qu'était devenu Anders ? Elle avait peur et honte de l'avoir laissé. Elle voulait à la fois fuir loin et retourner sur place s'assurer qu'il était… elle n'osait le dire.

Il me sembla alors que nos histoires se faisaient écho. Et que la vie me proposait un retour en arrière. Comme si je devais, en parallèle, relire mon propre parcours, et comprendre enfin ce que j'avais fait.

Que signifiait dans ma vie l'arrivée de cette jeune femme ? Je sentais s'épanouir à son contact un instinct de protection sans limites, de ceux qu'on éprouve probablement pour un enfant, une sœur. Mais aussi se réveiller des colères ancrées depuis longtemps, et ce puissant besoin de revanche qui ne m'avait jamais quittée.

Le soir venu, sous la lumière rose d'une lampe de chevet, alors que Vikki dormait dans le lit voisin, je repris mes travaux d'écriture.

Stan,

Je t'ai cherché comme une démente.

J'ai fait le chemin en sens inverse, jusqu'à la grotte, dans une voiture de location. Le temps d'en trouver une, de traverser la grande ville bondée, de faire la route, de me tromper plusieurs fois, et de m'apercevoir, à mon grand trouble, que je ne me souviens plus du tout du trajet que j'ai fait pour rentrer à la pension la veille, plusieurs heures se sont écoulées.

Où suis-je allée après la plage, bon Dieu ? Pourquoi ai-je mis tant de temps pour rentrer ?

Quand j'arrive enfin, c'est déjà presque le soir. Je suis vidée, je suis hors de moi. Mon esprit tourne à plein régime. J'ai peur, peur à m'en évanouir.

Je me gare n'importe comment, puis je cours sur le sable, c'est long, c'est difficile. Quelques promeneurs me regardent passer. Le long de l'eau, je tombe une fois ou deux, ma poitrine brûle, mes yeux pleurent.

C'est idiot mais je dois absolument voir la grotte.

Je t'ai laissé dans un sale état, maintenant je m'en souviens.

Le Docteur Feuilles. Peut-être pas une bonne idée.

Le premier verre de spritz en terrasse où je verse la poudre. Trop de poudre ?

Puis tous les autres verres, combien de verres ?

Ton délire, ta frénésie, ta joie, ta folie. Et puis ce truc qui commence à se passer, ta transpiration, ton regard brûlant, ton affolement, tes mains pressées, tes couinements de chiot.

C'est après ça que je t'ai conduit à la grotte.

Je ne parvenais plus à te maîtriser.

Et m'y voilà presque, à nouveau.

J'en aperçois l'entrée.

Le soleil décline. J'entends la mer qui bat, je ne sais pas ce que je vais trouver.

Qu'ai-je fait ? Et si tu n'avais pas supporté ?

Il commence à faire sombre quand j'entre. La fraîcheur du lieu m'accueille, ça sent le sel et les algues.

Tout d'abord, je ne vois rien. Je chemine dans la semi-obscurité. Je t'appelle à mi-voix, comme si je m'attendais à te retrouver endormi là. Mais il n'y a rien ni personne ici. Je distingue maintenant l'endroit pâle et doux où nous nous sommes aimés. Le sable y est un peu tassé, lissé, entre les cailloux. Tout est si calme, on dirait un tombeau.

Il y a tout un réseau de pas sur la surface sablonneuse, des gosses viennent certainement jouer là dans la journée. Je regarde les pierres et les petites flaques d'eau salée, où danse un peu de lumière.

Mais il n'y a rien de toi. Il n'y a rien de moi.

Notre nuit est comme effacée.

Il faudra plusieurs jours à la police italienne pour te retrouver.

On te découvre à plusieurs villages de là. Le long d'une petite route côtière, couché dans un taillis.

Presque entièrement dévêtu. Brisé. Tu souffres de fractures multiples et d'un traumatisme crânien.

Et tu portes, dans le dos, une grande plaie suintante en forme de M.

Je reste quelques jours de plus en Italie, terrée dans ma pension, le temps d'en savoir plus. Puis je rentre à Paris.

Je recontacte Selim. Il est toujours sous le choc.

Entre-temps j'ai parcouru la presse italienne, regardé les infos. J'ai déjà compris l'essentiel.

Il me dit que personne ne comprend pourquoi on t'a trouvé là. Tu es à l'hôpital, conscient, mais tu ne reconnais plus tes proches.

« Il ne parle pas, me dit Selim, il a reçu un choc à la tête, il est cassé de partout, et il a une plaie dégueulasse dans le dos. Une enquête est en cours. On pense qu'il a été percuté par une voiture mais personne ne sait ce qu'il foutait si loin de Rome. »

21.

Cytise ou faux ébénier *(Laburnum anagyroides) : Espèce de petit arbre à feuilles caduques et au bois très dur, de la famille des Fabaceae originaire d'Europe centrale. Chez Alphonse Daudet, Blanquette, la chèvre de M. Seguin, se délecte de ces fleurs toxiques avant de mourir.*

Les semaines qui suivirent auraient pu être moroses. Intenses et calmes, les paysages mouillés de Belgique nous parvenaient derrière un voile de brume, propre à amplifier la mélancolie. Mais il n'en fut rien.

En effet, mes recherches sur l'origine de ma famille supposée nous fournirent une diversion à l'ennui et à l'inquiétude.

Vikki, enfantine comme toujours, trouvait cela *super passionnant*. Elle s'emballait, faisait en bavardant comme un petit oiseau mille hypothèses, sans presque se soucier de moi. Puis, sur un détail, je voyais son visage pâlir brutalement et je comprenais qu'elle venait de repenser à Anders. Elle était donc cycliquement, au cours d'une même journée, survoltée et abattue.

Je lui expliquai comment prendre des nouvelles d'Afrique sans que son appel soit localisé. Mais elle ne parvenait pas à s'y résoudre. Trop de peur. Nous poursuivîmes donc nos pérégrinations dans les villages environnants, pendant plusieurs jours, sans en apprendre davantage sur les événements de Casamance.

Les jours passaient et nos recherches sur mon ascendance demeuraient infructueuses.

Le patronyme Franken était assez courant. De plus, l'adresse qui avait été retrouvée sur un contrat de location par l'agence se révéla tout simplement inexistante. En effet, des rues avaient été rebaptisées, dans l'intention louable d'honorer davantage de femmes belges oubliées par l'histoire.

On nous indiqua finalement une première piste, qui tourna vite court, orthographe différente.

Puis quelqu'un nous suggéra un café où se réunissaient des passionnés de généalogie, une autre personne un club de personnes âgées, une autre encore un café-tricot.

Tout cela était laborieux, déprimant et ridiculement lent. Mais nous avions du temps à tuer, et marcher ensemble au long des rues nous calmait un peu.

Un après-midi, nous nous rendîmes chez une énième Mme Franken, dans une rue discrète, nichée dans un quartier résidentiel que nous n'avions pas encore exploré.

Le sentiment de familiarité qu'avait déclenché en moi la Villa Adèle et le terrible fait divers survenu à ses locataires belges, à l'époque, à quelques kilomètres de l'endroit où l'on m'avait trouvée enfant, m'occupaient l'esprit de manière de plus en plus insistante. Une petite partie de moi réclamait d'en apprendre davantage. Une autre partie, plus profonde, qui avait si souvent été blessée, était terrifiée.

Après un bref exposé du motif de notre visite – *recherches familiales* – nous fûmes escortées dans un imposant hall d'entrée par une jeune femme en tablier blanc.

Cette famille Franken avait été plusieurs fois frappée par le sort, au fil des générations. C'est ce que nous raconta d'emblée l'arbre généalogique encadré dans le hall, qui prenait la forme d'une splendide gravure de cytise.

Je suivis du doigt une partie de ses ramifications, ornementées de grappes de fleurs dorées. Mais certains de ses rameaux, noirs et secs, n'avaient produit aucune fleur.

Les guerres avaient visiblement calciné nombre de ses extrémités. Un couple de dates clôturait une existence, sous un prénom en italique.

Parfois, une seule branche ténue avait maintenu l'arbre en vie.

Mme Josépha Franken, née Bauwens, était une dame d'environ soixante-dix ans, au visage doux et à l'épaisse chevelure soignée. Elle me regarda longuement avant de me donner la parole et de me laisser lui raconter ce que je savais de mon histoire.

Puis, soupesant chaque mot, elle me dit calmement :

« Chère madame, je crois que vous faites fausse route. »

Son français était impeccable, autant que son flamand sans doute, comme toute personne de sa génération et de son milieu.

« Vous pouvez m'appeler Merel », lui dis-je.

À la mention de mon prénom, je vis en même temps Mme Franken ciller nerveusement et Vikki ouvrir toute grande une bouche muette.

« Oui, c'est bien un prénom d'ici, consentit-elle. Qui vous l'a donné ?

— Certainement mes parents, souris-je. Je crois qu'il y a également une Merel dans votre arbre généalogique, ajoutai-je.

— En effet, c'est très courant.

— Vraiment ? Je croyais que c'était plutôt rare au contraire.

— Pas en Belgique. J'ai moi-même Merel en second prénom.

— Cela nous fait un point commun.

— Peut-être », dit-elle simplement.

Sur l'arbre du hall, on voyait que Mme Franken était la seconde épouse d'un certain Eddy, décédé depuis longtemps. Elle en avait eu un fils, prénommé Eddy comme son père, aujourd'hui adulte, et à peine plus âgé que moi. La première épouse de ce M. Franken, visiblement très fortuné, s'appelait Alma et lui avait donné deux filles, toutes deux décédées, avec le mari de l'une d'elles, dans l'accident rapporté par l'article de journal. J'étais au bon endroit.

« Mon mari n'a pas vécu ce drame. Je ne sais si on peut dire *heureusement* dans ce cas. Il a en effet été emporté par la maladie dix-huit mois auparavant. »

Baissant la tête, elle fit une courte pause.

« Mon mari est mort très jeune, nous n'avons vécu que neuf ans ensemble. »

Elle leva les yeux vers moi, m'incitant du regard à poursuivre.

« Mme Franken, repris-je, les filles de votre mari n'avaient pas d'enfants ?

— Non, Dieu merci, répondit-elle avec de nombreux battements de paupières.

— Puis-je vous demander si la première épouse de votre mari est toujours en vie ?

— Je suis désolée, je n'en ai aucune idée. Nous n'avons entretenu aucune espèce de relation. »

Elle ne nous offrit rien à boire et ne relança pas la conversation, ne désirant visiblement rien apprendre de plus sur notre venue.

Après deux ou trois silences prolongés, nous la remerciâmes, et la soubrette d'opérette nous raccompagna jusqu'à l'entrée.

Qu'elle me soit apparentée ou non, cette Josépha appartenait sans nul doute à la même catégorie sociale que les vacanciers de la Villa Adèle. Sa demeure était imposante. J'aurais follement aimé grimper dans ses étages, partir à la recherche fiévreuse d'un cheval de bois, d'une dînette en métal bleu, du portrait égaré d'une fillette aux cheveux de miel. Mais je traversai le grand jardin silencieux en remâchant ma frustration, persuadée que Mme Franken ne m'enverrait aucune suggestion de recherche à l'adresse que je lui avais laissée.

Stan,

Des nouvelles de toi me parviennent à nouveau.

Tout d'abord par Selim. Il est resté à Rome à ton chevet, avec Bréanne et quelques autres.

Ils sont très inquiets.

Ni la mémoire ni la parole ne te sont revenues. On fait des parallèles hâtifs et sans doute erronés avec la maladie de ton père.

Ta plaie dans le dos s'est infectée, on craint des complications.

Quelques jours plus tard, c'est par la presse française cette fois que je comprends que l'enquête avance. Un proche du futur marié que tu étais a affirmé avoir vu ton ex-petite amie, dans les parages de ta résidence, le lendemain de ta disparition. L'article fait allusion à des relations tendues entre elle et toi, à son profil instable, à son casier judiciaire, et au fait que l'on ne peut actuellement la localiser.

Je suis atterrée. On me recherche.

Et c'est Anders qui les a lancés sur ma piste.

Je n'en ai pas parlé jusqu'à présent, mais à Rome, Anders m'a vue.

Ce jour-là, il est bien sûr en Italie, comme tous les invités de ton mariage. Sur un trottoir, non loin de la via Giulia, il déambule, tenant par la taille une toute jeune femme en talons hauts, au moment où je passe en trombe avec ma voiture de location. Je retourne à la grotte pour comprendre. Mais à un feu rouge, un coup de frein trop brusque, un crissement bruyant, il se retourne et me voit.

Échevelée, hagarde, affolée. Un échange de regards entre nous. Prolongé. Sur ses lèvres un fin sourire intrigué. Et là, je sais qu'il me tient. Le jeu de pouvoirs s'est inversé. Je redémarre en murmurant merde merde merde.

Quelques années plus tôt, mon témoignage en Guadeloupe lui a fait grand tort. Après l'agression dont avait été victime ma collègue Sana dans notre maison d'hôtes, j'avais pris une décision qui m'avait semblé juste. Un sale porc de son espèce devait cesser de nuire.

Pensant venir en aide à la jeune chercheuse, je m'étais présentée à la police en tant que témoin de l'agression et avais précisément identifié l'agresseur. Mais Sana n'avait ni corroboré ma version, ni souhaité déposer plainte. Anders avait cependant été éclaboussé, puis inquiété. Certains y avaient vu la confirmation de ce qu'ils avaient toujours soupçonné. Parfois même observé. D'autres ragots à son sujet s'étaient propagés. Beaucoup de ragots. Cette histoire avait ouvert la voie. Plusieurs plaintes avaient été déposées. Mais, malgré des témoignages concordants et un historique personnel déjà chargé, Anders avait été disculpé. Sa réputation, cependant, en avait été fortement ternie et son avancement bloqué. Sana, quant à elle, ne m'avait jamais reparlé.

En se liant à toi, en t'encourageant, j'en suis persuadée, à fréquenter Bréanne et à me quitter, il tenait une vengeance très intéressante.

Ce jour-là, à Rome, je lui sers sur un plateau de quoi me punir plus fort et plus durablement.

22.

Houblon *(Humulus lupulus) : Plante de la famille des Cannabaceae, originaire de l'hémisphère Nord. Herbacée vivace cultivée pour ses cônes utilisés en brasserie et en phytothérapie. De tout temps, on a attribué à cette plante grimpante aux fleurs vertes et roses un fort pouvoir de guérison.*

« *Merel ? Merel ?* Mais c'est qui cette *Maya* alors ? » me lança Vikki alors que nous marchions vers la voiture. Je voyais son visage tout échauffé d'indignation.

Nouchka, qui nous attendait la truffe à la fenêtre, agita son gros arrière-train en nous apercevant.

« On va manger des gaufres, Victoire ? » lui répondis-je pour couper court.

Vikki se renfrogna.

Dans un café de village en briques rouges, nous mangeâmes sans parler, et bûmes de la bière, entourées d'une assemblée de personnes âgées qui participaient à un loto. Des moments de silence concentré alternaient avec des exclamations et des bruits de chopes entrechoquées. Dans l'arrière-salle, autour d'un poêle ancien, quelques vieux messieurs enchaînaient des parties de billard. D'autres, sur des bornes d'arcades, jouaient au bingo belge.

« Tu me racontes ou tu continues de me mentir ? » me dit-elle enfin.

La bière avait allumé le rose à ses joues. Ses yeux brillaient de colère. Colère d'être toujours et encore infantilisée. Colère d'être celle à qui l'on sert une vérité arrangée.

Se balançant sur sa chaise, sa petite chope à la main, elle me défiait du regard.

« OK, lui dis-je, je vais te raconter. Mais je ne sais pas si l'histoire va te plaire. »

Et je lui racontai.

Un peu plus que les grandes lignes.

Il plut.

Je voyais à travers la vitrine du café la pluie rebondir sur l'asphalte.

J'avais parlé longtemps et intensément à une Vikki alternativement étonnée, émue, révoltée ou triste. Sa colère s'était évaporée avec l'alcool.

« Vous voulez du peket, les filles ? » nous demanda le patron, un petit bonhomme jovial, en nous montrant une bouteille de liqueur de genièvre.

Le café s'était vidé, et nous étions presque les seules encore attablées.

« Oui, dis-je au bonhomme, on va trinquer avec vous ! »

Il rit d'un bon rire en approchant des verres.

« Vous êtes fort aimables, nous dit-il. Alors, à l'amitié franco-belge ! Et au houblon ! »

Je vis le sourire de Vikki, et je sentis sa main qui, sous la table, serrait la mienne très fort. J'avais retrouvé sa confiance. Nous étions à égalité.

Du moins le pensait-elle, et cela suffisait.

« Je peux continuer de t'appeler Maya ? J'aime bien…
— Oui, et moi j'aime bien quand tu m'appelles Maya », dis-je en riant.

Peu à peu, nous découvrions que nos histoires se ressemblaient.

Petites filles peu prises en considération, et dont la crédulité, l'espoir naïf, l'innocence avaient été plusieurs fois saccagés.

Jeunes femmes délaissées, rendues folles de chagrin et de colère.

Certes, nos milieux, nos parcours étaient bien différents, mais nos rêves d'enfant avaient été brisés aux mêmes endroits.

Nos fêlures se confondaient étrangement.

Stan,

Le jour de ma fuite, je ne prends pas en toute hâte ce qui me tombe sous la main. Pas du tout. Mon sac est prêt depuis longtemps. Un réflexe d'ancienne fugueuse peut-être. Puis de voyageuse.

C'est un sac à dos en toile légère, qui aurait bien accompagné un voyageur du désert. Son contenu a été soigneusement étudié, perfectionné au fil des années, de même que mon équipement vestimentaire.

Du léger, du pratique, du chaud, de l'imperméable, du superposable.

De quoi parer à n'importe quel type d'intempéries.

De quoi aussi m'orienter, me défendre, me débrouiller, et ouvrir n'importe quelle porte.

Tu n'aimerais pas savoir à quel âge j'ai acquis ces réflexes.

Je me débarrasse de tout ce qui me lie, me trace, m'identifie.

Ni clefs, ni cartes, ni papiers.

Des chaussures de marche, pas trop encombrantes, un look passe-partout, et de l'argent liquide retiré au fil des mois et mis de côté. J'ai toujours eu la manie de dissimuler pièces et billets. Je ne me suis jamais attardée à y réfléchir.

Je l'attribue simplement à mon histoire émaillée de fuites, de bagarres, d'objets à cacher, de refuges à trouver. Quelque chose en moi s'attendait depuis longtemps au dénuement et à l'isolement.

Je vais bientôt me découvrir également prête pour la réclusion.

Un train de nuit, puis un bus me mènent hors de Paris. Un long voyage comme un trou noir.

Le nez à la vitre, j'avale les kilomètres, je laisse s'enfuir ma dernière image de toi, gisant.

Le bus me laisse dans un petit village des Alpes, à la tombée du soir.

L'heure tardive noie le décor dans une brume piquante.

Rien de touristique dans ce coin. Juste des pierres et de la boue froide.

Les cloches des vaches.

Le tracé bleu sombre des montagnes sur le ciel.

Un parfum d'herbe mouillée.

Je déplie ma carte, repère sans peine le premier chemin, celui qui me mènera en moins de deux heures à mon bivouac. J'ai les données bien en tête.

Ces premières heures, dans le soir et l'air vif, commencent à me débarbouiller.

Mon visage lavé de brouillard humide.

Mes poumons brûlants dans la montée.

Mon ventre vide.

Mes mains glacées sur les lanières de mon sac à dos.

Mes yeux suivant le faisceau blanc de ma lampe frontale.

Toutes ces parties de moi ne sont plus moi.

Elles ont leur vie propre, leurs menus problèmes à résoudre, qui m'indiffèrent.

Suis-je recherchée ? Parle-t-on de moi dans les journaux ? Mes proches s'inquiètent-ils de moi ? Rien de tout cela ne me traverse l'esprit.

Je marche. Je suis une ombre inaperçue.

Et chaque pas m'enfonce un peu plus dans la nature et l'oubli de moi.

Les jours se succèdent à travers la montagne, une marche comme une longue toilette.

Errer dans ces forêts, traverser ces alpages, me ramène à l'essentiel.

Toute ma science n'a-t-elle fait que me préparer à ce moment ?

La nature entière, en effet, me récompense de mes années d'études, et m'offre sur un plateau l'incroyable richesse de ses plantes comestibles. J'ai donc aussi des joies.

Il y a pour moi la berce au goût d'agrume, la noisette, la mûre et la myrtille parfois. Près des reposoirs à bestiaux, je trouve sans peine la rhubarbe des moines. Ailleurs des épinards et asperges sauvages, de l'oseille et des orties dont je fais une soupe sur mon réchaud.

Les premiers jours, à basse altitude, je me procure du pain, du riz, du fromage, du thé, des fruits secs et du lait. Et rien ne me manque.

Je marche encore et encore, pendant des jours, dans les pierres et dans les pâturages, tantôt au bord des crêtes, tantôt le long des torrents, et dès que possible dans les sous-bois. Le sol se déroule sous mes pas dans un silence naturel, et mon esprit se vide toujours plus.

Tout semble s'effilocher, me quitter.

Je connais un moment de paix totale, une parenthèse de silence. Je t'enfouis quelque part, très loin au fond de moi. Tu as voulu m'effacer de ta vie, tu as été puni, je ne veux plus y penser, jamais.

Puis, insidieusement, ta voix revient, tout d'abord discrète. Parfois, elle raille mon camouflage de fugitive, et me parle du papillon feuille morte d'Asie, si habile, lui, dans cet exercice.

À d'autres moments, tu me murmures des conseils : « Cynorrhodon, rosa canina, tu sais, c'est le rosier des chiens, c'est plein de bonnes vitamines », et j'entends ton rire. Tu me suggères de goûter les pâquerettes : « Bellis perennis, la "toujours belle", comme toi. »

Mais la nuit, tu me susurres d'autres mots que je ne comprends plus, tu sembles suffoquer.

J'imagine ton visage convulsé, tes mains implorantes, tes prunelles livides, mais je ne ressens rien.

Je plaque mon bonnet sur mes cheveux désormais coupés très court, comme pour bloquer tes phrases.

23.

***Érable** (Acerabulus) : Arbre des régions tempérées, apprécié des papillons de nuit, des luthiers et des amateurs de sirop, et dont la feuille palmée, rouge en automne, orne le drapeau du Canada. Réputé, chez les Anglo-Saxons, chasser les mauvais esprits nocturnes et les démons.*

Comme je l'avais raconté à Vikki, on mentionnait dans mon dossier que j'avais été découverte à quatre ans environ, sous l'érable d'un parc, enfant aux cheveux châtains, aux yeux bruns tirant sur le vert, avec dans la poche une fine gourmette portant un prénom. Cela s'était passé plusieurs mois après la date de l'accident figurant dans le journal. Rien ne m'y reliait vraiment *a priori*, et pourtant quelque chose m'attirait de ce côté-là. Très fort.

Vikki était émue par mon histoire. Elle qui avait été Victoire avant d'être Vikki, élevée sur des bases solides, éduquée dans un environnement façonné par des traditions et des codes de classe. Un parcours un peu ennuyeux, me semblait-il, mais infiniment tranquille, et qui avait fait d'elle une jeune fille saine, naïve et réservée. Elle trouvait en comparaison mon histoire terrifiante et romanesque.

Mme Franken me fit le lendemain porter un mot par sa petite bonne.

En la découvrant derrière la porte, je restai interdite, et ne sus pendant un long moment quoi répondre à cette minuscule bonne femme. Elle me répéta sa question, fixant Nouchka avec une pointe de méfiance. Je recentrai mon attention sur elle.

Oui, je serais à quinze heures à l'endroit indiqué. Oui, je lirais la lettre avant de m'y rendre.

Je m'installai sous un arbre, le dos appuyé à son tronc, sans remarquer tout d'abord qu'il s'agissait d'un érable. En regardant ses feuilles comme des paumes ouvertes, j'inspirai à fond et ouvris l'enveloppe.

Madame, ou puis-je dire Merel ?

Veuillez tout d'abord me pardonner mon accueil d'hier. Je crains de vous avoir blessée par ma froideur, et le peu d'aide que je vous ai apportée. Vous comprendrez sans difficulté que notre entrevue a remué, chez la vieille dame que je suis, des souvenirs douloureux.

Je souhaite néanmoins, si cela vous convient, vous revoir pour vous montrer quelque chose qui pourrait vous être utile. Ou si cela n'est pas le cas, qui témoignera au moins de ma bonne volonté.

Comme vous l'avez compris en observant notre arbre généalogique, je suis la seconde épouse de M. Franken. Nous avons eu ensemble un fils, Eddy junior.

Avec sa première épouse, Alma, mon mari a eu deux filles, Annette et Dina, tragiquement disparues dans l'accident dont vous avez eu connaissance, avec Baltus, le mari de Dina.

Je dois vous préciser que mon époux avait fermement désapprouvé cette union. Ce qui avait profondément brouillé père et fille. À son décès, mon mari n'avait pas revu sa fille aînée Dina depuis plusieurs années. Par ailleurs, il avait eu très peu de contacts avec Annette sa cadette. Je n'ai pas la force de vous en dire davantage. Venez demain, et je vous promets de réparer l'impression que vous avez dû conserver de mon comportement.

Bien cordialement,
Josépha Franken

J'étais sonnée. Il y aurait donc une suite à cette rencontre. Je me dis que Mme Franken avait dû, comme moi, passer une nuit agitée.

Stan,

Je marche des jours entiers.

La montagne découpe de grandes entailles sombres dans le ciel.

Sur ses pentes, dans ses sous-bois, je fais chaque soir mon nid. Enroulée dans les feuilles, les herbes, et mes rêves de toi.

Au détour d'un chemin de moyenne altitude qui me fait traverser des paysages d'un vert profond, j'aperçois, après un petit bois, une maison en rondins entourée d'un jardin clos sur une profusion de fleurs. Sur sa façade, des roses anciennes moussent et s'échelonnent avec légèreté, jusqu'au rebord du toit. Cette vision inattendue me fige. Je suis essoufflée et en nage d'avoir grimpé d'un bon pas. Que fait là cette maisonnette, ce mirage posé sur l'herbage, à près d'une heure à pied du premier village de la vallée ? Nous sommes ici à la lisière du monde des humains.

Un début de réponse se présente à moi sous les traits d'une femme chapeautée de paille, qui emprunte une allée du jardin, arrosoir à la main.

« Bonjour », dit-elle simplement en m'apercevant. Elle s'arrête et, m'ayant regardée pendant quelques secondes, elle reprend : « Une tasse de thé vous ferait-elle plaisir ? »

Je ne sais que dire, tant je suis surprise, alors je souris et hoche la tête. Puis je pousse le portillon du jardin, sans deviner que débute pour moi un séjour qu'il me sera impossible d'oublier.

La femme se nomme Brunelle, mais le brun de ses cheveux est mêlé de gris.

« C'est un nom de plante, le savez-vous ?

— Oui, je connais cette plante. Je la croise souvent en bordure de route. Et aussi le long des bois.

— Exactement. C'est une plante qui soigne. »

Je suis au courant, mais n'ajoute rien sur cette fleur pourpre qui étoile les prairies.

« Allez, ne soyez pas timide, suivez-moi ! »

Elle m'installe devant une théière fumante et un bol de crème. Elle me coupe une tranche de pain d'épice, dont la seule vue me fait saliver. Depuis combien de jours n'ai-je pas mangé quelque chose d'aussi appétissant ?

C'est la fin d'après-midi et je sais que je ne dois pas m'attarder si je veux trouver un endroit sûr et discret où bivouaquer.

« Depuis combien de jours marchez-vous ?

— Un certain nombre. Je ne les ai pas comptés.

— Je vois. Alors c'est peut-être le moment de faire une pause ? »

Elle me regarde intensément. C'est comme si son regard me traversait.

Mais je ne réponds rien.

Je bois quelques gorgées de thé brûlant. C'est tellement bon, avec la cuillerée de miel qu'elle y a ajoutée. Elle me tend une tranche de pain parfumé, puis ajoute :

« Me permettez-vous de vous offrir l'hospitalité ? »

Mon séjour chez Brunelle va constituer une ample respiration dans mon parcours. Mais aussi une rupture intime, un déchirement nouveau.

Mon corps est épuisé et sale. Mes épaules irritées jusqu'à la brûlure par les sangles de mon sac. Mes cheveux comme la crinière d'un cheval errant. Mes ongles tachés d'avoir cueilli, creusé, coupé. Mon visage étrillé par le vent, le soleil ou la pluie.

Depuis quelques jours mon ventre est douloureux d'avoir trop peu mangé. Peut-être ai-je aussi, par inadvertance, mêlé une herbe mauvaise à mes cueillettes. Je n'ai plus beaucoup de vivres, mais je ne peux pas me permettre des razzias nocturnes dans les villages. Là où je passe, il y a peu de choses à voler dans les jardins. La saison avance, cela ne joue pas en ma faveur. Et redescendre fracturer un garde-manger est la dernière chose à faire.

La maison de Brunelle est donc pour moi l'équivalent d'une oasis.

Le pain est bon, et le thé fruité, mais mon ventre se tord comme s'il avait oublié la satiété.

Dans la douche, je reste immobile sous la lourde pluie bouillante, et regarde filer, entre mes pieds abîmés, une eau bistrée de la poussière des chemins, des passages à gué dans les ruisseaux, des écorces d'arbres escaladés. Dans mes pores, dans mes cheveux, sous mes ongles, je transporte la montagne et ses parfums puissants.

Alors que j'essore les deux tee-shirts que j'ai lavés avec moi sous la douche, mon regard s'arrête.

Un peu de sang rougeoie sur l'émail blanc.

Je le contemple, en me demandant de quelle manière je me suis blessée. Il tourbillonne en volutes noyées d'eau mousseuse, file et disparaît. Cela continue et s'intensifie, devient plus sombre et moins fluide. Mon esprit repousse le plus longtemps possible l'idée qui prend lentement forme, en grosses fleurs de sang, entre mes jambes amaigries. Et brutalement, ce que je savais déjà dans les tréfonds de moi-même se déploie et explose dans mon cerveau.

Toute la nuit, cela se poursuit, se défait, me quitte.

Brunelle veille à mon chevet comme une mère, tandis que la fièvre prend possession de moi. Elle alterne les tisanes de sauge, d'achillée, de valériane. Et pose sur mon ventre une lourde bouillotte sur laquelle elle imprime des mouvements circulaires de la main. Je souffre beaucoup, puis de moins en moins et bascule progressivement dans une somnolence confuse, où se prolonge mon voyage.

C'est une errance qui m'emmène dans les entrailles de la montagne, et de tunnels en cavités je parviens à notre grotte. Cette caverne aimée, baignée de lumière diffuse, orangée, est comme une immense tanière où je cherche un enfant perdu. Je délire, divague, crie, je m'enfonce dans une eau boueuse, pensées, rêves et souvenirs mêlés. Brunelle me donne d'autres herbes, qui m'entraînent dans un sommeil plus noir et velouté.

Par moments, je sens sa main fraîche qui exerce de douces pressions sur mon front, mes chevilles, mes poignets, j'entends sa voix qui murmure dans une langue que je ne reconnais pas. Elle me parle d'une plante appelée rue, contre laquelle on mettait autrefois en garde les futures mères. L'enjamber au cours d'une promenade pouvait faire partir l'enfant. L'ai-je croisée dans ma course ?

Il me faut plusieurs jours et plusieurs nuits pour remonter à la surface.

Par la fenêtre de la petite pièce où je repose, j'entends le cri du milan. Ou est-ce un chocard aux ailes noires, qui me nargue ?

Plus loin, il me semble, des bêlements de chèvres, le chant clair d'une source.

Il me vient, par bouffées, le parfum d'herbe que l'on fane, acide et vert, et je ferme les yeux.

Quelques jours passent, avant le retour à la vie.

Et me voici, alanguie, amaigrie, délavée, qui traîne dans une robe à fleurs trop grande dans le jardin de Brunelle, l'esprit totalement vide.

Nous passons de longues journées à parler. Une fois par semaine, elle descend au ravitaillement. Je l'accompagne et l'attends cachée aux abords du village. Puis je l'aide à remonter les provisions qu'elle a pris soin de ne pas trop augmenter, pour ne pas attirer l'attention. « J'ai beaucoup de conserves, nous nous en sortirons, me dit-elle sans cesse. Et il y a le potager, les poules et les deux chèvres. Nous aurons de tout, bien plus qu'il n'en faut. »

Elle a posé si peu de questions. Mais elle a posté pour moi au village une lettre pour Jimmy. Elle est adressée à son cabinet médical. Inaperçue, noyée dans sa paperasse, elle lui donnera, de manière très sibylline, et dans un créole enfantin que nous sommes seuls à décrypter, une preuve de vie de sa sœur fugitive.

24.

Cinéraire ou cinéraire ensanglantée *(Pericallis cruenta) : Plante herbacée originaire des îles Canaries, aux feuilles cendrées et aux fleurs vivement colorées. Symbole de deuil et de douleur.*

Le cimetière était frais et boisé.

J'observai au passage le travail soigné des jardiniers qui avaient taillé les haies de buis en vagues douces, disposé des touffes colorées de cinéraires qui allumaient l'ombre et adoucissaient les angles gris des dalles de marbre.

Mme Franken avait beaucoup d'allure malgré sa petite taille. À la fois stricte et raffinée, sa chevelure blanche bien ordonnée.

« Pourquoi m'avoir recontactée ? Rien ne vous y obligeait.

— Vous avez raison. »

Elle fit une pause.

« Oui, j'ai voulu vous revoir, Merel, parce que je vous ai menti. Et que je ne suis pas douée pour le mensonge.

— Vous m'avez menti ? Comment ça ?

— Venez voir, vous allez comprendre, nous y sommes presque », me dit-elle, accompagnant sa phrase d'un regard appuyé de ses yeux clairs et d'une pression sur le bras.

Nous avions progressé à pas tranquilles dans les allées ombragées. Une odeur de terre humide, de menthe froissée, de sous-bois nous accompagnait. Côte à côte, deux tombes imposantes se dressaient sous les branches bleutées d'un cèdre. On avait planté devant chacune d'elles un rosier buissonnant. Je trouvai l'idée intéressante, commençai à m'interroger sur leur variété, puis me repris. Et levai les yeux. Deux tombes du même marbre me faisaient face.

Je lus sur la plus étroite :

Eddy Franken (1924-1976)

C'était le chef de famille. Le mari tant aimé. Mort prématurément.

Et sur la stèle du caveau voisin :

Annette Franken (1955-1977)
Dina Franken (1951-1977)
Baltus Peeters (1950-1977)
Nell Peeters (1971-1977)
Merel Peeters (1973-1977)

Je lus les dates.

De si jeunes personnes.

Et des enfants ?

Je restai interdite. Je me tournai vers elle sans pouvoir articuler un seul mot.

« Ils ont tous péri dans l'accident dont vous m'avez parlé. Annette, la plus jeune. Dina l'aînée et son compagnon Baltus. Et leurs deux filles.

— Leurs deux filles ? Mais vous m'avez affirmé qu'elles n'avaient pas d'enfants ! Ces petites filles ne sont mentionnées nulle part.

— Je vous ai dit que mon mari avait quasiment rompu avec sa fille aînée. Nous ignorions qu'elle avait eu des enfants. Nous ne l'avons découvert qu'après son décès.

Mon Dieu, deux petites filles… Comme j'aurais aimé les connaître, et les chérir. Quand j'ai eu connaissance de leur existence, j'ai fait ajouter leurs deux noms sur la tombe de leurs parents, bien que les restes humains retrouvés dans la voiture incendiée n'aient rien permis de discerner.

— Oh mais moi… moi… qu'est-ce que cela signifie ? Comment est-ce possible… ?

— Je n'en sais rien, je vous le jure. Mais nous allons chercher ensemble. Et nous trouverons. »

Sans que je l'aie sentie arriver, une énorme vague de chagrin me submergea, et je me sentis glisser vers le sol, étouffée par de gros sanglots d'enfant.

Merel Peeters. Ce bracelet portant son prénom s'était-il retrouvé par hasard dans ma poche, ou bien y avait-il ici davantage à comprendre ?

Au milieu des roses, des bruyères, des cinéraires, Mme Franken, faisant sans doute fi des convenances, s'assit sur le bord du caveau, m'attira à elle, me fit asseoir plus près et m'entoura de son bras frêle. Je me laissai aller sans pudeur, la tête sur les genoux de cette vieille femme, à qui j'étais peut-être apparentée.

Puis nous revînmes chez elle.

Pour adoucir le choc sans doute, elle me fit traverser le parc que j'avais admiré la fois précédente, me nommant les espèces et me racontant l'histoire de leur plantation. J'aimais sa précision et sa simplicité. Son calme aussi. Je me demandais comment on pouvait maîtriser ce qui ne devait manquer de bouillonner en elle. Ce coup de tonnerre dans sa vie que mon apparition constituait, comment parvenait-elle à le dompter ?

Avec le soir, je pris congé, non sans avoir regardé de nouveau avec elle l'arbre généalogique et ses grappes dorées de fleurs de cytise.

« Qui sait s'il ne nous faudra pas corriger quelques éléments », me dit-elle avec un sourire doux.

Elle me proposa de me montrer quelques photos, mais je déclinai. Il me fallait procéder par étapes.

À la nuit tombée, je marchai longtemps dans le village avec Nouchka, en essayant de faire le tri dans mes sentiments.

Stan,

Stan, j'aurais aimé te faire rencontrer Brunelle, et goûter la paix de ces journées passées avec elle, qui auront été comme un baume sur mes blessures.

Je sais qu'à cette expression tu souriras, te souvenant des phrases du botaniste anglais John Gerard, qui affirmait qu'il n'existait pas de meilleure plante au monde que la brunelle commune pour soigner les plaies. La science des plantes de mon amie traite mon corps endolori. Ce qu'elle fait à mon esprit, avec ses tisanes et ses mots, est plus subtil.

Brunelle emploie mes mains à effeuiller, à égrener, à mettre en bottes, à faire macérer, à étiqueter, à noter avec précision la composition de ses préparations. Elle occupe mon esprit à des enseignements, qu'elle dispense avec générosité. Et, comme à chaque étape de ma vie, j'apprends.

Ce carré de terre, suspendu en pleine montagne, est mon abri pendant de longues semaines. Parfois, des randonneurs empruntent le chemin qui passe en contrebas de la maison de Brunelle. Elle les voit arriver de loin, et je rentre alors dans le cellier où sèchent ses bouquets et s'alignent ses bocaux, le temps qu'elle leur fasse une petite conversation.

Pas de thé ni de pain d'épice pour eux. Avec un sourire et des recommandations, elle les laisse reprendre leur marche, sans autre forme d'hospitalité.

Par précaution, Brunelle m'a donné des habits et un chapeau de paille très semblables aux siens, au cas où une unité de montagne de la gendarmerie nationale ferait à pied une mission de secours ou de surveillance dans le secteur. Cela lui permet de se substituer rapidement à moi, si je me trouve sans elle dans le jardin.

Quand les journées sont tranquilles, nous travaillons côte à côte, et ce compagnonnage me maintient à la surface. Je reprends des forces.

Un matin, alors que le ciel est encore d'un rose tendre sur les crêtes, nous sommes éveillées par des voix et des bruits de pas sur les cailloux du sentier. C'est un vacarme un peu brouillon, cliquetis, raclements de chaussures, voix assourdies. Je sais que je ne dois pas me manifester. Je me glisse par une trappe dans une étroite cavité, sous le plancher du chalet, sur laquelle Brunelle tire un tapis et une malle d'osier.

Au-dessus de moi, je l'entends qui se montre aussi accueillante qu'à son habitude, avec ce qui semble bien être un détachement de gendarmes. J'entends le raclement des chaises, le bruit des tasses. On doit boire du café. Mais je ne distingue pas ce que disent les voix. Ils s'attardent pendant près d'une heure, heureux sans doute de faire leur pause habituelle dans la montée. Entre deux gorgées de café, je sais qu'ils s'assurent, comme à chaque passage, d'une part que Brunelle va bien, et d'autre part qu'elle n'a rien observé de suspect.

J'entends d'autres voix au dehors. Tout le monde n'est pas entré se restaurer. D'autres gars doivent avoir sorti leur casse-croûte, car je perçois des rires et des exclamations.

Puis le silence revient. Mais nous avons convenu que, dans ce genre de circonstances, je ne bouge pas avant quelques heures. Brunelle vient néanmoins au bout d'un moment se pencher sur la malle en osier, comme si elle y cherchait quelque chose, et me donne à mi-voix quelques éléments.

« C'est bien toi qu'ils cherchent, ma fille. On a signalé une jeune femme qui se déplace dans le coin avec un sac à dos beige. Je n'ai pas nié avoir vu une randonneuse solitaire il y a quelques semaines avec oui, peut-être, un sac beige, je ne peux pas le garantir mais c'est possible. Je l'ai décrite différente de toi en presque tout, âge, taille, couleur de cheveux. Ils ont pris note. Bon, je retourne au jardin me montrer à ceux qui seraient tentés de m'observer à la jumelle. »

Je l'entends s'éloigner. Puis ses pas sur le plancher se rapprochent à nouveau.

« Au fait, ils ont leurs saloperies de chiens », murmure-t-elle avant de repartir.

Mais l'apprendre n'y change rien. J'ai déjà pris ma décision.

Il ne faut pas détaler trop vite, peut-être sont-ils à l'affût. Je laisse donc passer deux jours entiers dans mon abri, et sans en aviser Brunelle, je quitte la maison au milieu de la deuxième nuit, sans bruit. Ce n'est pas la meilleure façon de la remercier de son hospitalité, mais certainement celle de lui éviter des ennuis. Celle aussi de nous épargner des instants difficiles. Je sais qu'elle le comprendra.

Dans son jardin endormi, je ramasse quelques cailloux et élabore délicatement un petit cairn, que je laisse sur sa table de rempotage, le long de la maison. Et près de ce modeste monticule de pierres, je laisse le lien de cuir qui ceignait mon poignet, arrangé en forme de cœur.

Un jour ou l'autre, j'espère pouvoir mieux lui témoigner ma reconnaissance.

Un jour ou l'autre, j'espère revenir dans ce lieu où flotte, parmi les fleurs de montagne, le souvenir d'un petit roi défunt.

Ma marche reprend donc, et avec elle ma vie sauvage et silencieuse.

Je me fonds dans la nature, la forêt me recueille. J'ai repris des forces, appris de nouvelles choses. Revenir à la frugalité me convient, non plus pour me punir, mais maintenant pour me purifier. Cela te ferait sans doute sourire, Stan, mais c'est ainsi que je le vis.

À chaque pas, à chaque ample respiration, il me semble me rapprocher de celle que je veux être, et tout est pour le mieux maintenant, quoi qu'il advienne.

25.

Cactus de Noël *(Schlumbergera) : Plante succulente des forêts pluviales et tropicales, de la famille des Cactaceae, dont la floraison hivernale, violette, rouge, rose, orange ou blanche est spectaculaire.*

Quand je retrouvai Josépha Franken le jour suivant, je sus que je franchissais une nouvelle étape.

Vikki m'accompagnait et promenait, sur chaque détail du parc et de la maison, ses yeux dansants. Elle pointait un doigt fin sur une petite mousse au pied d'un arbre, ou en l'air quand un chant d'oiseau éclairait son sourire, et me demandait : « Dis, c'est quoi, ça, Maya ? »

Elle n'était pas sans savoir que d'autres questions plus fondamentales se posaient à moi, mais c'était sans doute sa manière à elle d'alléger ces instants.

Mme Franken nous reçut après la courte sieste qu'elle faisait l'été dans une galerie vitrée qui jouxtait sa vaste bibliothèque. Les verrières m'ont toujours enchantée et celle-ci était remarquable. Josépha y satisfaisait sa fascination pour les cactus, qui y proliféraient et constituaient un écrin pittoresque à ses après-midi solitaires. Elle nous en fit une présentation détaillée, nous expliquant que son mari Eddy et elle avaient constitué ce décor avec passion, au fil des années, et transmis leur enthousiasme botanique à leur fils.

« Il ne manque jamais une occasion d'enrichir ma collection, à chacun de ses voyages. Il y a de très intéressants spécimens, mais je n'ai rien à vous apprendre, j'imagine », fit-elle en me souriant.

Je m'extasiai poliment devant l'étonnant feu d'artifice floral qu'offrait un ensemble de cactus de Noël. Noël en plein été. Pourquoi pas.

« Venez plutôt dans la bibliothèque, je dois vous montrer quelque chose. Ensuite, nous allons recevoir de la visite. »

Tout cela fut dit sans effervescence. De mon côté, je ne trouvai rien à répondre. Je me sentais vide et silencieuse. Je percevais qu'une mécanique s'était enclenchée malgré moi, que je ne pouvais maintenant plus ralentir.

Elle nous fit asseoir autour d'une belle table basse en bois laqué, où avaient été disposés plusieurs albums photo. Une partie de moi voulait fuir, traverser au pas de course la galerie aux cactus, le parc, ses arbres et ses mousses, le village, la Belgique entière, puis les mers et les océans, jusqu'au jardin tranquille de Mme Sincère.

Là, blottie à ses genoux, j'aurais écouté, en somnolant, un conte de Gran Mèr Kal, et tout aurait été parfait.

Mais j'étais là, dans cette bibliothèque fraîche et sombre comme une forêt, accompagnée de deux personnes bienveillantes. Nous allions ouvrir ensemble un autre livre d'histoires, où j'avais peut-être ma place.

Josépha nous montra tout d'abord des portraits d'Eddy, son mari. Un monsieur *très bien* à moustaches, qui avait été, lorsqu'elle l'avait rencontré, un quadragénaire aux cheveux flous et aux yeux rêveurs. Puis d'autres photos, d'Eddy junior, leur fils. Mêmes yeux, même sourire, mais pas de moustache.

Il avait visiblement une passion pour la mer et les voyages, comme en attestaient des clichés le représentant aux commandes d'un catamaran, ou, plus simplement, touriste sur une jonque en Asie. Elle nous parla des deux Eddy, qui s'étaient si peu connus.

Mais je ne parvenais pas à me concentrer. Sa mini bonne nous versait, comme à des petites filles, de grands verres d'orangeade. J'aurais donné n'importe quoi pour un alcool fort. Car un orage, je le savais, approchait. Peut-être à la page suivante la foudre m'attendait-elle, et allait déchirer ma nuit.

Mais elle ouvrit un autre album. C'était celui de leur mariage, qui avait eu lieu à l'aube des années soixante-dix. Josépha, en robe à manches bouffantes et capeline romantique, avait trente ans tout au plus. Son Eddy sans doute quarante-cinq. Ils seraient parents d'un petit garçon deux ans plus tard. Autour d'eux, une ambiance hippie chic, une calèche rococo, une pièce montée tout aussi kitsch.

Des fleurs partout, aux couleurs pâlies.

Tout cela était fort joli, mais ne m'avançait guère. Jusqu'au moment où Josépha me désigna deux jeunes filles sur une photo de groupe.

« Et voici Annette et Dina. Sur cette photo, Annette a treize ans et Dina dix-sept.

— Elles étaient présentes à votre mariage avec leur père ?

— Bien sûr.

— Je les croyais brouillées avec lui.

— Pas à cette époque, mais plus tard, lorsque Dina a rencontré Baltus.

— Pourquoi ? Que s'est-il passé ? Ce jeune homme ne plaisait pas à votre mari ?

— Baltus était un baladin, un musicien qui n'avait pas encore fait ses preuves dans la vie. Il vivait avec des amis sur un bateau à Amsterdam. Il avait mis dans la tête de Dina des idées qui ne lui ressemblaient pas.

— Des idées ?

— Oui, c'est compliqué à dire, soupira-t-elle. Mais mon mari, que j'adorais plus que tout au monde, pouvait se montrer un peu rigide sur certains plans. Même si Baltus était issu d'une famille *très bien,* il déplaisait fortement à Eddy. Ils étaient tout à fait opposés. Alors Dina a choisi. Elle est partie pour les Pays-Bas rejoindre son Baltus et ils se sont mariés. De mon point de vue, Baltus était vraiment un gentil garçon, un peu fantasque mais très doux. Qui sait si sa musique n'aurait pas trouvé son public ? Les années soixante-dix, vous savez, ont été, pour des jeunes comme Baltus, des années tellement libres et créatives…

— Et Annette ?

— Annette était un peu plus jeune. Et moins aventureuse. Néanmoins, elle était exceptionnellement attachée à sa sœur, et dès que cela lui a semblé possible, elle l'a rejointe et a vécu avec eux. Cela dit, et c'est heureux, nous l'avons revue, et Eddy a eu cette consolation pendant les derniers mois de sa maladie. J'en ai beaucoup voulu à Dina. Pas d'avoir vécu ce qui semble avoir été une très belle histoire d'amour, elle le méritait. Mais d'avoir, par insouciance, autant fait souffrir son père. Et de ne pas lui avoir fait signe pendant sa maladie. C'est sans doute une des raisons pour lesquelles, malgré l'attachement sincère que j'avais pour mes deux belles-filles, ma déception et mon deuil m'ont empêchée, je crois, j'ai honte de le dire, de continuer de penser à elles. Alors, quand je vous ai vue, Merel… comment dire ? »

Je la regardai. Sous son visage lisse, on apercevait de légers frémissements. Comme le passage d'un insecte ailé à la surface de l'eau. Elle me fixa à son tour, mais ne parvint pas à ajouter autre chose.

« J'aurais beaucoup aimé connaître Dina et Baltus », dis-je platement.

Je prononçais ces prénoms à haute voix pour la première fois, *Dina, Baltus, Dina, Baltus* avec une apparente légèreté.

Mais soudain je sentis que je devais me taire. Quelque chose prenait forme dans mon esprit, avec une extrême lenteur. Syllabe après syllabe, je sentais ces prénoms se rapprocher de moi, me frôler avec douceur. Les prononcer avec leurs sonorités originelles n'avait rien de difficile. Étaient-ils mes parents ? *Baltus. Dina. Papa. Mama.*

Cette idée me paraissait osée, mais si tendre. Puis je regardai Vikki, et m'étonnai de voir rouler sur sa joue des petites larmes rapides.

« Vikki ? Ça va ?

— Oui, ça va. C'est juste que…

— Qu'est-ce qu'il y a ?

— Regarde encore cette photo.

— D'accord, c'est Annette et Dina, elles sont ados… Et donc ?

— Regarde Dina, regarde mieux, c'est que Dina…

— Quoi, Dina ?

— Ben c'est que Dina… on dirait toi. »

Mme Franken baissa les yeux, regarda ses mains posées sur sa jupe.

« Madame Franken, dites-lui, je ne me trompe pas, n'est-ce pas ? » implora Vikki. Josépha leva les yeux, et s'apprêtait à dire quelque chose quand on sonna dans le grand hall d'entrée. Sans se lever, elle se tourna légèrement. Elle était émue mais se contenait.

« Nous avons de la visite », dit-elle.

Nous entendîmes des bruits de voix qui se rapprochaient, et deux hommes entrèrent en même temps dans la bibliothèque.

Je reconnus aussitôt Eddy junior. Ébouriffé et hâlé, comme s'il venait à l'instant de sauter à terre après une régate. L'autre homme n'était probablement guère plus âgé, mais semblait descendre, lui, avec sa vareuse, ses petites lunettes et sa casquette de marin, d'un vieux navire marchand.

« Voici mon fils : Eddy junior, que nous appelons Ed. Ed, voici Merel et son amie Victoire, qui viennent de France. »

Nous échangeâmes des bonjours intimidés.

« Et voici César, ajouta-t-elle avec un sourire tendre. César est un ami de mon fils, et de toute la famille. Par ailleurs, César est professeur d'histoire et accessoirement passionné de généalogie. Peut-être aura-t-on besoin de ses services pour ajouter quelques brindilles nouvelles sur notre arbre généalogique », ajouta-t-elle, avec un demi-sourire. Elle prononça ces derniers mots en fixant Ed.

Je me demandai si elle faisait allusion à la descendance de son fils, ou à la place que je semblais pouvoir prendre dans leur histoire.

Stan,

La montagne est un refuge qui ne cesse de m'enchanter, malgré sa rudesse.

Je marche et je respire.

L'aube chaque jour me lave de mes rêves sombres, et je poursuis mon chemin.

Celle que j'ai été semble se dissoudre dans l'air vif, s'effilocher dans ma course.

Ma seconde rencontre intervient alors que je marche depuis plusieurs jours sous une pluie insistante.

Tu aurais aimé toi aussi cet épisode.

Rester au sec est un défi, et lorsque j'aperçois, dans un repli du relief, presque invisible parmi rochers et cailloux, la silhouette d'un ancien refuge d'alpage, je suis heureuse du répit qu'il me promet. Il me faut cheminer encore à travers un rideau de brume et d'eau, jusqu'à ce qui s'avère être une bâtisse en mauvais état, ouverte aux quatre vents. Mais, merveille, elle est partiellement abritée d'un toit, sur lequel a poussé une végétation ébouriffée par la bourrasque.

Je m'accorde une pause avant d'installer mon campement sommaire. Rien pour suspendre mon hamac dans la partie couverte. Je vais donc devoir dormir ici, à même l'âtre froid d'une ancienne cheminée, près d'un conduit de pierre noircie qui a dû sentir passer le fumet de soupes bien chaudes et de viandes rôties.

Je pense à mes rations maintenant réduites à peu de chose, et je me demande comment continuer. Je connais la valeur nutritionnelle de chaque plante que je cueille, et j'ai assez de riz pour un moment. Je ne suis donc pas encore en grande difficulté.

Peut-être faudra-t-il me résoudre à pêcher dans les torrents. Autant dire du grand n'importe quoi. Si tu me lis, tout ça doit bien te faire marrer.

Cela dit, tu aurais aimé cette vie sauvage, cette vie dissidente. Je t'en aurais enseigné tous les attraits.

Nous aurions été toi et moi d'heureux nomades dans ce jardin sans limite qu'est la montagne.

Je voudrais plus que tout au monde, à cet instant, sur la pierre étroite de ce foyer mort, avoir ton corps vaste et chaud pour m'envelopper et me bercer. Je dors d'un sommeil chargé de rêves. Puis, au milieu de la nuit, j'ouvre les yeux sur un ciel calmé, dont les étoiles pâlies scintillent par une brèche du toit. Je sens autour de moi les pierres, les mousses, les herbes qui respirent, dans le vent piquant qui a éloigné les nuages.

Le matin n'est pas loin quand je perçois des rires légers au-dessus de ma tête. Je n'ai entendu approcher personne, avec le sifflement répété du vent sur les pierres, et je crois un instant poursuivre mon rêve.

Puis le son clair de cloches, suivi de piétinements tranquilles et nombreux, me tire du sommeil. J'ai déjà croisé des troupeaux dans mon errance, je parie pour des moutons, au milieu desquels quelques chèvres portent des cloches. Et les bergers probablement des fusils.

Je me redresse et capte les bribes d'une conversation qui se tient là, sur le toit herbeux, au-dessus de ma tête. Rien d'inquiétant a priori.

Une voix féminine. Et une voix enfantine qui parle d'étoiles, dirait-on.

Puis je comprends au bruit de leurs pas qu'ils se déplacent.

« Je peux entrer dans la bergerie ? dit l'enfant.

— Si tu veux, mais fais attention, ça pourrait bien s'écrouler. »

L'enfant entre d'un bond, comme un cabri, et stoppe net en me voyant.

« Oh ! Maman, viens ! »

Et nous nous rencontrons.

Ali doit avoir huit ans, et dans le matin pâle sa silhouette gracile se découpe sur le ciel, à l'entrée de la bâtisse. Elle est brune et menue, joli petit mammifère des montagnes, aux yeux profonds et à la bouche rougie d'un festin de baies sauvages. Elle recule vers la porte. Aussitôt s'encadre une autre silhouette, une femme athlétique, belle comme une amazone. Ses cheveux sont plus courts encore que les miens, et même rasés sur un côté. Sur son profil délicat, on aperçoit des piercings.

« Pardon si on vous a dérangée », dit la mère.

L'enfant se serre un peu contre elle. Et je vois mieux leur ressemblance.

« Pas du tout. J'ai été surprise par l'orage hier soir. Excusez-moi, si je suis chez vous.

— Oh non, aucun problème, vous n'êtes chez personne. Enfin, je crois. »

Je me mets debout, m'étire, et les accompagne au-dehors, où le soleil commence à colorer les sommets de nuances de feu.

« Je m'appelle Gwendo, dit la femme. Et vous ?

— Marika, je réponds, je ne sais pourquoi.

— Ah, vous êtes polonaise ?

— De lointaines origines. »

Et pour ne pas m'empêtrer davantage, j'ajoute :

« C'est à vous le troupeau ? »

Devant nous, en effet, comme une marée laineuse, le troupeau se répand en contrebas. Tranquilles, mais aux aguets, un patou et deux borders collies montent la garde. Parfois, l'un d'entre eux, comme une flèche bicolore, s'élance pour remettre dans le rang un mouton rêveur qui s'éloigne.

La femme et sa fille Ali se sont assises sur un muret devant la bergerie et sortent de leur sac d'épaisses tranches de pain, du fromage frais, des baies tout juste cueillies. Je ne dis rien, mais quand Gwendo me tend une large tartine, je la reçois avec un simple merci.

« Vous avez une tasse ? » dit-elle.

Je sors mon gobelet d'aluminium et regarde le café chaud couler de la bouteille thermos, en tentant de dissimuler ma joie. Elles me racontent un bout de leur vie, si particulière. Petite bergère de moyenne montagne, Gwendo fait à cette saison paître ses troupeaux plus en hauteur. Sa fille, qui n'est pas scolarisée, passe toute l'année avec elle dans la nature. Je goûte leur fromage, les yeux mi-clos, en exprimant combien je l'apprécie.

« Le pain aussi, c'est ma maman qui le fait », dit Ali. C'est la petite qui me pose des questions. Mon métier, mes goûts, mon âge, mes éventuels enfants, si j'ai des chèvres

moi aussi. Cette fois, je suis Marika, une journaliste en vacances. Mais aucune des versions de moi n'a d'enfant.

Le petit-déjeuner achevé, elles s'apprêtent à se remettre en route. La lumière du soleil a maintenant colonisé tout le versant de la montagne, et la rosée semble s'élever en vapeur diffuse sur les pâturages. Mon estomac est si heureux que lorsqu'Ali me demande : « Tu veux faire un bout de chemin avec nous ? », je souris et leur emboîte le pas.

Le soir dans leur cabane, la petite est vite endormie, après que je lui ai raconté une histoire du répertoire de maman Sincère. Une forêt, des enfants, des oiseaux magiciens.

Nous fumons avec Gwendo, sur le pas de la porte. Nous avons cheminé côte à côte toute la journée, n'échangeant de propos que sur la nature, le métier de bergère, la fabrication du fromage, la personnalité d'Ali. Rien qui me mette en danger.

Mais Gwendo, dont la voix dans l'obscurité se répand comme une source tranquille entre deux rougeoiements de cigarette, me ramène en douceur à la réalité de ma situation.

« Marika, enfin quel que soit ton nom, tu peux rester avec nous quelques jours si tu veux. Ne t'inquiète pas, Ali et moi, on ne t'aura pas croisée.

— Mais…

— Dis rien, j'ai pas besoin de savoir. Je ne te laisserais pas t'approcher de ma fille si j'estimais que tu représentes un danger. Je t'ai bien observée toute la journée, et je ne suis pas inquiète. On m'a aidée autrefois, alors c'est normal pour moi d'en faire autant, quand j'en ai l'occasion.

— Oh, d'accord, je dis, un peu abasourdie. Comment tu… ?

— Je l'ai senti tout de suite. Et pour tout te dire, je sais qu'on cherche quelqu'un dans le coin. Moi aussi, enfin…

– elle hésite une seconde – peut-être qu'on a des points communs toi et moi, qui sait ? »

Et j'entends sa voix qui sourit dans l'ombre. Je lui dis :

« Moi non plus, j'ai pas besoin de savoir.

— Ça tombe bien, j'avais pas l'intention de t'en dire plus ! Et elle rit. Ça te dit un petit verre de quelque chose qui réchauffe ?

— Tu lis dans mes pensées. »

La nuit se prolonge, au fil d'une discussion où aucune de nous n'a besoin de se livrer pour se faire comprendre. Est-ce ainsi avec une sœur ?

Chaque soir, pendant près d'une semaine, nous poursuivons la conversation, et vivons ce qu'on peut appeler un coup de foudre amical. Elle me fait lire ses écrits, des poèmes comme de délicates étincelles, et je suis émue. Ali virevolte autour de nous comme un elfe, avec les chiens et les bêtes.

Puis je m'oblige à partir, une fois encore, avant de les mettre en difficulté.

Avant peut-être de m'abandonner à leur raconter mon histoire.

Je suis infiniment triste de les quitter. Leur souvenir m'accompagne longtemps, bien après que j'ai épuisé mes provisions de pain, de lait et de fromage.

Au fond de moi, je sais que la vie ne nous sépare pas encore.

Et cette certitude me met du baume au cœur.

La saison avance avec détermination, et je prends conscience que cette errance ne peut plus durer.

26.

Freesia *(Freesia odorata) : Plante herbacée à bulbe, surnommée muguet du Cap, dont les fleurs blanches, jaunes ou grenat, attendent le début du printemps pour éclore. Leur parfum, proche de celui du jasmin, est particulièrement prisé en parfumerie.*

Plus tard dans l'après-midi, de retour à notre pension, je rêvai éperdument, allongée dans une chaise de jardin.

Du bout des doigts, je me voyais suivre les branches tortueuses de l'arbre peint dans le grand hall d'entrée, chez Josépha. Chacune de ses feuilles brillait intensément, comme enluminée. Elles palpitaient, bruissaient, et je percevais très distinctement qu'elles embaumaient. *Néroli ? Jasmin ? Freesia ? Oui oui, certainement freesia…*

Ce parfum puissant amenait en moi une douceur familière, qui m'entraînait vers le sommeil. *Ma mère l'avait-elle porté ? Était-ce sur mon front, sur mes paupières, l'empreinte de ses baisers du soir ?*

Les feuilles de l'arbre familial, une à une, palpitaient au-dessus de moi.

Eddy Franken et sa première épouse Alma, larges feuilles déployées.

Leurs filles Dina et Annette, feuilles virevoltantes.

Le couple de Dina et Baltus, feuilles entremêlées.

Leurs filles Nell et Merel, feuilles légères.

Eddy Franken et sa seconde épouse Josépha, feuilles majestueuses.

Leur fils unique Ed, jeune feuille éclatante de vie.

Dans la scène suivante, l'arbre s'était détaché du mur et, maintenant en trois dimensions, étendait des rameaux chargés d'or et de cuivre sur le velours vert sombre d'une pelouse. J'entendais le bruissement argentin de ses mille bijoux, comme les pampilles d'un lustre monumental, et je me tenais là, pieds nus, dans sa lumière.

J'étais divinement bien dans leur miroitement magique.

Puis je m'éveillai et, à travers mes cils, je vis Vikki installée elle aussi dans un fauteuil, me détaillant, avec son carnet de croquis à la main.

J'avais été si étrangement fatiguée au retour de chez Josépha.

Je n'arrivais pas à déterminer si tout ce que je vivais, tout ce que j'apprenais, était lourd ou léger. La journée avait absorbé toutes mes réserves d'énergie.

Je m'étais immédiatement assoupie, comme on tombe dans un puits sans fond. De longues heures, Nouchka avait veillé sur moi sans bouger.

Nous avions donc fait connaissance avec Ed. C'était un homme malicieux et drôle, qui n'avait à aucun moment semblé offusqué, encore moins menacé, par le nouvel oiseau que j'étais peut-être, venu inopinément se percher dans l'arbre familial.

Si j'étais bien l'enfant de Dina et Baltus, Ed était le demi-frère de ma mère, autrement dit pour moi un jeune oncle.

Vikki m'assurait avec de grands hochements de tête passionnés que nous avions véritablement un air de famille.

Mais si, Maya ! Il y a la couleur de vos cheveux, et puis l'ovale de vos yeux... comme ton grand-père !

Mais ses mots ne venaient pas encore jusqu'à moi. Je la jugeais adorablement romanesque et ses émois me faisaient sourire.

Ils me dispensaient en réalité de laisser libre cours aux miens.

La suite s'enchaîna bien plus vite que je ne l'avais imaginé.

Les tests ADN auxquels nous nous soumîmes, Ed et moi.

Des résultats qui, seulement quelques jours plus tard, établirent entre nous une parenté sans équivoque. Une étrange joie dans mon cœur.

Puis l'information donnée par César, le précieux ami d'Ed, selon laquelle ma grand-mère Alma, première femme d'Eddy, était toujours en vie, et qu'il était possible de la rencontrer. Le contact pris avec le médecin d'Alma.

Ses recommandations assez fermes, car la dame avait subi tant de pertes – son ex-mari, puis tout le reste de sa descendance – que sa santé était faible, et que sa raison n'avait pas tenu, malgré la puissance de sa foi.

Une date fixée pour lui rendre visite.

Josépha me fit comprendre qu'Alma n'avait pu ignorer l'existence de ses petites-filles. Dina avait, pour se marier avec Baltus, rompu le contact avec son père. Mais pas avec sa mère, Alma. Il me fallait donc la rencontrer. Elle était à elle seule ma vraie famille. Ma vraie grand-mère. Mais cela me demandait, je m'en rendais compte, un tel effort que je n'étais plus du tout sûre d'être taillée pour cette partie de l'histoire.

J'étais engluée dans mes peurs et mes contradictions.

Mon apparition allait la terrifier et lui faire définitivement perdre la raison. Ou même la vie.

Elle allait me faire chasser. Ou bien elle allait comprendre, mais me détester d'être en vie. Peut-être aussi me reprocher d'avoir tant tardé.

Je lirais sur son visage la déception de me découvrir terriblement ordinaire.

Ou encore elle allait me prendre pour une menteuse, une coureuse d'héritage.

Je m'apprêtais à coup sûr à connaître à nouveau la douleur du rejet, de l'humiliation.

Si elle m'aimait, allais-je supporter son amour, un amour bien trop vaste, qui englobait tant de personnes disparues ? Un sentiment d'imposture s'insinuait déjà en moi. Je n'étais pas prête à compenser à moi seule toutes ses pertes.

Je passai des heures à marcher avec Nouchka dans la campagne environnante en brassant ces pensées.

Et moi, qu'allais-je ressentir en la voyant ? Je n'étais pas sûre d'aimer celle que j'allais découvrir. Je craignais d'être décontenancée, dégoûtée peut-être, par une vieille folle. Une femme à la dérive.

Je reportai plusieurs fois l'organisation de cette rencontre. Ce n'est que sur l'insistance de Vikki que je finis par contacter la résidence d'Alma. Car le retour en France ne devait plus tarder. Quelques jours, une semaine tout au plus.

Nous reviendrions une autre fois, promis-je à Vikki, pour découvrir le bois de Hal et ses tapis de jacinthes sauvages, ou visiter, un de ces printemps, la grande serre royale.

Elle s'était, de son côté, décidée à contacter son amie Élise, pour prendre des nouvelles d'Afrique. L'affaire avait traîné, puis faute d'éléments, le passage à tabac d'Anders avait été officiellement attribué à des délinquants locaux qu'on recherchait mollement. On les soupçonnait également de la mise à sac de l'appartement.

Envolés argent liquide, ordinateur, vêtements de prix et papiers d'identité.

Cette dernière partie avait étonné Vikki, qui n'aurait pas cru les véritables auteurs, l'époux de la femme séduite par Anders et ses compères expatriés, rodés à soigner le travail dans les moindres détails.

Dans le quartier, aucun habitant ne s'était manifesté.

L'homme couché au pied de l'arbre aux esprits, pas question d'en parler. Qui savait ce que cela pouvait engendrer ? Sale affaire. Maudits Blancs.

Vikki supposa qu'on tentait de la localiser pour la prévenir. Il était temps qu'elle refasse surface et apprenne les derniers détails de l'histoire.

Peut-être, loin de la considérer comme partie prenante, avait-on craint pour sa vie ?

Vikki avait donc de nombreuses affaires à régler.

Et moi, je le savais maintenant, j'avais quelqu'un à retrouver.

Stan,

On me cueille quelques semaines plus tard. Et je me laisse prendre.

J'ai perdu le compte des jours. Je suis seulement consciente de leur raccourcissement et de leur fraîcheur nouvelle.

Ceux qui me trouvent ne portent pas d'uniforme. Il n'y a pas de brutalité et peu de paroles. Je suis appréhendée avec précaution. Diplomatie, pourrait-on dire.

Ce sont un homme et une femme, avec un très beau chien qui a bien fait son boulot.

Je comprends qu'ils ont beaucoup marché eux aussi, et que cette longue piste a sans doute petit à petit désamorcé leur instinct de chasseurs. Ils arrivent alors que j'allume mon feu du soir sur des pierres. Cela fait quelques jours que je n'ai pas bougé de ce coin de verdure, comme si je les attendais. Un cercle presque parfait, une minuscule clairière d'un vert acidulé. J'ai tendu mon hamac à proximité du feu. Il y a un torrent en contrebas dont j'entends la voix berçante. Je sais immédiatement qu'il ne s'agit pas de randonneurs, ils sont trop calmes, trop souriants, trop précautionneux. Le chien est trop bien dressé.

Je ne cherche pas à esquiver. À leur question, je réponds par mon vrai nom.

Puis je leur demande s'ils ont le temps de prendre un thé. La femme s'adresse à moi avec une douceur inattendue : « Oui, merci, nous avons toute la nuit. »

La promenade est finie, et je sais que c'est juste.

Je dors très bien, après m'être absorbée dans la contemplation du ciel.

J'ai compté les étoiles jusqu'au sommeil, j'ai pensé à Brunelle au milieu de ses plantes, à la petite Ali, à sa maman Gwendo, entourées de leur troupeau, aux histoires que nous nous sommes racontées. Je me transporte en pensée jusqu'à elles, qui m'ont aidée, et je les remercie.

Les deux flics restent sans doute aux aguets la nuit entière pour rien, car je ne bouge pas.

Au matin, nous descendons vers la vallée. Le long du chemin, je salue la nature de tous mes sens. Nous allons être séparées. Je la caresse des yeux et de mes mains éplorées.

Dans les fuyantes herbes hautes. Le long des branches basses qui me frôlent. Sur l'écorce des arbres qui appelle mes paumes. Je respire à fond l'air boisé, je mâchonne en marchant des feuilles de menthe sauvage et des tiges de berce, j'en glisse dans mes poches comme un enfant qui chaparde des friandises.

Une fois installée face au bureau d'un inspecteur, je réponds oui à la plupart des questions qu'on me pose. Et quand j'estime en avoir assez fait, je me retranche dans un mutisme calme et rêveur.

Ils ont ce qu'ils voulaient. On me laisse caresser le chien avant de le remettre en cage, puis on me transfère.

Jardins nomades

Pendant ce que d'autres ont appelé ma cavale, une parenthèse de quelques mois, j'ai remonté en pensée le fil du temps et revécu, comme un chemin de croix à l'envers, les étapes éparses de ma vie jusqu'à toi.

Grimpant sur les chemins ou dans le lit des rivières. Blottie près du feu, dans l'air du soir. Assise sur les crêtes, accueillant en silence la lumière du petit jour. J'ai mis de l'ordre.

Il me semble que je transporte enfin, au centre de moi, un vaste jardin.

Un jardin nomade, comme la somme de tous les jardins.

Un jardin comme une histoire qui nous raconte et nous contient.

Et lorsqu'on me trouve et m'emmène, tout est en place dans mon esprit.

Le bien, le mal, les joies pures et les fautes inavouables.

Tout se confond et s'annule enfin.

27.

Flamboyant *(Delonix regia) : Originaire de Madagascar, arbre d'ombrage majestueux qui protège habitations et plantations. Sa floraison rouge spectaculaire de fin d'année en fait, pour les habitants de l'océan Indien, un symbole de Noël.*

Des nouvelles étranges nous parvinrent d'Afrique. Vikki avait conversé longuement au téléphone avec son amie Élise, qui lui avait donné plus de détails sur ce qui s'était passé après son départ.

Un certain effroi s'était répandu dans les diverses communautés, le lendemain du passage à tabac d'Anders, laissé pour mort au pied de l'arbre fromager. Car au matin, l'homme, ou sa dépouille, avait disparu.

Pour certains, c'était sans aucun doute l'œuvre de l'arbre aux esprits. On murmura même avoir vu le mourant se lever et marcher, tel un zombie, jusqu'à l'horizon. Je ne pus m'empêcher de sourire en prenant connaissance de cette hypothèse.

On évita les abords de l'arbre avant qu'un rite ait été pratiqué.

D'autres dirent qu'il avait été transporté agonisant, non par les démons mais par des marginaux, indifférents aux malédictions, vers un dispensaire de quartier. On ne trouva rien pour confirmer cette option. Ni personne pour témoigner officiellement.

Vikki était à nouveau en proie à une forme d'angoisse paralysante. Telle une petite femme de Barbe bleue, terrifiée de voir resurgir son ogre de mari. Quant à moi, qui avais vu Anders telle une hydre au souffle empoisonné réapparaître plusieurs fois dans ma vie pour me nuire, je n'étais pas tranquille non plus.

Nous convînmes finalement de différer un peu notre retour en France.

Personne ne nous savait ici, rien ne pressait.

Et je devais rencontrer ma grand-mère maternelle, Alma.

Eddy junior, lui, avait entrepris dans un premier temps de faire découvrir à Vikki une réserve naturelle d'oiseaux. Je l'en avais vivement dissuadé. Assez d'oiseaux pour elle.

Il lui avait alors proposé, tandis que je poursuivais mes errances, de faire avec son ami César un peu de tourisme fluvial, ce qui la distrayait momentanément de ses peurs. Une amitié évidente était née entre eux trois. Même milieu. Même éducation. Même fraîcheur naïve. Cela me plaisait de la voir rire des blagues de César, et ouvrir de grands yeux émus au récit des expéditions sportives d'Ed. Ou hocher la tête avec sérieux lorsqu'il évoquait sa passion pour l'entreprise familiale, un fleuron de l'industrie nautique européenne. Je remerciais secrètement les circonstances de lui rendre un peu de cette insouciance qu'Anders lui avait volée.

Les deux hommes passaient la prendre en début d'après-midi pour diverses visites mais surtout de longues balades à vélo dans la campagne belge. Elle revenait enjouée et contrite à la fois, comme après une aventure inavouable, elle qui n'avait fait que vivre quelques heures de détente, avec deux hommes bien intentionnés.

Parce qu'elle bénéficiait de ce moment de répit, et qu'elle aussi avait droit à sa vérité, je pris l'initiative d'obtenir par moi-même des renseignements sur ce qu'il était advenu d'Anders.

Je voulais protéger Vikki. À vrai dire nous protéger l'une et l'autre. Car il ne faisait aucun doute que la vengeance de son mari, une fois tiré d'affaire, serait à la hauteur de l'affront subi.

Il me fallait anticiper un plan d'action, peut-être envisager un nouveau déplacement.

Je commençai par contacter Élise, l'amie de Vikki, à qui je fis promettre une discrétion absolue. Elle avait elle-même quelques comptes à régler avec la communauté d'expatriés, et fit en conséquence peu de difficultés pour me fournir les renseignements dont j'avais besoin. Elle me transmit en deux jours les coordonnées d'une personne qui pourrait mener pour moi une enquête de terrain, moyennant financement. Persuadée d'être adressée à un détective, je fus surprise lorsqu'elle me suggéra de contacter une « Mme Ambrine », au téléphone public de l'épicerie du quartier où Anders avait été retrouvé. Je composai le numéro.

Je vis en pensée un long fil téléphonique, courant de poteau en poteau, traversant l'Europe, plongeant sous la mer, resurgissant tel un serpent sur la terre sèche de l'Afrique. Puis se frayant un chemin menu jusqu'à l'épicerie de Mme Ambrine, où entre deux affiches publicitaires – margarine Adja ou lait Gloria – sur le téléphone mural la sonnerie retentirait.

Je connaissais ce genre de boutique, ses sacs de produits secs au sol, ses ingrédients suspendus au plafond, accessibles par une échelle, ses bidons colorés sur des rayonnages en bois, l'huile, le lait, le shampoing, le thé, les bocaux de bonbons, les balais, les seaux, les bassines en plastique. Et derrière la vitrine en bois du comptoir, les œufs alignés, les yaourts empilés, et les gâteaux frais et luisants comme des pépites d'or. À l'extérieur, une place en terre battue, et, sous les flamboyants, des vieillards sur des tabourets, s'éventant en écoutant la radio. À leurs pieds, des chiens efflanqués jouant dans la poussière.

Quand on décrocha, j'entendis grésiller la musique d'une radio et pétarader des mobylettes. Une jeune voix me répondit que Mme Ambrine était occupée avec une cliente et que oui elle allait arriver. Le délai ne fut pas précisé. J'entendis une conversation animée en wolof, des rires, des bruits indistincts, davantage de rires. Les minutes passèrent tandis que je tentais de me représenter la scène. Quand Mme Ambrine prit enfin le combiné, la voix était ferme et forte. En deux phrases cinglantes, elle me dit qu'elle avait été prévenue par « Mme Élise » et qu'il ne fallait pas l'appeler en journée mais *le soir uniquement, au revoir*. Et on me raccrocha au nez.

Je ne savais pas quand commençait *le soir*. Je dus m'y reprendre à plusieurs fois, deux soirs de suite, avant de tomber, en tenant compte du léger décalage horaire, sur l'heure adéquate.

« Je sais ce que vous voulez », me dit Ambrine avant même que je lui pose la moindre question.

Et ainsi démarra notre coopération.

Stan,

Ensuite il y a un blanc dans mes souvenirs.

Je me revois directement en cellule, j'observe un carré de ciel limpide assise sur mon lit. Au fil des mois, des femmes se succéderont auprès de moi dans cet espace étroit.

Je sais qu'aucune d'entre elles ne me sera franchement hostile.

Mais c'est tout.

Leurs prénoms, leurs histoires aujourd'hui sont effacés, et je ne distingue plus leurs visages.

Le tien, sans doute, a tout recouvert.

Une routine s'installe au fil des semaines et des mois, qui me laisse indifférente et à laquelle je me plie sans aucune difficulté. Retranchée en moi-même, je deviens transparente, absente au monde, car je n'ai aucun souvenir notable d'interactions. On m'a cependant rapporté que les choses n'ont pas été aussi faciles. Il y a le long de mes côtes une cicatrice rose en forme d'étoile qui a dû être une blessure profonde, mais je n'explore pas ce sujet.

Longtemps, je ne parviens plus à lire. Pourtant des livres s'accumulent sur une table fixée au mur.

Je ne fais que dessiner. Un herbier de montagne, tout d'abord.

Combien de mois mis bout à bout pour le réaliser ? Je n'en sais rien, mais je me sens à ma place dans cet espace réduit, dans cet enclos de béton, face à ces feuilles. Je ne souhaite plus rien d'autre.

Pendant ma détention, je reçois des nouvelles de Gwendo, et des petits dessins d'Ali où les ciels de montagne sont piquetés de paillettes. Ils restent scotchés quelques années au-dessus de mon lit, sous la couchette de ma codétenue. De même, maman Sincère et Jimmy accompagnent mes heures. Je déplie le soir leurs missives comme des trésors.

Brunelle, elle, me raconte le jardin à toutes les saisons, la montagne et ses couleurs. Elle me donne aussi son histoire, miette à miette. Sa réclusion volontaire dans les hauteurs, après un amour déçu pour une autre femme. Son histoire est si belle, si poignante, qu'elle tisse entre nous un autre lien. Celui des amours défaites, des amours envolées.

Jimmy séjourne en France métropolitaine une ou deux fois par an. C'est l'occasion de nous voir au parloir. Ses beaux yeux de velours m'examinent, prennent la mesure de mon évolution physique et morale. Il me découvre amaigrie mais tranquille, affûtée comme une lame dormant dans son fourreau.

Tout en moi va maintenant à l'essentiel. Le corps et ses fonctions. L'esprit qui s'est discipliné pour tenir. Le tout dans une carapace rustique, qui me protège des autres et de moi-même. Je ne pose pas de problème. Et on ne m'en crée plus. Aucune amitié ou semblant de complicité n'adoucit mon séjour parmi les ombres. J'avance seule jour après jour, avec une discipline personnelle toute mécanique.

Sans faillir, j'accepte ma juste punition.

À l'étape suivante, je suis dans une ferme de réinsertion pour femmes, et je pleure en silence dans un potager. On m'a accordé un aménagement de fin de peine dans ce bel enclos.

Je suis à genoux dans une allée, entre des rangs de tomates dont l'odeur m'enivre. Je prends de la terre à pleines mains, et je sanglote. Je pense à Rosalie Sincère, à son jardin sur l'île, où poussent ses brèdes, ses chouchous, ses patates douces. À Brunelle et à son jardin en plein ciel, où poussent les plantes qui réparent. À Gwendo et Ali au milieu de leurs champs d'herbes folles et d'étoiles.

Après tout ce temps, la nature m'est rendue et va encore me secourir. La ferme est une parenthèse de joie, lente et profonde dans ma vie, une remontée du fleuve vers la source.

Un soir, je découvre, près d'une jardinière de pierre, une salamandre noire tachetée de jaune.

Son œil brillant me fixe alors que je l'accueille, fraîche et luisante dans ma main. Je repense aux petits ruisseaux forestiers, aux auges des fontaines de montagne où, quelques années plus tôt, je l'ai rencontrée. Je revis en pensée la puissance des paysages, l'enivrement sensuel que me procurait la marche. Et je me dis que, bientôt, tout cela – le vaste et le majestueux, le grisant et le déraisonnable – tout cela sera de nouveau à moi.

J'ai sans doute fait quelques progrès, car je me découvre prête à de menues conversations.

Des conversations, il y en a avec Matthieu, qui dirige le centre et accompagne notre réinsertion. Nous savons toutes, car il n'en fait pas mystère, qu'il est un ancien détenu. Il y a d'autres discussions avec Tom, notre encadrant agricole qui enseigne à chaque nouvelle arrivante les rudiments du maraîchage, et le soin à donner aux petits animaux. J'ai su faire ça dès l'enfance, mais aujourd'hui, soigner m'apaise. Apprendre et répéter ces gestes réactive en moi des circuits que je pensais morts.

Dans cet aménagement de ma peine en placement extérieur, je travaille majoritairement dans les champs, mais je dois aussi quelques heures aux fourneaux. Je retrouve un peu de la chaleur d'une cuisine aimée de mon enfance. Et dans ma bouche, le goût d'une viande marinée ou d'une prune sucrée par le soleil explose comme une joie longtemps contenue.

Cette étape de réapprivoisement va durer deux ans.

C'est un passage nécessaire, avant d'être rendue à la vie du dehors.

J'y pense beaucoup, à ce retour, et je travaille à contenir mon impatience. Je sais déjà que toute forme de collectivité me sera désormais insupportable. Je veux une vie retirée, sans autre compagnie que notre histoire.

Je sais aussi, et cela me porte, qu'au bout de ces jours m'attendent une maison délaissée prête à revivre et un jardin impatient de refleurir.

28.

Sésame *(Sesamum indicum) : Plante herbacée annuelle de la famille des Pedaliaceae, cultivée dans les régions tropicales et au Moyen-Orient pour ses graines comestibles, dont on extrait une huile alimentaire. Symbole d'immortalité dans la culture hindoue.*

Alma. Il y a une douceur secrète à prononcer ce prénom, qui est comme une crème, une eau calme, une promesse de sommeil tranquille pour un petit enfant. Et d'Alma, j'étais le petit-enfant.

Je ne savais pas à quoi ressemblerait le lieu, mais je me trouvai, un après-midi, devant la grille d'un parc soigné qui entourait la résidence de repos.

Passé l'entrée, je longeai une volière où des perruches colorées s'ébattaient dans leur abreuvoir. Alors que le souvenir d'Anders, le traqueur d'oiseaux, faisait surface en moi, un ara, dans une autre cage, m'interpella d'un sonore :

« T'es qui toi ? T'es qui toi ? T'es qui toi ? »

Je sursautai et souris. *Vaste question.*

Un peu plus loin, quelques biquettes, dans leur enclos, levèrent vers moi leurs yeux doux. Des poules, dans l'herbe, se disputaient une trouvaille. Un chat endormi prenait le soleil sur un banc. Visiblement, les animaux faisaient partie de la thérapie.

Alma disposait de trois pièces, au rez-de-chaussée, qui ouvraient sur le parc. Des rideaux légers filtraient une lumière rose de fin d'après-midi.

L'entretien préalable avec le docteur et une aide-soignante m'avait appris que, bien qu'elle ne soit pas si âgée, à peine quatre-vingts ans, la première Mme Franken devait être ménagée. *Hélas, elle n'a plus tous ses esprits.* Ils craignaient un choc et ne validèrent, après négociations, qu'une courte visite, dans un premier temps.

Je la vis avant qu'elle ne me détecte.

Alma était grande et bien bâtie. Ses cheveux blancs moussaient en douceur autour d'un visage un peu sévère. Elle était debout, un pinceau à la main, et traçait la ligne d'un horizon pâle sur ce qui semblait être un paysage de campagne.

Mon cœur flancha. Je crus voir Maria Hofker en personne, mon héroïne hollandaise, peignant les délicats détails de son jardin. *Feuilles de saule éparpillées, œufs de merle, reines-claudes sur la branche.* Elle chantonnait tout bas en délayant de l'ocre dans le bleu.

« Madame Franken ! claironna l'aide-soignante, vous avez de la visite ! »

Il me sembla alors que tout se figeait.

D'un coup d'œil, juste avant le cataclysme que je craignais de déclencher, j'absorbai le décor. Le tableau autour du tableau. Rien de commun avec les Acacias, on était ici dans une résidence de standing. Les meubles anciens, les photographies dans de beaux cadres sombres, la bibliothèque vernie, les livres reliés, le chevalet, les pinceaux, les tubes. Et au sol, un peu partout, des piles de dossiers, de journaux, des liasses de papiers.

Alma se tourna vers la porte où je me tenais, et me vit. Elle s'immobilisa.

Il y eut entre nous un long moment de silence, quelques secondes suspendues.

C'était comme si nous nous trouvions chacune sur la rive opposée d'un lac, dont le son ne nous parvenait pas. Cela me parut durer des siècles.

Son pinceau lui tomba des mains. L'aide-soignante à côté de moi frémit et sembla prête à s'élancer vers Alma.

Mais Alma le ramassa, me regarda avec plus de fermeté.

Il y eut alors comme un déclic. Au-dehors, les rideaux ondoyèrent et j'entendis, à nouveau, le murmure discret de la nature qui bruissait.

Le vent dans les feuillages, quelques pépiements égrenés dans l'azur.

Elle fit un pas de côté, les sourcils légèrement froncés, et me dit, d'une voix bien sonore :

« Dina, ma reine, mais qu'as-tu fait avec tes cheveux ? »

Puis elle traversa la pièce en quelques grandes enjambées. Son allure était décidée et ses mains, sans hésiter, touchèrent mes boucles courtes, frôlèrent ma nuque, étreignirent mes épaules.

« Seigneur, quelle catastrophe ! Et puis c'est impensable, mais tu as encore maigri ! Chérie, qu'est-ce qu'on te donne à manger à Liège ? »

On m'avait conseillé de ne pas la détromper, et je souris, produisis des phrases affectueuses, mais neutres. Il me fallait être sa fille pour un après-midi. Elle serait ma mère autant qu'elle le voudrait. Sa tendresse me chavira.

J'avais envie de croire que ses mains m'étaient familières. Que l'extrême douceur de sa peau usée et de ses cheveux devenus fins m'avait toujours accompagnée. Je me laissai câliner. Ma mémoire galopait follement vers les débuts de mon histoire, je voulais tout rattraper. Désespérément. Mais dans l'esprit d'Alma, j'étais Dina, étudiante à Liège, qui venait absurdement de se faire couper les cheveux, quelque part autour de 1970. Quant à Merel, elle n'existait pas encore. Il faudrait que cela me suffise. Et la joie épanouie d'Alma m'interdisait de pousser plus loin.

J'appris, au fil de l'heure que nous passâmes ensemble, beaucoup de petites choses en vrac sur la vie d'alors de ma mère. Des détails. Des trésors. Que je m'empressai de stocker. J'aurais voulu pouvoir tout écrire dans l'instant. Mais je restai accrochée aux yeux clairs de ma grand-mère, à ses anecdotes, à ses souvenirs.

Elle fit allusion à sa chère cousine Agata, *la Française*, disait-elle du bout des lèvres. Ajoutant : « Je sais bien que c'est ta marraine, mais je n'ai jamais compris qu'elle reste vivre chez ces prétentieux de Français, quelle idée ! » Elle évoqua pêle-mêle Annette, sa deuxième fille, et son goût immodéré pour la mode hippie, *des chiffons sans allure, des couleurs à vomir,* Ruby, son infirmière, *une petite sotte obsédée par les vitamines.*

Puis sans faiblir, elle enchaîna, en commentant quelques faits et gestes de Gereboldus, de Serena ou d'Abdenabi. La tête m'en tournait. Bien sûr, je ne savais pas qui étaient ces gens, que j'étais de toute évidence censée connaître. Je me contentai donc de sourire et d'opiner, en grignotant les petites pâtisseries au sésame qu'elle me proposa.

Je m'étais engagée à ne rester qu'une heure. Je quittai la résidence après plus de deux heures et promis de revenir le lendemain. Quand je partis, elle m'enroula dans un châle. *La fraîcheur, ma reine, la fraîcheur.* Et j'eus du mal à m'éloigner.

Le soir, je mis des heures à m'endormir. Je fermai les yeux, très fort, et je me retrouvai dans son étreinte. Je ne voulais rien perdre de cette joie.

À côté de moi, petite fée intranquille, Vikki, allongée sur le lit voisin, crayonnait ce que je savais être un nouveau portrait de moi. Entre nos deux lits, Nouchka, sur le tapis, poussait de gros soupirs de contentement.

Le lendemain, je fus de retour auprès d'Alma dès l'heure autorisée des visites. Je la trouvai cette fois dans le parc, installée, avec le chat Gereboldus assoupi sur les genoux, à une table de jeux où elle distribuait les cartes, entre deux biscuits au sésame, à deux élégants vieillards. Je la regardai de loin.

En la voyant évoluer, je pris conscience de son charisme, et d'une forme d'assurance naturelle, d'aisance de classe, qui avaient perduré dans chacun de ses gestes, même dans cet environnement restreint. Elle leva une main en m'apercevant, puis alors que je m'approchais :

« Dina, ma reine, viens t'asseoir ! Mais enfin, vas-tu me dire pourquoi ta sœur n'est pas venue ? »

Je me figeai un instant. Je n'avais pas prévu ça. Elle ne me laissa pas le temps de mentir et me présenta ses partenaires de jeu – *ma fille aînée, Dina* – qui, à mon arrivée, s'étaient levés, l'un avec difficulté, pour me saluer. Aucun d'eux ne semblait surpris par mon âge. Je souris et m'assis, mais après quelques échanges ces messieurs se retirèrent poliment, le chat s'étira avec grâce et s'éloigna.

Alma me proposa alors *quelques pas dans le parc,* et nous suivîmes le tracé tranquille des allées, son bras tenant fermement le mien. J'avançais doucement, pour ne pas rompre l'émerveillement de ce contact, la douceur extrême de cette situation.

Quant à ma peur d'être mise en difficulté par une de ses questions, elle s'estompa dès que j'eus l'idée de l'interroger sur sa peinture. Je l'écoutai dès lors parler de ses sources d'inspiration, de ses rencontres artistiques. Le tout était émaillé d'anecdotes, dont je fis mine pour certaines de me souvenir. Je regardais à la dérobée son beau profil sous les cheveux blancs. Dina, ma mère, lui aurait-elle ressemblé ? Rien ne m'interdisait un geste de tendresse, alors je ne le retins pas et la serrai brusquement dans mes bras. Elle s'étonna en riant, mais m'entoura la taille avec douceur.

« Eh bien, en voilà des manières ! Viens là, ma reine, dit-elle en resserrant son étreinte, je suis heureuse de voir que je t'ai un peu manqué ! »

Tu ne peux pas savoir à quel point, pensai-je.

Stan,

À la fin de ma détention, je n'ai qu'un objectif : te retrouver.

Durant ces sept années, aucun de mes courriers vers toi, ta famille ou tes amis n'a abouti.

Certains me sont revenus, tous sont restés sans suite.

Au moment de la levée d'écrou, on me remet mon billet de sortie.

On y joint une liasse de documents qui parlent de la vie du dehors, et de ce que son puissant système administratif se propose de faire de moi. Mais j'ai d'autres idées.

Puis on me rend mes effets personnels, ceux que j'avais le jour de mon arrestation. Il y a là mon cher sac à dos, que je caresse comme un animal familier, quelques vêtements de plein air, trois fois rien, le reste ayant été dispersé ou, je le suppose, remis à ma famille.

Jimmy, qui est là à ma sortie, ne voit pas mes projets d'un bon œil, mais malgré tout l'amour que je lui porte, je ne tiens presque aucun compte de ses réticences. Il a loué une maison calme pour un mois entier, où je retrouve un Félix plein de sollicitude et une Rosalie douce et vieillie.

Nous passons de très belles journées ensemble. Des journées lentes et remplies de conversations, de nourriture, de promenades dans la nature. Nous avons sans cesse besoin de nous toucher, de nous redire les choses, de nous regarder longtemps.

Les premiers jours, tout me fatigue et m'étourdit. Même la langue que l'on parle autour de moi, dans les commerces, aux terrasses des cafés, si légère et variée, me trouble. N'aurait-on pas inventé de nouveaux mots ?

Chaque détail du quotidien est un petit choc secret. Tant de choses autrefois insignifiantes me procurent de la joie, des larmes, du plaisir physique. La période que j'ai passée à la ferme de réinsertion a en quelque sorte fonctionné comme un sas, et m'a permis de réapprivoiser certaines de ces sensations perdues, mais pas toutes.

Ici je m'enivre de chaque instant. Je frémis au contact des draps frais. Je savoure pêle-mêle le vin de Cilaos, un après-midi dans un hamac, le spectacle du ciel, les chamailleries en créole de Félix et Rosalie autour de la confection d'un plat, un trajet en voiture vitres ouvertes, les longueurs dans une piscine municipale, une bière en terrasse.

De grands pans de vie me sont rendus.

Puis Jimmy me conduit dans les Alpes où je séjourne quelques jours chez Brunelle, et où j'ai la visite de Gwendo, sans Ali, qui est maintenant une lycéenne, pensionnaire dans la vallée.

Même si l'amitié a tenu la distance, même si je veux de toutes mes forces leur témoigner de vive voix ma gratitude, nous mettons du temps à nous sentir à l'aise. J'en reviens le cœur un peu barbouillé d'insatisfaction. Nous comprenons qu'il nous faudra plusieurs visites avant de retrouver l'intensité de cette saison-là et la magie de nos courriers.

Quand ma famille prend l'avion de retour, et que je quitte l'aéroport un matin très tôt, je me sens brutalement vidée et perdue.

Je joue avec la tentation de quelques jours d'errance dans Paris, sur les traces de je sais bien quoi.

Nos rues, nos jardins, nos arbres.

À la sortie de l'aéroport, je regarde les panneaux indicateurs, certaines directions appellent mon regard et je lutte pour me raisonner. Je voudrais tant les suivre mais la peur me muselle, et me hurle que non, je ne dois plus jamais prendre ce chemin-là.

Je sens d'anciens démons se mettre à gronder, tout en moi se rebelle et voudrait avoir sous la main une ville à détruire, un territoire à dévaster, un monde à faire exploser.

Non, la réclusion ne m'a pas calmée. Ma colère est toujours là.

Je bifurque brutalement, dans un vacarme de klaxons. Puis je m'enfonce derrière les taillis d'un terrain vague et je gare ma voiture. J'insulte, je pleure et crie, martelant de mes poings le volant. Je sanglote jusqu'au sommeil sur ce bord de route.

Quand je refais surface, je suis hébétée, épuisée. Je sors marcher en respirant lentement, et m'adoucis peu à peu à la pensée de ma maison.

Car heureusement, il y a la maison. T'en ai-je parlé ?

Jimmy m'a aidée à financer, à distance, l'acquisition d'un logement.

Une maison vaste et ancienne, dissimulée dans la végétation. Un refuge entrevu, bien avant tout cela, il y a si longtemps, et dont je vais pouvoir véritablement prendre possession. La perspective d'y vivre un jour m'a donné l'énergie de tenir toutes ces années. Je reprends la route, dans la vieille Volvo break achetée à ma sortie, et je roule vers la maison, sans étape.

Quand je la redécouvre, car je veux lui rendre une première visite de courtoisie, c'est comme si j'ouvrais une vieille boîte à musique. On se demande si le mécanisme fonctionne encore, et lentement le coffre libère une mélodie aigrelette, qui, tour après tour, s'adoucit et redevient ample et familière.

Je suis à la grille, et le charme agit comme la fois où, des années en arrière, j'étais venue voler mes premières sensations. La maison est à moi, mais le moment d'en prendre vraiment possession n'est pas arrivé. J'ai mieux à faire pour l'instant.

J'erre cependant toute une heure de cette fin d'après-midi dans le jardin en friche. J'absorbe, avec délectation, la géographie farfelue de ses allées, le désordre enchanteur de sa végétation, ses parfums suspendus, ses humidités secrètes.

Je reviens bientôt, disent mes mains qui caressent les écorces et égrènent les graminées. Je vais bien m'occuper de toi, murmurent en retour chaque branche mouvante et chaque rosier alourdi de fleurs.

Un hôtel banal m'accueille pour la nuit. Je dors peu dans cet espace cubique trop réduit, il me faut ouvrir la fenêtre et laisser l'air nocturne et les bruits du dehors envahir la chambre.

Puis je me remets en route, et celle-là me mène à toi. Je sais que ta maison est maintenant un vilain bloc de pierre grise, mais rien ne peut plus différer nos retrouvailles.

29.

Mélisse *(Melissa officinalis) : Plante herbacée vivace de la famille des Lamiaceae, souvent nommée « herbe aux abeilles » ou « mélisse citronnelle », utilisée sous diverses formes pour ses vertus apaisantes. Réputée chasser le mal, quand elle est cultivée devant la porte d'une maison.*

C'est encore du précieux César, l'ami d'Ed, que vint l'idée suivante. Après les tests ADN et l'organisation de la rencontre avec Alma, il me prit un autre rendez-vous. Chez une spécialiste de renom. Vikki, Ed, César, Josépha, chacun trouva les arguments pour me convaincre de la nécessité de cette étape.

Dans la salle d'attente, un mur entier était réservé aux dessins d'enfants.

Une mère et son fils s'y trouvaient déjà. Le petit garçon, attablé à un bureau d'écolier, crayonnait avec délectation dans un cahier. Très concentré, il tirait une fine langue rose. Peu après, la porte s'ouvrit sur une rouquine longiligne d'une dizaine d'années, accompagnée de la secrétaire.

« Je vous la ramène, fit cette dernière avec un sourire. Tout s'est très bien passé. Mme Gallois souhaite que vous assistiez à la séance la prochaine fois.

— Entendu, répondit la mère, et, se tournant vers l'enfant, avec une expression apitoyée, tu as bien travaillé, ma chérie ? Tu n'es pas trop épuisée ? »

L'enfant, qui semblait surjouer la fatigue, secoua la tête et minauda en direction de sa mère un *ça va* plaintif. Puis, se penchant sur le dessin de son frère, elle décréta, soudain mauvaise et impérieuse :

« C'est moche ton truc, c'est quoi cette bouse de vache ? »

Le garçonnet se mit à pleurer.

Après leur départ, je tentai de me calmer.

Qu'est-ce que je faisais là ?

Depuis ma rencontre avec Josépha, j'avais l'impression que tout s'enchaînait, sans que j'aie de prise réelle sur le déroulement de mon histoire, ou sur l'élucidation des dernières zones d'ombre. Après tant d'années d'errance, puis de latence, tout allait trop vite. À l'intérieur, comme une marée, des élans contradictoires me secouaient.

Je voulais tout savoir. Je ne voulais rien savoir.

Je me levai pour partir et m'approchai d'un pas résolu de la sortie. *Je n'avais rien à faire là, c'était trop tôt.* Mais la porte s'ouvrit, et une jolie femme à la peau sombre me tendit la main.

« Judith, enchantée. »

Je reconnus aussitôt la voix entendue au téléphone. Son timbre profond et apaisant était pour beaucoup dans ma présence ici.

Bien évidemment, au vu de mon profil et de mon parcours, d'autres thérapeutes avaient croisé ma route, ils s'étaient parfois même mis en travers. Judith, elle, n'avait rien promis. Elle avait proposé un essai. Elle m'avait parlé d'amnésie dissociative ou lacunaire. Une expression presque poétique – *pourquoi pas dissidente ou lacustre ?* – qui parlait de ma difficulté, ou plutôt de mon incapacité à récupérer des souvenirs biographiques. Chez certains, cela pouvait aller jusqu'à la perte d'identité. Ce n'était pas mon cas, tout au moins pas au sens où elle l'entendait.

Je savais plus ou moins qui j'étais, que diable.

J'étais depuis longtemps au courant qu'un événement traumatique de l'enfance pouvait occasionner cette amnésie. Une stratégie d'autodéfense comme une autre. D'après elle, tenter une exploration par l'hypnothérapie pouvait ouvrir une brèche dans mon système si bien verrouillé. Réussir à dater le choc initial était la clef. Mais cela m'effrayait plus que tout.

Elle savait d'expérience qu'aller à rebours jusqu'au point de départ pouvait tout à fait enclencher la récupération totale de l'épisode traumatique, et par ricochet d'autres scènes traumatiques. Et même, disait-elle, de tous les souvenirs émergeant de cette époque perdue. Nous avions parlé de mes récents épisodes de déjà-vu, déjà-visité ou déjà-senti, pour la plupart centrés sur la Villa Adèle. Et elle m'avait rassurée sur mon équilibre mental. Elle me proposait *d'aller voir ensemble* à quel réel déjà-vécu ces sensations d'intense familiarité faisaient écho.

Ses yeux étaient souriants et magnétiques. Je la suivis sans un mot.

La pièce où nous pénétrâmes était plongée dans une semi-obscurité, et maintenue à une température fraîche. Je marquai un temps d'arrêt. Quelque chose en moi résistait encore. Elle ne me pressa pas, m'engageant doucement du regard à poursuivre.

Je m'installai sur le siège qu'elle me désigna en position semi-allongée, tandis qu'elle me recouvrait d'un plaid léger. Un fond sonore, constitué de discrets bruits de nature et de tintements harmonieux, me calma peu à peu.

C'était aussi agréable que troublant. Comme cette Judith.

La lumière fut progressivement modulée et changea doucement de couleurs, selon une alternance sans doute étudiée. Je me détendis un peu plus. Après tout, j'étais là de mon plein gré.

« Je crois que vous êtes ici pour vous souvenir », me dit la voix grave de la thérapeute dans l'ombre orangée. « N'ayez pas peur, je vous accompagne, vous ne courez aucun danger. »

N'ayez pas peur, quelle blague. La peur. Ce mot avait eu tellement de développements différents dans mon histoire. Peur des autres enfants de l'institut. Peur des adultes. Peur des hommes, si souvent. Peur des pseudo-pères. Peur des faux frères. Peur des mères d'emprunt, des vilaines sœurs, des voleuses d'amour. Peur de ne pas être aimable. Puis peur de n'être plus aimée. Et par-dessus tout, peur majuscule de cette part sombre de moi, qui avait fait tant de dégâts.

Puis elle ne dit plus rien. Je n'entendais que les menus bruits berçants du fond sonore. Je respirai plus calmement. Quelque chose en moi, qui s'était jusque-là cabré, céda peu à peu et, dans un vague étonnement, je fermai les yeux sans qu'elle me l'ait demandé. Il s'écoula encore un long moment silencieux, au cours duquel je me sentis fondre, me liquéfier. Je trouvais ça bon.

Combien de temps ? Impossible à dire, mais sur une note cristalline venue de je ne sais où, je sentis que j'étais maintenant tout à fait bien.

Judith reprit la parole, à voix basse. Elle me paraissait tout près de mon oreille, mais j'étais incapable d'ouvrir les yeux pour le vérifier.

« Merel ?

— Oui ?

— Où sommes-nous ? » me demanda-t-elle.

Je ne comprenais pas la question.

« Où ?

— Oui, respirez à fond et dites-moi où nous sommes. »

Sa voix était comme le bruit soyeux d'une vague. Une odeur d'algues et de sel commençait d'emplir mes poumons. Je me sentis transportée, légère. Mon esprit, comme engourdi, ne trouvait rien à répondre, mon silence semblait parti pour durer.

Mais ma voix, bien sonore et un peu enfantine, répondit à Judith.

« On est à la mer, sur la plage. On joue dans les rochers. »

C'était comme si j'écoutais quelqu'un d'autre. Elle reprit :

« Qui est avec vous ? »

Je regardai autour de moi.

« Une dame en maillot de bain.

— Connaissez-vous le nom de cette dame ?

— Oui, c'est Oppas.

— Oppas ?

— Oui, Oppas, ça veut dire Nounou.

— Vous êtes seule avec Oppas ?

— Non, il y a Nell.

— Qui est Nell ?

— Je sais pas. Une petite fille.

— Parlez-moi un peu de Nell…

— Elle est pas gentille, elle veut pas partager les coques, ni les petits cailloux.

— Oh, et vous vous disputez ?

— Oui, elle me fait pleurer, et aussi je suis jalouse.

— Qu'est-ce qui vous rend jalouse ?

— Elle est plus grande. Et elle a de beaux cheveux. Des tresses. C'est Dina qui la coiffe le soir. Et moi, mes cheveux sont pas assez longs. Nell me dit qu'ils sont moches comme des algues.

— Dites-moi, Merel, qui est Dina ?

— Dina, c'est la maman de Nell.

— Vraiment ? Comment le savez-vous ?

— Je sais pas.

— Comment savez-vous que Dina coiffe Nell le soir ?

— Je me souviens plus. »

Je sentis la main de Judith sur mon poignet.

« Merel, vous avez bien travaillé. Voulez-vous vous reposer ou vous arrêter ? »

Quelque chose en moi palpitait comme un papillon affolé. *Non, non, je n'ai pas envie d'ouvrir les yeux. Je veux y retourner.*

« Je veux continuer ! »

Ma voix est aiguë, presque plaintive.

« Buvez cela, me dit Judith, et respirez calmement. »

Elle me donne à boire quelque chose de fruité, une infusion sucrée où je distingue la mélisse et la racine de valériane. Je n'ai pas ouvert les yeux. Il me semble encore entendre des vagues. Et cette fois, je plonge plus profond.

« Comment vous sentez-vous ?

— Je suis moins fâchée.

— Vraiment ?

— Oui, Oppas nous a donné des beignets.

— Quel goût ont-ils ?

— Ils sont bien sucrés.

— Qui mange des beignets avec vous, Merel ?

— Nell et Oppas.

— Qui est Nell ?

— C'est ma sœur.

— Vraiment ? Parlez-moi encore de Nell…

— Elle est gourmande… Elle est belle, plus belle que moi, avec ses cheveux dorés… Et elle sait déjà lire des mots.

— Vous l'aimez ?

— Pas toujours. Mais maman la préfère. À cause de ses beaux cheveux.

— Vous en êtes sûre ? Votre maman ne vous fait pas de câlins ?

— Si, elle m'en fait.

— Comment sont ses câlins ?

— Ils sont doux, ils sentent bon, mais le soir, ils ne durent pas assez longtemps.

— Merel, vous connaissez le prénom de votre maman ?

— Ben oui, ma maman c'est Dina, mais papa l'appelle Liefje ou Liv.

— Merci, Merel. C'est très bien. Nous allons prendre un peu de repos, vous voulez bien ? »

Stan,

On m'a raconté ton parcours depuis l'accident.

Ceux qui ont consenti à me parler – Selim principalement – m'ont dit ce que tu avais enduré.

Les soins. Les transferts. Les séquelles. La vie suspendue. Les dégâts irréversibles. Puis le bloc de béton.

Nous avons traversé les années dans des cellules si semblables. La tienne encore plus silencieuse que la mienne.

Stan.

Lorsque j'arrive devant la maison de tes parents, que j'ai bien peu fréquentée, je renoue avec la sensation d'effroi que cette bâtisse m'a toujours procurée.

Égarement sinistre de l'architecture des années soixante-dix, cet ensemble de cubes noirs, reliés par des galeries vitrées, tient davantage du crématorium que de tout autre type de bâtiment. Comment ne pas comprendre, en un regard, ta passion des jardins dans cet univers où l'espace extérieur est réduit à une cour dallée, aux angles de laquelle végètent des cyprès en pots.

Le Stan qui m'ouvre la porte après plusieurs coups de sonnette est pâle et ébouriffé. Il porte des petites lunettes de lecture et mordille un stylo.

Tu es toujours très beau. Te voir me coupe le souffle. Je n'ai rien préparé.

Je pense m'évanouir tant c'est violent d'être là, face à toi, surgi du passé, qui me fixes sans un mot.

Le silence s'éternise. Puis je me souviens : tu ne parles plus.

J'avance la main pour toucher ton bras, mais tu recules avec dans les yeux une expression offusquée.

Je m'appuie au montant de la porte d'entrée, prête à m'effondrer. Trop d'émotion.

Tu t'es immobilisé, mais tu ne sembles pas prêt à me porter secours, alors je fais un pas chancelant à l'intérieur du couloir. Qui vois-tu lorsque tu me regardes ? Entends-tu l'écho de nos conversations d'autrefois ? Mon parfum de terre et d'herbe, de pluie et de laine mouillée, te dit-il quelque chose ?

Je sens que je vacille.

Comme secoué par un éclair de compréhension, tu m'approches une chaise, sur laquelle je me laisse tomber sans grâce, avec un merci. Alors tu t'empares d'une ardoise, accrochée à une lanière le long du mur. Ton outil de communication avec tous les importuns qui perturbent ton travail, je suppose.

Tu écris : « Vous êtes en danger ? »

Je souris et je secoue la tête.

Tu me demandes par un geste clair si je veux boire. J'acquiesce.

Tu reviens avec un verre d'eau fraîche qui déborde un peu alors que tu te déplaces bien trop vite le long du couloir. Tu me regardes longuement. Quelque chose tremble dans tes yeux, et j'espère.

Mais rien ne vient. Alors je te touche à nouveau. Ma main sur ton bras. Tu ne le retires pas.

Cette chaleur si familière. Je ferme les yeux.

Tu te méprends sur ma réaction. Me pensant sans doute évanouie, tu émets un grognement interrogatif qui me fait ouvrir les paupières.

Je m'empare de l'ardoise et écris : « Tu sais qui je suis ? »

Je pourrais tout aussi bien parler, car de toute évidence tu n'es pas sourd. Mais je ne réfléchis pas. Je te tends l'ardoise comme on lance une bouée de sauvetage. Je te vois lire et lutter avec toi-même, alternant des coups d'œil angoissés à la phrase écrite et à la femme assise qui serre ton bras. Tu te détaches de moi. C'est comme un courant d'air froid sur ma peau. D'un revers de manche, tu effaces mon message. Tu griffonnes à la hâte, en reculant un peu : « Je vous demande de partir. » Je proteste mais tu me pousses fermement vers la sortie. Je dis à voix haute : « S'il te plaît, Stan ! » Cela te stoppe net, et tu vacilles. Je répète : « Stan, c'est moi, Merel. »

Tu clignes des yeux, tu ne bouges plus.

« Stan, si tu ne veux pas me voir, laisse-moi t'écrire et tout te raconter. »

Tu me fixes, en blêmissant légèrement.

Puis, comme si elle ne t'appartenait pas, tu regardes ta main se lever vers mon visage et l'englober de sa large paume, caresser mes cheveux, dessiner le contour de mes paupières et de mes lèvres.

Un éclair passe à nouveau dans ton regard. Tu fais un pas en arrière, comme si je t'avais brûlé.

J'ai envie de te gifler.

Puis tu reviens brusquement sur moi. Mais tu me pousses à deux mains vers l'extérieur. Je trébuche en arrière sans tomber, recule jusqu'aux vilaines dalles de l'allée. Et, les yeux toujours sur moi, tu refermes la porte.

Je regarde la porte close. Sous le choc, je manque d'air. Je suis à nouveau sans toi.

Tant d'années à attendre en prison pour ça ?

Je voudrais hurler, mais puis-je laisser revenir la Merel d'autrefois ?

Celle qui se jetterait de toutes ses forces contre ta porte. Celle qui lancerait des pierres, des briques, des plantes en pot et tout ce qui lui tomberait sous la main sur ces baies vitrées funèbres. Celle qui ameuterait le voisinage. Celle que l'on trouverait au petit matin, haletante, épuisée, ivre de rage et d'alcool, sur les dalles de ta cour. Celle qu'on embarquerait recroquevillée, sans forces, dans une voiture de police.

Non, il ne faut pas.

Je lutte pour dominer la crise qui s'annonce en moi. C'est tellement difficile.

Je reprends la route, au hasard, mais au bout de quelques kilomètres, je dois m'arrêter.

Je ne peux plus avancer. Et j'ai si froid.

J'entre dans un café. Le vacarme est comme une claque.

La tête me tourne. Dans la fumée, les gens par groupes discutent, rient, s'interpellent.

Je voudrais repartir, j'ai déjà la main sur la poignée de la porte, mais mon corps ne veut pas.

La chaleur du lieu l'enveloppe et l'odeur réconfortante de l'arabica le retient.

Je ferme les yeux de peur de tomber. Je me dis : allez, il est tout près, il est vivant, tu l'as trouvé. Alors, calme-toi, calme-toi. Calme-toi. Et lentement, je m'apaise.

Après une longue station debout à côté de la porte, je m'avance enfin et me laisse tomber à une petite table d'angle. Sous mes doigts, le bois usé, les veines sombres, les coups de couteau, les taches. Devant moi, une grande tasse de café, puis de larges tartines beurrées, puis encore du café.

Je passe une heure dans cette tiédeur bruyante, au milieu de gens qui se retrouvent après le travail. Des jeunes femmes, peut-être des collègues de bureau, rient en se montrant des photos. Elles sont jolies et drôles, si féminines. Des garçons au bar ne les quittent pas des yeux.

La patronne, le crayon sur l'oreille, règle le son de la télévision. Elle ébouriffe les boucles d'un petit garçon brun, assis sur un haut tabouret, qui fait rouler ses cyclistes en métal le long du comptoir. « Encore un petit moment, Pilou, et tu vas faire tes devoirs, d'accord ? » lui dit-elle.

Dans un coin, un flipper tinte. Dans un autre, une exclamation provoque l'hilarité. C'est joyeux.

Un distributeur de chewing-gums fait de l'œil aux enfants attablés devant des limonades.

Je me dis : la vie normale, c'est ça, des gens ensemble, qui ont plaisir à se retrouver, sans plus de peur ni de passion. Des copines qui gloussent, des petits mecs qui roulent des épaules. Des croque-monsieur, des verres de bière, des blagues à deux balles. Nul doute que certains dans cette foule ont eu une histoire aussi rude que la mienne. Mais ils sont là.

Et quelque chose en moi désire soudain cela plus que tout.

Cette vie qui a continué sans moi, j'en veux ma part, je veux en faire partie.

Je me dis que rien n'est perdu.

Je vais repartir vers ma maison, vers mon jardin.

Je vais te raconter l'histoire. Mon côté de l'histoire.
En prenant le temps, en n'omettant rien, en allant profond.

Et peut-être un jour aurons-nous cela nous aussi : une table dans un café, une patronne qui nous salue en habitués, un retour épaule contre épaule sous un parapluie vers une maison partagée.
Ou bien nous n'aurons rien.
Rien que la guerre avant le néant.

Nous verrons alors de quelle manière ce récit prendra fin.
Et par quel moyen il s'agira de trancher le lien.

30.

Tamarinier *(Tamarindus indica) : Originaire d'Afrique de l'Ouest, arbre de la famille des Fabaceae. Considéré à Madagascar comme un arbre sacré, il est associé à la présence des esprits. Ses graines servent aux sorciers à lire l'avenir.*

Mes séances chez Judith alternaient avec des visites à Alma.

En revenant à la pension au bout de chaque journée, je retrouvais Vikki qui me racontait sa balade avec Ed et César, leur déjeuner avec Josépha, à qui elle semblait beaucoup plaire.

Mais un soir, je la découvris le visage barbouillé de larmes. Dès que j'entrai dans la vaste chambre que nous partagions, elle se jeta contre moi et enfouit son visage mouillé dans mon cou. Nouchka, en alerte, se dandinait nerveusement autour de nous, en me lançant des regards intrigués.

C'était sans doute chez Vikki un trop-plein d'inquiétude sur les événements d'Afrique et sur ce que le sort allait lui réserver. Je crus qu'elle avait appris ce qui était arrivé à Anders. Je me sentis aussitôt lâche et mal à l'aise, car j'avais à ce sujet quelques longueurs d'avance sur elle.

Pour la préserver encore un peu, je n'avais pu me résoudre à la mettre au courant. En effet, les investigations de Mme Ambrine, l'épicière, avaient rapidement progressé. Elle disposait d'un réseau de petits enquêteurs presque indétectables dans le groupe chamailleur et plein d'énergie de ses enfants et neveux. Je savais qu'elle les avait mis en compétition pour glaner des informations. Elle les récompensait, m'avait-elle dit, de beignets frits, de bonbons tamarin ou gingembre, et les régalait de jus de fleurs de bissap. J'aimais l'idée qu'une partie des mandats que j'avais fait parvenir à Ambrine avait servi à cela.

À sa connaissance, me dit-elle avec fermeté, Anders n'avait pas été enlevé par les esprits. Je me gardai de tout commentaire sur le fait qu'on ait pris cette option en considération.

Il avait été traîné tant bien que mal par un groupe d'adolescents pensant tirer profit de son sauvetage jusque dans un squat, où l'on avait discuté ferme de son sort une partie de la nuit. Mais, vu la faible probabilité de le tirer d'affaire, les jeunes gens s'étaient ravisés, de crainte d'être accusés de l'agression. Ne voulant pas s'attirer d'ennuis, ils avaient déposé l'agonisant hors de la ville, à l'entrée d'un village où beaucoup de locaux se faisaient habituellement soigner. Anders avait apparemment échoué en piètre état chez une guérisseuse, qui, n'ayant pu le sauver, avait dissimulé son décès. Quand je demandai à Ambrine ce qu'était devenue la dépouille d'Anders, elle me répondit :

« Il est quelque part sous des tamarins, il ne faut plus le chercher. Il était trop mauvais pour être sauvé. »

Je racontai à Vikki dans les grandes lignes ce que j'avais appris par Mme Ambrine.

Elle suivit mon récit avec angoisse, pétrissant ma main. Puis, arrivée au terme de l'histoire, elle resta silencieuse et blottie. Elle me paraissait davantage secouée que soulagée. Je l'observais, craignant une crise de je ne sais quoi. Mais elle ne dit rien, et cela me rassura un peu. Il me semblait voir alterner sur son visage muet du chagrin, de la honte, et un profond désarroi, où surnageait peut-être un imbécile reste d'amour. Que ressent le prisonnier quand le geôlier disparaît à jamais ?

Je me dis que le chagrin s'estomperait avec le temps, lorsqu'elle se remémorerait une à une les peurs, les humiliations, les brutalités. Et que peut-être naîtraient en elle, peu à peu, une forme de tranquillité et un sentiment de liberté.

Les recherches qu'elle fit entreprendre dans les jours qui suivirent menèrent en peu de temps à la dépouille de son mari. Les dispositions nécessaires furent prises.

C'était fini.

Anders ne nuirait plus à personne.

La nuit qui suivit cette conversation, je rêvai de lui, allongé sur une paillasse répugnante, mal protégé des insectes par une moustiquaire de fortune.

Nous nous trouvions lui et moi, et cela m'horrifiait, sur le même matelas.

Son corps ravagé était pour moi une vision d'épouvante et de pitié mêlées. Je n'osais le toucher. Quelle était la raison de ma présence auprès de lui ? Je n'en savais rien. Et je n'éprouvais aucune joie sombre à voir de si près son corps viril recroquevillé, son visage de butor creusé par l'agonie, ses beaux yeux clairs fermés par des blessures infectes, sa bouche prétentieuse racornie en un rictus de douleur. Il m'était toujours aussi odieux, même dans ses derniers instants.

Mais sa mort prochaine ne m'apportait aucune satisfaction. Elle ne calmait rien en moi. Peut-être parce que je n'y jouais aucun rôle. Le rêve sert à cela, brasser des pensées monstrueuses. Et j'en abritais tant.

Je voyais sa large poitrine se soulever dans un râle sifflant. De plus en plus lent.

Enfin, sur un hoquet étrange, sa respiration cessait.

Il n'y avait plus dans la pièce que le frôlement ondoyant des branches de palmiers sur le toit de tôle. Au-dehors, des filaos, des badamiers, des chants d'oiseaux, une nature généreuse explosant de vie.

Et, dans mon rêve, je voyais alors sur le rebord de l'étroite fenêtre de cette cabane de bric et de broc se poser un oiseau tisserin. Sa délicate silhouette jaune, son œil mobile derrière son élégant masque noir, son chant soudain, discret et flûté, étaient comme un adieu que lui adressaient l'ensemble des créatures ailées qu'il avait étudiées et chéries.

Quelques jours après la confirmation du décès d'Anders, alors que je rentrais d'une nouvelle visite chez Alma, je compris que Vikki avait appris autre chose, qui la bouleversait. Ce qu'elle n'avait pu extérioriser jusqu'à présent déferla alors en cris de colère et en larmes de honte. À propos d'un sujet qui me sembla à la fois secondaire et attendu.

Anders avait siphonné sans vergogne tout ce que possédait Vikki. Le notaire lui faisait savoir que seule la vente de ses biens immobiliers comblerait les dettes que son mari avait contractées, et lui laisserait juste de quoi se retourner.

Vikki n'avait jamais manqué de rien, n'avait pas vraiment de métier. Il lui infligeait en partant une dernière humiliation. Revenir sans ressources vers des parents aimés, dont Anders l'avait séparée, elle ne pouvait l'envisager. Il me sembla la voir tomber en poussière.

Alors, je l'entraînai au-dehors, et, marchant à pas lents dans l'air du soir, le long d'un canal tout proche, Nouchka sur nos talons, nous parlâmes de famille.

J'avais certes une connaissance un peu lacunaire du sujet. Mais je lui dis à ma façon qu'elle avait un père, une mère, une sœur, autrement dit, à mes yeux, un trésor.

Tout en cueillant, sur le chemin de terre qui longeait le canal, une brassée de graminées, elle m'expliqua qui ils étaient et combien elle les aimait, et je l'aidai à imaginer leurs retrouvailles.

Stan,

Depuis mon retour, la visite que je t'ai faite repasse en boucle dans mon cerveau.

Le jour, je me la remémore dans tous ses détails.

La nuit, le trouble m'envahit et j'en viens à douter de l'avoir vécue.

Dans chaque menue tâche du quotidien, dans chaque soubresaut de mon sommeil fantasque, je me retrouve brutalement dans ce foutu couloir.

Je suis encore et encore assise sur la chaise, avec le verre d'eau à la main, face à toi qui me regardes sans comprendre.

Je contemple immobile l'ardoise au bout de sa ficelle, tes sourcils fâchés, tes poings serrés, tes lèvres closes. Parfois, tu saisis le feutre et je vois luire dans l'ombre les mots que tu y inscris.

Tantôt balsamine, surelle, amourette, rose-mousse.

Tantôt garce, coche, chienne, salope.

D'autres fois, tu prends mon visage dans tes mains et tu m'embrasses avec des yeux fous. Je te rends tes baisers. Puis, alors que nous chavirons sur un lit ouvert, j'aperçois, sur ton dos nu, la marque que j'ai laissée, ta grande cicatrice qui flamboie. Alors je vois la pierre tranchante dans ta main, et je sais que tu veux me rendre ce que je t'ai fait.

Parfois je te vole la pierre et je m'en sers.

Parfois je ne m'enfuis pas et, allongée sous toi, j'attends ma punition.

Trop souvent, je pousse la porte d'entrée et je trouve le couloir vide. Quelqu'un dont je ne retrouve pas le nom vient à moi et m'annonce que tu es mort depuis longtemps.

Je pleure longuement jusqu'à me rendormir.

Au matin, je me raisonne.

Je retourne au jardin, je travaille aussi dur que je peux pour éloigner les terreurs de la nuit.

Et je t'écris.

31.

Immortelle des dunes ou immortelle des sables *(Helychrisum stoechas) : Petite plante aux feuilles duveteuses et aux fleurs jaunes, dont le nom signifie « soleil d'or », à l'odeur caractéristique de curry, présente le long des plages et dans les sols sablonneux d'Europe centrale. Dans* L'Odyssée, *la princesse Nausicaa frictionne Ulysse de cette fleur d'éternelle jeunesse.*

Ce fut comme une lente remontée.

Mes visites à Judith m'emmenaient à brasses tranquilles vers les profondeurs. Puis à nouveau, tout aussi calmement, vers la surface.

J'avais souhaité deux séances par semaine, ce qui, d'après elle, était exagéré. Mais, après avoir repoussé ce moment, je découvrais que je n'avais plus le temps d'attendre.

Je savais pertinemment qu'ainsi je n'obtiendrais pas toutes les clefs, mais seulement des images familières, comme des aquarelles un peu floues qui me rapprocheraient de celle que j'avais été.

Entre les séances, je rendais visite à Alma, et parvenais parfois à obtenir un élément de confirmation. Un infime détail, un mot d'enfant rapporté, un rire, un surnom murmuré. Elle avait totalement oublié ses petites-filles, Merel et Nell, et son gendre Baltus. Il n'y avait pour elle qu'une

Dina de dix-huit ans, ma mère, qui ne m'avait pas encore fait naître, ni même imaginée. Mais chaque miette de la vie de Dina m'était un festin secret.

C'étaient aussi parfois de généreux cadeaux du passé comme : « Dina chérie, tu ne portes plus ce parfum de freesia que j'aime tant, c'est dommage. » Suivi quelques jours plus tard par : « Tiens, ma reine, un petit présent pour toi. »

Et, frémissante, j'entrouvris un jour un emballage moussant de papier de soie, glissai une main timide dans une pochette de velours sombre, où, dans un galet de cristal clair, brillait un liquide doré qui était… le parfum de ma mère. Sans doute avait-elle missionné Ruby, son infirmière, pour en faire l'achat. Sous ces strates de soie, de velours et de verre, c'était un peu de Dina qui s'adressait à mes sens, et j'étais soudain cette enfant assoupie contre elle, dans le fauteuil profond d'un salon raffiné.

En fermant les yeux, je revécus l'étreinte, je ressentis la chaleur douce de sa poitrine sous ma joue, la caresse minuscule de ses mèches ondulantes chatouillant mon front.

Qu'y avait-il de vrai là-dedans ? Peu m'importait, mais quelque chose me fut rendu, dont je m'emparai aussitôt avidement, et que je gardai serré comme un joyau.

Une séance chez Judith fut particulièrement éprouvante. Ce travail éveillait en moi des sentiments ambivalents. Car, certes, je retrouvais au fil de nos conversations des fragments de mon histoire, mais c'étaient des confettis si ténus, si anciens, si disparates, que je m'en sentais parfois plus troublée que confortée.

Ainsi, elle m'amena à voyager dans des scènes familiales presque exclusivement centrées sur la plage, le parc entourant la Villa Adèle, ou la salle de jeux et son cheval de bois.

Et toujours, ma sœur Nell. Parfois, ma mère, Dina. Très peu souvent Baltus, mon père. Rien sur ma tante Annette.

Certes, mes impressions ne m'avaient pas trompée au sujet de ce lieu. J'y avais bel et bien séjourné. Mais j'étais frustrée, car je revenais inlassablement à ces semaines de vacances en famille qui avaient précédé la disparition de mes parents, de ma tante et de ma sœur. Rien avant. Rien après. Jusqu'à l'institution où l'on m'avait recueillie.

Et moi, je voulais plus.

Je voulais retrouver le moment de l'accident, les jours suivants, jusqu'au jardin public où je fus trouvée, jouant à faire virevolter les fruits ailés d'un érable.

Le cours de la séance ne différait en rien des autres fois. Une musique feutrée, un confort ouaté, la voix caressante de Judith. Mais cette fois-là, elle commença par une demande insolite.

« Merel, nous allons retourner dans la chambre que vous partagez avec Nell.

— D'accord.

— Vous êtes dans la chambre ? »

Je n'étais plus déroutée par la méthode, et retrouvais chaque fois plus facilement le chemin vers cette époque.

« J'y arrive… Je suis devant la porte, je l'ouvre. Voilà, j'y suis.

— Pouvez-vous me décrire ce que vous voyez ? »

Les images floues se précisèrent. Le plancher, les lits jumeaux, les couvre-lits damassés, des vêtements dessus.

« Oui, il y a nos robes étendues sur nos lits.

— Très bien. Comment sont ces robes, Merel ?

— Elles sont presque pareilles, à carreaux verts pour moi, et jaunes pour Nell.

— Pourquoi sont-elles là ?

— Nell me dit qu'on va rentrer chez nous, que les vacances sont finies. Qu'on doit s'habiller pour partir.

— Êtes-vous contente de partir ?

— Je sais pas, je crois pas.

— Que voyez-vous d'autre ? Prenez votre temps.

— Je vois mon doudou sur le lit, et plein de choses entassées autour de ma valise.

— Pourquoi avez-vous une valise ?

— Pour partir. Et c'est ma valise à moi. Pour mes affaires.

— Qu'allez-vous mettre dans la valise ?

— Pas ma poupée, mais mes autres jouets, mes habits de déguisement.

— Ah, très bien. Qu'y a-t-il encore ?

— Mon chapeau, une boîte avec mes coquillages, mon herbier…

— Votre herbier ?

— Oui, mon herbier. Il est à moi et un peu à maman, elle m'aide.

— Voulez-vous le feuilleter ? »

En fond sonore, il y a le bruit doux de la pluie contre une vitre. C'est une pluie d'autrefois, une pluie de fin d'été sur la Villa Adèle, et je me tais pour l'écouter. Elle est si tendre et musicale, sur le rebord en cuivre de la fenêtre. Cette pluie, qui va s'intensifier et accompagner l'orage. Cet orage et sa foudre qui vont emporter mes parents, ma tante et ma sœur, sur la route du retour.

Puis, les yeux fermés, dans le fauteuil de Judith, les narines remplies du parfum de ses huiles essentielles, mais aussi de la terre mouillée du jardin de la villa, j'ouvre l'herbier, et je caresse du bout des doigts les pétales encore vifs des fleurs du parc, pétales d'hortensia ou de dahlia, un peu maltraités par mes doigts d'enfant. Mais aussi des plantes sauvages cueillies en bord de mer, immortelles des dunes ou achillées.

Puis la voix de Judith reprend :

« Maintenant, les valises sont dans le coffre de la voiture. Et vous Merel, où êtes-vous ? »

Sa question me bouscule, je dois fournir un effort, car j'étais bien à contempler mon herbier naïf, couvert de mon écriture enfantine.

« Je suis dans le parc avec Nell, on court vers le bassin. Même si les parents nous appellent pour partir. Il pleut un peu. C'est tiède sur le visage.

— Qu'allez-vous faire vers le bassin ?

— On va dire au revoir aux poissons.

— Très bien. Prenez votre temps, regardez autour de vous. Que voyez-vous ? Comment vous sentez-vous ?

— Je vois le bassin qui brille. Ça sent la vase, j'adore ça. Je mets les mains dans l'eau, et les carpes viennent vers moi. Elles sont belles. Nell ne les aime pas. Elle ne met pas les mains dans l'eau, elle regarde juste. Moi, je suis excitée. Je l'asperge mais je me fais fâcher par Oppas.

— Oppas, votre nounou, est avec vous ?

— Oui, elle essuie la robe de Nell, et ses joues. Puis elle nous parle un peu et nous embrasse sur le front. Elle dit *tot ziens Nell, tot ziens Merel !*

— Vous comprenez ce qu'elle dit ?

— Oui, elle est flamande, elle est aussi là pour nous apprendre des mots, et ça veut dire “au revoir, à bientôt”. Elle prend sa valise et son manteau.

— Elle les range dans la voiture ?

— Non, pas dans la voiture, elle ne vient pas avec nous.

— C’est très bien, Merel. Nous allons faire une pause. Vous êtes d’accord pour prendre quelques minutes de repos ? »

Nos incursions dans le passé ne prenaient vraisemblablement que quelques poignées de minutes, mais j’avais chaque fois l’impression de revenir d’un long séjour et je me sentais profondément épuisée. Comme précédemment, elle me donna à boire ce que je nommais secrètement sa tisane d’herbes tranquilles. Nous bûmes en silence, dans la semi-obscurité de la pièce. Moi, toujours douillettement installée. Elle, me couvant de son regard magnétique. Elle alla jusqu’à son bureau, où elle prit quelques notes dans un cahier. Puis, regardant sa montre, elle me dit :

« Nous allons fermer les yeux une dernière fois. Laissez-vous aller. »

Elle m’offrit une minute entière dans le calme et la fraîcheur, bercée par une musique discrète, puis murmura :

« Vous allez prendre place dans la voiture, avec votre sœur.

— Je ne veux pas, je veux rester dans le jardin.

— Soyez raisonnable, Merel, il est l’heure de partir. Il faut rejoindre tout le monde dans la voiture. C’est vraiment le moment d’y aller. Je crois savoir qu’il pleut de plus en plus fort. »

Et je montai dans la voiture.

Stan,

Je suis comme enragée. Je m'exténue dans tout ce que je fais et où que je sois.

Quand la journée se termine, je suis éreintée et sale. Je m'allonge dans l'eau brûlante, et ma chienne Nouchka me regarde, le museau sur le rebord de la baignoire. Elle lape un peu d'eau savonneuse, lèche avec application ma tête mouillée, puis s'affale lourdement sur le tapis de bain en grognant d'aise. Je contemple mon corps réduit à l'essentiel, ses lignes musculeuses, sa capacité d'endurance, toutes ses fonctions tendues vers la performance.

Puis je m'enfonce dans l'eau et tout se brouille à nouveau.

Le couloir, le verre d'eau, l'ardoise.

Avais-tu vraiment ce vieux pullover ? Ta main a-t-elle caressé mon visage, mes cheveux, ou l'ai-je juste désiré ? Il me semble pourtant en sentir encore la chaleur. Étais-tu seulement là ?

Mon ventre se contracte, quelque chose d'acide remonte en moi et me brûle : je ne suis pas sûre d'accepter que tu me repousses à nouveau. Pas une deuxième fois.

Je sors le visage de l'eau.
Je regarde mes mains, mes ongles.
Je revois ton dos, tes épaules, ta nuque, ensanglantés.
Je réprime un sourire en pensant : c'est mon œuvre.

Il me faut du vin.
Le soir vient et, après le bain, je t'écris en buvant un peu.
Un peu trop.

32.

Ortie *(Urtica) : Plante herbacée comestible à feuilles velues et urticantes, aux vertus médicinales. Son nom latin est dérivé de « uro » (brûler). Évoquée dans de multiples légendes, elle est entre autres prisée dans la confection de philtres d'amour.*

Chez Alma, je m'attardais parfois à une fenêtre, et j'observais, entre les arbres du parc, la danse furtive des écureuils de branche en branche. Ma présence lui était désormais familière, et elle vaquait tranquillement à ses menues occupations, tout en me parlant. Au fond de moi, j'espérais que son cerveau malmené y trouvait une forme de joie calme. Le médecin était avisé de l'étrange déroulement de notre relation. Il n'y voyait aucun inconvénient tant qu'Alma ne montrait pas de signes de trouble.

Ce jour-là, elle chantonnait en nettoyant ses pinceaux, et j'étais, comme souvent, au bord de la fenêtre à détailler la vie du dehors. À mes pieds, des piles de dossiers, que j'avais remarquées dès ma première visite, étaient alignées.

Je m'accroupis et soulevai quelques pages. *Mon Dieu, toutes ces pages.*

Je la regardai, absorbée dans sa besogne méticuleuse, et commençai une phrase.

« Dis-moi… »

Si je tutoyais Alma, comme une fille tutoie sa mère, je ne parvenais pas à étendre la supercherie jusqu'à la nommer *Maman*. J'esquivais sans cesse quand je devais m'adresser à elle. Quelque chose en moi refusait de pousser l'indécence jusque-là. Je m'appliquais à être, sans l'avoir souhaité, l'incarnation de Dina, ma mère disparue. C'était déjà beaucoup.

« Dis-moi, à quoi te servent tous ces papiers ? »

Elle tourna vers moi ses larges yeux clairs. La peau fine de ses joues se colora d'une brume rose. Quelque chose semblait batailler en elle. Il y eut un très court silence, puis, comme revenant à elle, elle me sourit.

« Ces papiers ? Mais, ma reine, figure-toi que je n'en ai aucune idée ! Je leur ai demandé plusieurs fois de me débarrasser de ce fatras. Eh bien, le croiras-tu, on prétend que c'est à moi ! »

Elle eut un petit rire espiègle.

« Non, mais quels idiots ! Je suis encore capable de distinguer ce qui m'appartient de ce qui n'est pas à moi ! D'ailleurs, sois gentille : une prochaine fois, emporte tout ça jusqu'à la poubelle, ça prend vraiment trop de place. »

Je soulevai quelques dossiers pour examiner leurs couvertures fanées, où des mots avaient été griffonnés ici ou là au crayon de papier. Des petites notes discrètes, presque effacées. Je vis le nom de communes de France, celles-là mêmes qui jouxtaient mon nouveau territoire. Je vis plusieurs dates du printemps et de l'été 1977. J'ouvris une première chemise cartonnée, et reconnus à l'intérieur des coupures de presse, dont je possédais moi aussi des copies, emportées dans notre fuite. Je vis des lettres d'Agata, sa cousine. Je vis des lettres d'Oppas, notre nounou.

Je vis notre arbre généalogique.

Il me brûlait les doigts.

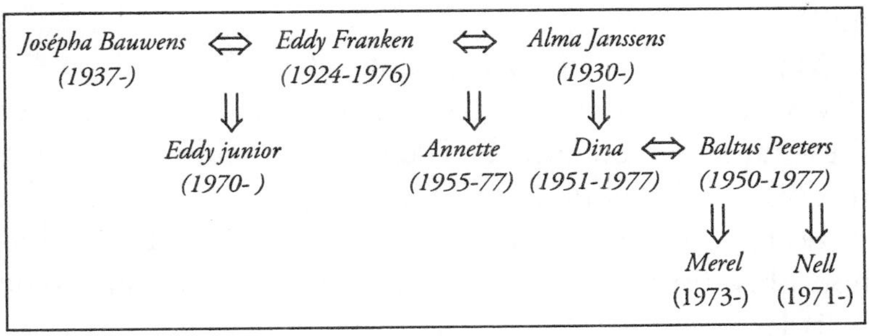

Je vis des requêtes adressées à l'administration française, dans le cadre d'une recherche d'enfants. Au pluriel. Je vis des courriers à en-tête de *Monsieur Rivarennes, Enquêtes et filatures, recherche de personnes.* Une intuition l'avait-elle guidée, ou bien un espoir forcené ? *M'avait-elle fait chercher ?*

Si elle avait soupçonné ma survie, ses recherches avaient dû se heurter au secret imposé par l'administration française sur le lieu de placement des enfants.

Quand avait-elle renoncé ? Et à quel stade sa raison avait-elle sombré ?

J'aurais désespérément voulu lui montrer cet amas de pages, la questionner, revenir en douceur avec elle sur ces moments écorchés de notre histoire commune.

Mais il y avait là des strates de souffrance accumulées, de fines pellicules de sang séché, de cartilages broyés, d'os en miettes. Un infâme millefeuille.

Pour rien au monde, je ne voulais troubler l'équilibre ténu, la fragile bulle dans laquelle Alma s'était réfugiée.

Pourquoi ces documents se trouvaient-ils encore rassemblés là ? Quelqu'un avait-il cru utile de l'aider à se ressouvenir ?

« Oui, dis-je, je t'en débarrasserai une prochaine fois, c'est promis. »

J'avais la tête en feu, tant de choses combattaient en moi.

Mais Alma était imperturbable.

« Merci, ma reine. Ce sera une très bonne chose. Allez, il est tard maintenant, file ! Sois raisonnable, tu sais que tu dois étudier pour tes examens ! »

Le moment approchait, je le savais, où il me faudrait non plus disposer côte à côte toutes les pièces du puzzle, mais les assembler.

C'est pourquoi je poursuivis mon travail avec Judith. Et j'eus peu à attendre.

Dans les profondeurs de mon inconscient, quelque chose allait crever la surface.

J'étais prête. Pendant la séance qui suivit, je racontai l'histoire.

Il ne suffit à Judith que de quelques phrases. Nous étions tout près du but. Le dernier chapitre me percuta avec violence. Ce furent des séries de flashs, d'images stroboscopiques, une succession affolante de claques qui me jetaient d'un bout à l'autre de moi-même. Je fus prise de spasmes, de vertiges, puis de nausées. Ensuite, agitée de sanglots irrépressibles, je fis un genre de crise de nerfs. C'était une avalanche d'émotions trop longtemps contenues.

Judith ne perdit pas son calme, mais elle appela un médecin. On m'administra un calmant léger. Puis Vikki, prévenue, arriva en renfort. Avec Ed, ils m'emmenèrent chez Josépha, où nous passâmes tous la soirée et la nuit.

Jusqu'à ce que je m'endorme, je revis en boucle la séquence que mon travail avec Judith avait fait resurgir. J'y étais à nouveau. Encore et encore. Je me redressais par moments pour vomir. Mes pleurs faiblissaient, mais j'y étais encore. Comme toujours, mon corps criait mes émotions, se soulevait, rejouait la scène.

J'étais bien toujours la même.

Celle que l'on avait, dans mes premières familles d'accueil, après des crises et des épisodes de somatisation spectaculaires, qualifiée avec agacement d'*écorchée vive*.

J'y retournais, encore et encore, et je me revoyais.

Je nous revoyais.

Là, sur la banquette arrière de la voiture, j'étais allongée tête bêche avec Nell.

Nos petits pieds en l'air, nos gloussements de joie. En 1977, pas de ceintures de sécurité pour les enfants. Plus de jolies robes à carreaux dans cette séquence. On nous avait mises en pyjama et chaussettes. C'était drôle d'être comme ça pour la nuit de voyage. Nous agitions nos poupées et nos doudous à bout de bras au-dessus de nos têtes. Et nous riions comme des folles.

Sur la banquette avant, il y avait trois adultes qui discutaient en grillant des cigarettes. Dans des volutes de fumée, côte à côte, Dina, Baltus, et une jeune femme. Je sais maintenant que c'était Annette, la sœur de Dina.

J'ai vu cette voiture le soir même, dans un des albums photo de Josépha. En arrière-plan d'un repas champêtre en famille. C'était un pick-up Land Rover, m'a expliqué Ed, quand nous avons regardé la photo. Trois places à l'avant. Une large banquette à l'arrière, où deux fillettes étendues, leurs poupées et leurs doudous, tenaient confortablement.

Une voiture d'aventuriers, avec des grosses roues et une bâche. Une sacrée belle bagnole.

Je revis les arbres défiler, j'entendis la pluie battante sur la bâche du toit, le chuintement furieux des essuie-glaces. Le rire de Nell. Les conversations indistinctes des adultes.

Le reste ne se dit pas avec des mots. C'est un tourbillon de sensations et de vitesse.

Le vent soudain dans l'habitacle, l'eau de pluie cinglante, le choc, le vol, les branchages qui déchirent la peau, la terre dans ma bouche, la brûlure des orties, et dans le noir de la nuit, un embrasement, une explosion.

Quelque chose de lourd qui tombe sur moi.

Puis plus rien.

J'avais lu dans le journal pour l'orage, la foudre, l'arbre.

J'avais deviné pour la bâche déchirée, par laquelle j'avais dû être éjectée.

Pourquoi moi ? Pourquoi seulement moi ? Et elle ?

Malgré toutes les tentatives des jours suivants, rien ne fit suite à cette séquence.

Le néant.

Il n'y eut plus rien d'autre. Jamais.

Comment avais-je survécu ? Qui m'avait trouvée ? À quel moment ?

On m'avait supposée morte dans la voiture en feu. Mais quelqu'un m'avait apparemment emportée et gardée. Volée ? Ou sauvée. Puis à nouveau abandonnée.

Quelques jours s'écoulèrent. Une autre forme de convalescence pour moi. Vikki et moi avions définitivement quitté la pension, et étions accueillies chez Josépha.

Il me fallut du temps. Je ne parvenais pas à dépasser ces images de l'accident, je restais engluée dans la boue et les feuilles mortes, sous la pluie.

Dans le monde réel, la maison était calme, et le jardin somnolent dans la chaleur de l'été. On me laissait tranquille.

Je mangeais, je dormais, je m'associais mécaniquement à tout ce qu'on me proposait. Mais je restais dissociée du présent, absente au monde. J'observais Nouchka qui se prélassait avec distinction sur les tapis et suivait la mini bonne jusque dans les cuisines. Je voyais Vikki, Ed et César jouer au billard ou faire une partie de raquettes dans le parc. J'entendais Josépha s'affairer dans la véranda à sa table de rempotage. Mais je n'étais pas avec eux, je restais à la lisière des choses.

Puis je sortis progressivement de ma torpeur.

Et je fus reconnaissante envers tous ceux qui avaient senti que ce sas de décompression de quelques jours m'était nécessaire.

Quand je refis surface, je me mis à compulser les documents d'Alma, les albums, les lettres, installée dans la serre aux cactus.

Je lui fis une dernière visite.

Étudie bien, ma reine, je veux que tu brilles ! Et dis à ta sœur que son absence a assez duré !

Puis je décidai de rentrer en France.

Je me sentais prête pour l'étape suivante.

Celle-là, je la désirais plus que tout.

Vikki souhaita rester encore quelque temps en Belgique. Ed lui avait organisé toutes sortes d'activités. Sa décision me troubla et me réjouit à la fois.

Josépha observait le phénomène de leur relation naissante avec bienveillance.

Je partis un peu rassurée.

Stan,

Nous approchons des dernières lignes de mon histoire. Car je n'en peux plus d'attendre.

J'ai regroupé l'ensemble de mes pages, et j'irai, une nuit, les déposer dans ta boîte aux lettres.

J'aime cette idée de nuit. J'aime penser au voyage que je ferai, vitres ouvertes sur l'obscurité.

Ce sera lent et profond, comme une marée, qui me ramène vers toi.

Avec Nouchka endormie, sa grosse tête soyeuse sur mes genoux.

J'imagine ton trajet à toi, jusqu'à la boîte aux lettres, au matin.

Ta grande silhouette qui avance et se précise, puis, un par un, tous les minuscules détails de toi.

Je vois les fibres de ton vieux pull fané, l'empreinte laissée sur ton front par tes lunettes relevées, une mèche de cheveux un peu plus claire, une ombre autour de tes lèvres closes.

Et cette beauté puissante qui continue d'émaner de chacun de tes mouvements.

Même après ce que je t'ai fait.

Par moments, je crains que toutes mes phrases n'aillent au feu sans être lues. Nul doute que la maison ultra-contemporaine de tes parents dispose d'une cheminée efficace, où incinérer cette brassée de feuilles. Peut-être est-ce ainsi qu'ont fini tous mes courriers de la prison, restés sans réponse ? Apprendre cela ne pourrait que me jeter à nouveau dans le brasier de mes fureurs.

À d'autres moments, je dois chasser les lambeaux de rêve qui m'assaillent même en plein jour. Ceux où ta maison n'existe plus, où je trouve à sa place une forêt, une prison, un cimetière.

C'est pourquoi le voyage est pour bientôt.

Demain peut-être.

33.

***Albizia** (Albizia julibrissin) : Arbre à soie, acacia ou mimosa de Constantinople, arbre à feuillage caduc de la famille des fabacées. Originaire d'Asie, l'albizia, au feuillage original et aux pompons de fleurs roses, est présent sur presque tous les continents. En Chine, il symbolise le bonheur retrouvé.*

J'avais prévenu M. Belmont de mon arrivée, je trouvai la maison aérée et le jardin intelligemment arrosé et désherbé. Sitôt mes affaires jetées en vrac dans le salon, une gamelle d'eau servie à Nouchka, je m'élançai dans le jardin avec le frisson d'impatience qui accompagne un rendez-vous amoureux. J'avais envie de tournoyer bras écartés dans ses senteurs et ses nouvelles couleurs. En voyant le tableau splendide que mon travail avait créé, je sentis une tranquillité heureuse me visiter. Accessoirement, je révisai un peu mon opinion sur ce drôle de bonhomme.

Tandis qu'en Belgique mon histoire personnelle se reconstituait, ici aussi quelque chose d'important avait pris forme en m'attendant. Mon jardin dessinait désormais, dans ses courbes et ses entrelacs, un épilogue rêvé à mon histoire avec Stan. Je l'avais élaboré à son intention, et je voyais aujourd'hui dans leur gloire de jeunes plantes entamant leur pousse, d'anciens massifs ramenés à la santé et en pleine floraison.

Il y avait les bordures anglaises, inspirées par ma chère Maria Hofker, où voisinaient des vivaces colorées et, en arrière-plan, un foisonnant poème d'iris, de lupins, de delphiniums et d'ancolies.

Il y avait les plantes méditerranéennes, le bassin et la charmille de glycines propres aux jardins italiens que Stan aimait tant.

Il y avait le tout jeune cèdre encore timide, que j'avais fait planter en souvenir de notre arbre préféré au Jardin des Plantes.

Plus loin, quelques spécimens des Alpes scandinaves, que j'avais réunis dans un petit massif de rocaille, à la manière du jardin de Linné.

Ou encore les très modestes nénuphars du bassin, lointains cousins des *victoria amazonica* du jardin de Pamplemousse, à l'île Maurice.

La mise en place de chacun de ces tableaux paysagers avait accompagné mes écrits, mes longues missives vers Stan. J'en avais savamment dessiné les plans, longuement étudié chaque emplacement.

Je vis que tout cela prenait forme, et brusquement l'émotion me vint aux yeux.

La serre brillait comme un joyau au bout de l'allée. Des fruits m'attendaient dans le verger. Le jardin lui aussi était prêt.

« Il faut fêter ça », pensai-je en prenant la grosse tête de Nouchka dans mes bras. Ses larges babines me souriaient. Elle avait retrouvé en furetant ses trésors enterrés sous les buissons, et ses meilleurs emplacements de sieste. Je m'installai dans l'herbe de manière à pouvoir embrasser du regard une large partie du jardin. Je sentais de l'autre côté de la haie la présence diffuse de la Villa Adèle, et je lui murmurai en secret *je viens sans tarder.*

La cassonade des gaufres flamandes données par Josépha mêlée à l'âcreté délicieuse du vin, le reste de douceur de cette fin de saison, le flanc tiède de Nouchka contre ma cuisse. La vie me donnait beaucoup.

Je me pris à rêver d'un albizia que nous planterions Stan et moi dans cet espace. Je le vis étendre, dans les derniers rayons de soleil de la journée, ses mille petites feuilles et la neige rose de ses pompons.

J'imaginai Stan ici même à mes côtés, prenant le frais, sa cigarette étroitement bloquée au creux de l'index et du majeur. Les cheveux doux, le regard intense, la carrure de nageur, le hâle campagnard, je le voyais distinctement. Il respirait, les yeux fermés, les senteurs du jardin et, une à une, les identifiait pour m'impressionner.

Il me sembla même entendre sa voix d'avant prononcer mon prénom.

Merel. Petit merle.

Oui, je l'entendais, mêlé aux bruissements de la végétation. Ce nom d'oiseau vif, léger, si vite envolé, revint vers moi chargé de plus de sens.

Je pensai à ceux qui l'avaient choisi pour moi.

À ceux qui l'avaient fait mien à nouveau sur un registre d'état civil.

À ceux qui l'avaient prononcé autrefois dans ce jardin même et dans celui d'à côté.

Il avait déjà résonné dans cet espace et je l'entendis enfin clairement.

J'avais été celle dont on ne se souvient pas. Celle dont on a occulté l'existence.

À travers un patronyme de hasard, on m'avait inventée.

À travers mes noms d'emprunt, j'avais tenté de me redéfinir.

Terminé tout ça. J'avais un vrai nom.

Je savais maintenant que certaines pièces manquantes resteraient introuvables.

Qui m'avait recueillie après l'accident ?

Qui avait pris soin de moi ?

Qui m'avait réparée puis déposée dans un jardin public ?

Lors de ma dernière séance avec Judith, il m'était venu des images de caravane, de chiens et d'oiseaux, des odeurs d'encens, de plantes et de feu de bois.

Y avait-il eu des gens du voyage dans la forêt ?

Un article du printemps qui suivait l'accident de ma famille parlait du départ des gitans de la forêt pour le pèlerinage annuel aux Saintes-Maries-de-la-Mer, en Camargue. Cela coïncidait avec le moment où l'on m'avait abandonnée dans un jardin municipal, au mois de mai.

Qu'en penser ?

Judith m'avait mise en garde. Il était très difficile, dans une thérapie par l'hypnose, de distinguer un vrai souvenir d'un faux. Elle m'avait suggéré de regarder des photos, de retourner sur les lieux de l'accident, de respirer les fleurs de la Villa Adèle. Bref de faire appel à mes sens pour stimuler ma mémoire.

Ce soir-là, j'ai exhumé du grenier le paquet de lettres conservées par Agata, que j'avais repérées il y a quelques mois et mises de côté. J'étais maintenant en mesure de les comprendre.

Elles lui étaient adressées par sa famille et ses amies de Belgique, et me donnèrent de nouvelles clefs, plus petites, mais intéressantes. Bien sûr, j'y découvris de nombreuses pages d'Alma, sa cousine préférée, qui l'avait choisie comme marraine de sa fille Dina. Il y avait même quelques photos de Dina enfant, que je scrutai avec passion. Je retraçai ainsi les grandes étapes de l'enfance de ma mère, et quelques bribes de la mienne.

Je ne trouvai aucune lettre postérieure à l'accident.

Je savais que je n'irais pas plus loin, que je ne creuserais pas plus profond.

Désormais je ne voulais plus être ni *Merel Demai*, ni *Maya*, ni *Marika*, ni *Malène,* ni aucune autre. J'étais Merel Peeters pour de bon.

De même, je n'étais ni ce château perdu de l'enfance, ni cette forêt aux gitans, ni cette institution mortifère, ni ces foyers inhospitaliers, ni cette île rêvée de maman Sincère, ni ce laboratoire de recherche, ni ce modeste carré de simples sur un balcon, ni ces contrées explorées sur tout le globe, ni ces rudes montagnes, ni cette cellule de délinquante, ni aucun autre lieu croisé sur mon chemin.

Je n'étais que ce jardin.

Une fois pour toutes, ce jardin.

Stan,

Depuis quelques jours, je ne parviens plus à t'écrire.

J'ai cessé de manger mais pas de travailler.
Je dors aussi peu que possible pour ne pas rêver.
Je me sens vidée et calme, car tout est dit, je suis au bout de l'histoire.

Le jardin est splendide, exactement tel que je l'ai imaginé pour toi. Comme un voyage dans tous tes lieux préférés. Je voudrais tant te voir le découvrir.

Assez parlé, il faut partir.

34.

Narcisse des près et des bois *(Narcissus jonquilla) : Plante vivace bulbeuse de la famille des Amaryllidacées aux feuilles allongées et fleurs parfumées, qui sort de terre après les premières gelées. Héros mythologique, Narcisse, fier de sa beauté, délaissa de nombreuses prétendantes, dont la nymphe Écho. Pour le punir, les dieux le rendirent amoureux de son reflet dans l'eau. Incapable de s'en détacher, il mourut de langueur. À sa place poussa la fleur qui porte son nom.*

Je suis un garçon blessé.

Je ne parle pas ici de l'histoire de mon corps. Lacéré. Diminué.

Ni de mon cerveau. Endommagé. Confus.

Mes blessures sont plus anciennes. De tout temps, elles ont serpenté dans mes veines et rampé dans mon crâne. Protéiformes, inventives, fourbes, elles m'ont accompagné et tourmenté. Inlassablement.

Certains ont ramené des théâtres de guerre des marques sur leurs corps. D'autres vivent, après la boucherie des combats, avec des membres fantômes, là où autrefois il y avait une main ou une jambe. Pour moi, c'est un peu tout cela à la fois, la présence et le manque, le poids lancinant des choses et le vide horrible de certaines absences.

Mais je dois être plus mesuré, je n'ai pas le monopole de la douleur.

La première blessure est ancienne, si ancienne que je ne saurais la dater précisément ni dire comment je la reçois. Toujours est-il qu'elle est là, très tôt, et que tout ce que je traverse dans ma vie de petit garçon ne cesse de la raviver, de la creuser plus profond.

Je ne suis pas un enfant battu, un petit martyr. Je suis juste un garçon qui ne tombe pas à pic, et à qui on ne sait pas faire de place. Un enfant qui ne parvient pas à intéresser. Les adultes ont d'autres chats à fouetter, je ne suis qu'une complication dans l'existence rigoureuse de mes parents.

Des gosses comme moi, je le sais, il y en a des bataillons.

Ils connaissent tous cette brûlure au ventre qui vient à l'improviste suspendre un jeu solitaire et plie le corps en deux. Cette déchirure qui se précise alors que la nuit tombe et que la soirée familiale n'annonce rien de tendre ni de joyeux.

Une tranche de jambon et une louche de petits pois mangés dans une cuisine ultramoderne, assis entre des parents qui écoutent les informations du soir à la radio.

On me donne quelques accessoires pour m'occuper, car c'est bien comme cela que l'on fait avec un enfant, n'est-ce pas ? Des cubes en tas sur un tapis, plus tard des casse-tête, ou un jeu de sept familles dont j'aligne, sans partenaire, les vilaines cartes sur le sol. Plus tard encore, dans le lit, un volume de la bibliothèque verte, puis la lampe éteinte sans dépasser l'heure, et le noir qui vient avec ses serpents et ses terreurs.

Dans ce décor tout en angles, délire morbide d'un architecte sans enfant – maison cubique, verre et béton, allées dallées et rectilignes – la boîte étroite d'une chambre. Son lit au carré, son tapis rectangulaire, son échiquier, son piano droit. Un univers où rien ne m'englobe, rien ne m'embrasse ni ne m'accueille. Une rigidité morose suinte de chaque surface et je dépéris. On me traîne régulièrement chez des spécialistes. Falot et triste, je suis un mystère et un problème à la fois. Douleurs au ventre, maux de tête, perte d'appétit, eczéma galopant. Tout mon petit corps flambe, il parle de mille voix, que l'on n'entend pas. On m'offre un poisson rouge dans un bel aquarium carré, une cage de football que l'on pose sur le dallage de la cour, mais rien n'y fait.

C'est pourtant un ballon, échappé de l'autre côté de la route, qui me fait pénétrer, un après-midi désœuvré, dans un terrain en friche pas encore construit. Le beau quartier résidentiel n'en est qu'à ses débuts, quelques lots sont encore inoccupés.

Le ballon en main, j'avance dans l'herbe haute, puis je reste immobile dans le bruissement léger des feuilles d'arbres. Il fait un peu moite, et la lumière danse sur les champs au loin. Il y a ici une sorte de calme qui ne fait ni mal ni peur. Quelque chose de doux, de lumineux, et de sauvage, qui me retient.

Je vois le ruisseau, la terre fraîche, les fourmis.

Sur ce territoire boisé où je retourne dès que possible, je vais commencer à vivre des aventures secrètes, à me laisser embrasser, étourdir, griser.

Dans le même temps, un deuxième miracle se produit pour moi quand je découvre à la bibliothèque du collège – *un livre par mois à résumer sur une fiche bristol 21 × 14 pour le cours de français* – le roman jeunesse de Frances Hodgson Burnett : *Le Jardin secret*. Dans ce roman d'apprentissage, je suis, fébrile, les destins croisés de Mary Lennox, une orpheline, et de Colin, un garçon malade cloîtré dans sa chambre, que la nature va l'un et l'autre sauver. Mais surtout celui de Dickon, l'enfant de la lande, qui connaît chaque plante et communique avec les animaux. Je garde le livre plus longtemps, puis je retourne l'emprunter régulièrement. Je commence de discrètes plantations dans un recoin du terrain vague que j'ai investi. Je joue à être Dickon.

Je deviens Dickon.

Au printemps, lorsque je vois pointer les crocus, les narcisses et les jonquilles dont j'avais enfoui quelques poignées de bulbes à l'automne, quelque chose s'ouvre en moi, qui ne va jamais se refermer.

En secret, je me sens fort et savant.

Les plantes, celles des jardins comme celles des livres, vont me ramener à la vie et lui donner un sens.

Mon enfance jusque-là fade et solitaire s'anime alors doucement.

Je construis sans aide un univers qui me protège et où j'évolue en toute liberté.

Dans ma chambre, je fais pousser des plantes, j'accroche des gravures : l'oasis égyptienne et ses palmes, le jardin de la Renaissance italienne et ses fontaines, la serre tropicale et ses arceaux. Un merveilleux globe terrestre luit désormais le soir tandis que je m'endors.

Mes parents suivent ces changements d'un œil légèrement intrigué. Mon père surtout, jusqu'alors accablé par mon insignifiance, m'accorde, par brefs éclairs, un peu de son attention. Ma mère a des moues dubitatives.

Depuis toujours, il semble aux commandes. Elle est en réalité l'éminence grise de ce tandem inattendu. Elle obtient toujours ce qu'elle désire.

Mes résultats scolaires sont excellents. Cette lubie nouvelle que je manifeste fait légèrement briller son œil. Un soudain espoir, une ambition peut-être. Elle jette alors sur moi un regard différent, comme si elle me découvrait.

Je me découvre aussi. Quand certains adolescents connaissent les affres de la métamorphose et de la rébellion, je m'épanouis dans la solitude et l'étude.

Je sens la beauté de la nature entrer en moi et me prendre tout entier. J'ai besoin d'être dehors, je marche, je cours, j'explore les environs, les bois et les collines, herborisant comme un botaniste du dix-huitième siècle. Mon corps se développe, je grandis, des muscles s'installent sous ma peau, de la couleur me vient aux joues, et j'ose le dire, j'embellis.

Le baccalauréat me délivre et je prends la fuite.

Mes poumons se gonflent d'impatience, je m'élance comme à travers une prairie sans limites, vers une vie qui va me ressembler. Une direction m'est montrée, et je ne vais plus en dévier, malgré la perplexité des adultes qui m'ont élevé.

Les années de formation se succèdent, imprégnées de cette fébrilité secrète qui me dévore. Elles passent par des rencontres, des périodes de travail acharné, des éblouissements, des départs. Je voyage, je progresse, j'arpente le monde.

Quand je retourne voir mes parents pour les fêtes, je constate que ma mère, longtemps incrédule, a mis dans sa cuisine quelques orchidées en pot, et me demande des conseils comme à un employé de jardinerie. Elle a lu avec soin le programme de mon cursus universitaire. Elle me questionne sur les perspectives, les salaires. Mon père s'est abonné à une revue scientifique ridicule, et parle visiblement de moi avec ses collègues de travail, comme s'il avait à son insu élevé la poule aux œufs d'or. Il veut me conseiller, il a des avis.

Je repars rempli de malaise. Dans le train de retour, j'ai la nausée, je suis en nage.

Je tente de m'ébrouer de toutes ces images parasites, de toutes ces phrases toxiques que j'ai emmagasinées durant mon bref séjour. Même si une part de moi prend acte de l'intérêt tardif qu'ils me portent enfin, une autre réalise qu'entre eux et moi, le fossé s'est encore élargi.

Si je les satisfais un jour, je comprends que ce sera sur un malentendu.

À l'université, je rencontre d'autres jeunes adultes, des garçons et des filles qui me trouvent beau et intéressant, bien que secret.

Certains parviennent à me conquérir brièvement. Puis je les laisse filer.

S'ils me distraient l'un après l'autre de mes démons, je ne suis enchanté que de jardins. Je ne suis grisé que par leur découverte et leur étude.

Jusqu'à toi.

Former ces phrases était, il y a quelques jours encore, inimaginable.

Pourtant me voici, parlant de moi, et bientôt de toi. Oh, de toi enfin.

Et de ce qui a réinvité la douleur dans mon corps.

35.

Figuier de Barbarie *(Opuntia ficus indica) : Plante de la famille des Cactaceae, produisant un fruit comestible, la figue de Barbarie (nom donné au Moyen Âge aux côtes du Maghreb) dont les usages culinaires et thérapeutiques sont nombreux. Espèce des plus invasives, elle est utilisée en guise de haie défensive ou de coupe-feu.*

Tu l'as vu, je suis un homme saccagé.

Là où j'avais fait croître un jardin, il n'est rien resté que de la terre brûlée.

J'aurais dû planter des figuiers d'Inde, quasiment incombustibles, ou mieux, des ginkgos biloba, seuls arbres, tu le sais, à avoir résisté aux radiations d'Hiroshima et à s'être régénérés au printemps suivant.

Mais je n'avais pas la tête à ça lorsque je t'ai rencontrée. Je me sentais invulnérable.

En avançant dans les études puis dans la recherche, je prenais peu à peu conscience que mes prédispositions et mon enthousiasme m'avaient mené à une certaine reconnaissance de ma communauté scientifique. Jusqu'à ce moment, on n'avait jamais été fier de moi. Et voilà qu'on me courtisait dans ma vie privée, qu'on se référait à mes travaux dans des colloques et des revues, en France et à l'étranger.

Cela me gonfla d'importance, et je devins immodeste.

Cependant, je restais sombre et secret, hautain sans doute. Je cultivais avec application ce nouveau rôle de beau mâle taciturne mais tellement talentueux. Je peaufinais quelques attitudes, mèche rebelle, cigarette aux lèvres et toujours un livre à la main

Ton arrivée m'a fait dégringoler de l'estrade sur laquelle j'avais pris mes aises.

Je me suis senti démasqué. Confondu. Nu. Mais aussi révélé. Soulagé.

Quelqu'un me voyait enfin tel que j'avais toujours souhaité être vu, et aimé.

Par-dessus la foule des étudiants, sur le campus ou dans les soirées, nous échangions des regards. Je pressentais que tu avais tout compris de moi. Je ne percevais aucun danger, mais l'envie, je l'avoue, de me connaître à travers toi.

Je devinais entre nous des connexions profondes, invisibles, une commune intensité. Nous étions, toi et moi, des atypiques, des particuliers. Des enfants doués que l'on n'a pas détectés, encore moins accompagnés. Des adolescents inclassables, dérangeants. De jeunes adultes enfin libres, qui flamboyaient secrètement d'une envie de revanche sur la vie.

Alors je suis allé te chercher.

J'ai couru après toi dans la nuit mouillée, après cette soirée imbécile, traçant dans ma course, sur l'asphalte luisant, un long trait d'union entre mes années égarées et le refuge d'une vie avec toi. Rien ne m'importait plus que de te rattraper, avant que tu ne te volatilises. Je voulais m'endormir dans ta chaleur, enfin calmé, sous la lueur d'un globe terrestre imaginaire. Mais aussi n'importe où sur la terre, sous les branches d'un palmier, les frondaisons d'un cèdre ou dans le frémissement des ajoncs.

C'est ainsi que la vie nous a maintenus pendant plusieurs années, enfants blottis, adultes heureux et rêveurs, jusqu'au surgissement d'Anders.

Son arrivée m'a percuté en plein vol, il m'a si facilement capturé dans ses filets.

C'est Bréanne qui me l'a présenté, elle le connaissait de je ne sais où, et je fus très vite charmé. Sa beauté physique était indéniable, elle me déstabilisait. Son emprise sur ceux qu'il adoubait était ferme et puissante.

Même si nos disciplines divergeaient, je savais que ses travaux faisaient depuis longtemps autorité, et j'en étais impressionné.

Un grand ponte. Un grand frère ?

Je fus rapidement entraîné dans une relation ambiguë qui me transportait. J'étais comme intoxiqué, fou de joie. Je voulais lui plaire et lui ressembler. Il me tenait.

Il se moquait gentiment de *ma jolie vie domestique* avec toi, employait des termes d'ornithologue du dimanche comme *couvée, nichée, parade nuptiale, petite cabane à oiseaux.*

Les soirs où nous avions trop bu, il me parlait, en me transperçant de ses yeux clairs, de *féralité*. En botanique comme en zoologie, ce mot décrit les plantes ou les animaux qui, après la culture ou la domesticité, sont retournés à l'état sauvage. Et ce qu'il en disait me plut démesurément.

Chacun des développements d'Anders à ce sujet titillait en moi des zones obscures qui ne demandaient qu'à être stimulées. Une partie de moi l'avait-elle attendu ? Ne fit-il en réalité qu'encourager ce qui allait, à un moment donné, avec ou sans lui, crever la surface ?

Je revoyais la cour bétonnée, la maison sans âme de mes parents, les cyprès faméliques, la voiture rutilante dans le garage, sous le panneau mural et ses outils bien alignés. Les chaussures de sécurité sur le paillasson. Le robot ménager sur le plan de travail, le calendrier sur le réfrigérateur. Je revoyais les dimanches et les lundis, et tous les autres jours, comme des perles identiques sur un collier sans fin.

Était-ce ce qui m'attendait avec toi ?

Toi qui voulais une maison, et Dieu sait quoi encore.

La féralité. Les instincts. Comme Anders avait raison.

J'adhérai immédiatement au concept, je voyais parfaitement ce qu'il voulait dire, alors que Bréanne m'adressait dans l'ombre, un verre à la main, des sourires de chatte.

Tu m'as raconté la suite. L'ascension. La chute. Ta folie. L'accident. L'oubli. Le vide de toutes ces années sans souvenirs et sans parole.

Mais maintenant, c'est à moi de te dire des choses

Je veux te raconter ce qui s'est passé dans ma vie ces derniers jours.

Je veux te parler du matin où j'ai reçu ta lettre.

36.

Herbe d'oubli ou oublie *: Également appelée, selon les régions et les croyances, herbe de fourvoiement, herbe à la détourne ou égaire, plante rampante semblable à de la mousse, qui égare ceux qui ont le malheur de la fouler la nuit, leur faisant oublier leur chemin ou revenir sur leurs pas.*

J'ai entendu le passage du facteur alors que je finissais de me raser. J'ai rapidement essuyé mon visage, et je suis descendu torse nu dans la cour, la clef de la boîte aux lettres à la main.

Quand j'ai sorti la lourde enveloppe, j'ai tout d'abord pensé, en la soupesant, à Emma, mon éditrice. Quelques paragraphes de mon manuscrit à clarifier ? Des illustrations à valider ? Elle me sait réfractaire à ce que les nouvelles technologies semblent apporter à la communication. Nous avons depuis toujours recours aux services traditionnels de la poste. Donc, à de grosses enveloppes qui atterrissent dans ma boîte aux lettres. Mais sur celle-là, l'absence d'en-tête m'a intrigué. L'écriture m'était inconnue.

Le courrier ne venait pas d'elle.

Je suis rentré. Sur ma platine disque, un trente-trois tours égrenait les notes pures d'un opéra. Lequel ? Cela n'a plus d'importance, le souvenir de cette période ne m'est déjà plus d'aucune utilité. Je suis retourné à mon bureau. J'ai choisi le fauteuil confortable sous la fenêtre, face à la cheminée, celui où je lis ou écoute de la musique. Celui où parfois je reste immobile dans le noir. J'ai allumé une cigarette, posé le cendrier sur l'accoudoir, puis ouvert l'enveloppe.

Bien plus tard, en terminant la dernière page, j'ai remarqué que la nuit était tombée.

J'ai tout lu. D'une traite.

Puis relu une deuxième fois. J'étais comme hors d'haleine.

Oui, j'ai tout absorbé, comme on boit une liqueur. Jusqu'à sombrer.

Une journée entière pour parcourir les épisodes de ton récit.

Je n'ai pas mangé, pas bougé, même plus fumé.

Au début, comme en eaux troubles, je n'ai rien distingué de familier.

Ça m'a énervé. C'était quoi cette histoire ?

Au début, rien de ce qu'on y évoquait n'éveillait le moindre écho en moi.

Même pas les sonorités de ce prénom. Merel. *Merel ?* Ça ne me disait rien.

J'étais un peu triste pour cette personne. Mais je n'y pouvais rien. Qui était cette femme qui s'adressait à moi d'une manière si intime, tout au long de dizaines de pages ? Ma mère n'avait jamais évoqué l'existence d'une *Merel.*

Elle m'avait patiemment expliqué, lorsque j'avais été capable d'intégrer quelques données, que j'avais été victime, en Italie, d'un accident très violent. Un véhicule m'avait percuté, alors que je marchais sur un bord de route en pleine nuit.

La veille de mon mariage. Avec une jeune femme blonde prénommée Bréanne.

Le véhicule n'avait pas été identifié.

La mariée s'était rapidement envolée. *Les infirmes, c'était pas son truc.*

Mes amis de l'époque, Selim par exemple, n'avaient à aucun moment démenti la version de ma mère.

C'était ainsi que les choses s'étaient passées. Aucun autre élément à verser au dossier.

Sans doute avait-on jugé que cette omerta, cette conspiration silencieuse, cette version tronquée de mon histoire, me rendraient service, me préserveraient de je ne sais quoi. De je sais qui.

Qui avait décrété et orchestré cela ? Ma mère sans aucun doute, trop avide de reprendre le contrôle des choses, et pour cela, de me soustraire au monde.

Anders est venu me voir quelques fois à l'hôpital, tout en fausse compassion. Il a inlassablement confirmé cette version des faits.

Lui non plus n'a jamais mentionné ton nom.

On t'avait simplement effacée.

37.

***Lotos** (Zizyphus lotus) : Plante magique au fruit délicieux citée dans* L'Odyssée, *aujourd'hui communément associée au désir d'oubli. Arrivés dans l'île des Lotophages – aujourd'hui Djerba – les marins d'Ulysse, épuisés, « ne voulaient plus revenir ni donner de leurs nouvelles. Ils n'avaient d'autre désir que de rester là, à manger du lotos, et d'oublier à jamais le chemin du retour ». (*Odyssée, *IX, 91-97)*

Au fil de ma lecture, l'histoire s'est reconstituée.

J'ai commencé à voir des lignes, des groupes de points lumineux derrière mes yeux fermés, puis de vraies images. Des détails pour commencer, soudainement éclairés par ma mémoire. Un objet, un coin de table, une chambre, un groupe d'arbres dans un parc. Puis des séquences entières.

C'était douloureux. Je ressentais, par vagues, enfler une colère inexplicable.

Page après page, de grands pans de vie resurgissaient, comme d'anciens décors familiers descendant des cintres et me replaçant au centre de l'intrigue.

J'ai revu Anders à mon chevet. Son visage près du mien, ses yeux couleur glacier, son sourire silencieux. Et dans mes narines, soudain, son parfum écœurant comme du sucre brûlé. Je me suis remémoré l'hôpital, sa présence à mes côtés, qui me mettait mal à l'aise. Tout le monde décrivait notre grande complicité, mais j'avais du mal à comprendre ce qui avait pu nous lier. Pour tout dire, même en cherchant, je ne parvenais pas à voir ce qui présentait le moindre intérêt chez lui.

Les premiers temps, je ne me souvenais que de peu de choses, et cela semblait convenir à ceux qui m'entouraient, voire les soulager.

Une histoire de mémoire sémantique préservée, mais de mémoire épisodique sérieusement endommagée. La faute au traumatisme de l'accident, et possiblement à l'ingestion d'une substance que l'on n'avait pas su identifier.

Bref, on me présentait des gens, on me racontait mon histoire, j'acquiesçais et compilais ces informations avec une étonnante passivité. Quelque chose en moi disait : « D'accord. Admettons. Pourquoi pas. »

La douleur dans mes membres prenait toute la place. J'avais assez à faire avec elle, partout revenue. Qui me l'avait infligée ?

Ayant perdu, tu l'as compris, la faculté, ou plutôt le désir de parler, je ne questionnais ni ne rétorquais. Tout cela n'avait pour moi absolument plus aucune importance. Une indifférence étrange m'enserrait tout entier.

Le peu d'énergie dont je disposais était mobilisé par d'autres tâches beaucoup plus basiques. Bouger le bras, tourner la tête, déglutir, le tout prudemment.

Ce qui est, en revanche, resté bien ancré en moi, ce sont mes connaissances scientifiques, la mémoire de mes travaux, de mes écrits, de tous mes jardins. J'ai pu, dès les premiers jours de mon retour à la vie, naviguer à volonté dans ces souvenirs-là comme dans une eau sans danger. J'y allais les yeux fermés, calmement, détaillant chaque algue et chaque roche. Et cela a été d'un grand secours pour ma santé mentale.

Les gens, eux, s'étaient absentés. Et je m'en fichais.

Anders a formé brièvement un couple avec Bréanne, l'année qui a suivi mon accident.

Ma mère l'a très mal pris. Qu'avait-elle espéré ?

Moi, je n'ai rien ressenti. Je savais à peine de qui il s'agissait.

Cette fille était sortie de ma tête, je ne pouvais dire quand.

J'ai appris par la suite qu'Anders avait déjà eu une relation avec elle, bien avant de me connaître, et qu'il l'avait délibérément jetée dans mes bras.

Je comprends en te lisant qu'il cherchait de manière obsessionnelle à se venger de toi. Tu l'avais dénoncé en Guadeloupe. Te faire souffrir en nous séparant était une victoire extrêmement jouissive.

Quand les circonstances lui ont permis de te dénoncer à son tour en Italie, il n'en a sans doute pas cru sa chance. Son témoignage à la police italienne a été décisif.

Jusqu'à tes lettres et aux recherches que je fis ce soir-là, je n'ai rien su de toi.

Je n'ai jamais su qu'après l'accident, tu avais été inculpée et incarcérée.

Que tu avais été condamnée pour m'avoir drogué et avoir abusé de moi.

Que tu as également été reconnue coupable d'agression et de non-assistance à personne en péril.

Qu'on t'a considérée responsable de l'accident que j'ai subi après avoir quitté la grotte dans un état second.

Que l'existence d'un casier judiciaire te concernant n'a pas plaidé en ta faveur.

De même que le témoignage à charge de certains *amis de la future mariée.*

Que tu as été emprisonnée pendant sept ans, dont deux en centre de réinsertion.

Ni même que tu es cette femme qui m'a dernièrement rendu visite.

J'espère que tu me crois quand je te dis que je l'ignorais.

Après avoir lu ta dernière page, debout, dans la lumière insuffisante de ma lampe de bureau, j'ai regardé autour de moi le décor de toutes ces années de réclusion volontaire. Loin des gens, près des livres. Tant d'années.

Avec la nuit qui venait de tomber, cette période de mon existence prenait fin.

J'ai su que je devais au plus vite me retrouver face à toi, toi l'origine de tout.

Te confronter à mon versant de l'histoire. Comprendre cette douleur trouble ravivée en moi, cet embrasement d'émotions contradictoires.

Cette envie de te prendre dans mes bras et celle de te faire très mal.

Je voulais que se confirme ce que mon ventre, ma bouche, mes mains avaient compris, le jour où tu m'avais rendu visite, mais que mon cerveau n'avait pu admettre.

Cela bouillonnait, débordait. Une forme de vie me revenait en même temps qu'une fureur.

Je suis sorti.

Je n'ai pas fermé la porte à clef derrière moi. Je ne le faisais que rarement depuis que ma mère était décédée. Il y avait désormais tant de choses auxquelles je n'attachais plus d'importance. On pouvait bien tout me prendre. Qui sait même si je ne le souhaitais pas. Rien de ce que contenait ce mausolée de pierre grise et de verre fumé, la maison autrefois futuriste de mes parents, n'avait d'intérêt pour moi.

Sa laideur m'a sauté encore une fois au visage. Un profond soulagement s'est coulé en moi comme une eau fraîche en la voyant se dissoudre dans l'obscurité.

J'y avais passé sept années absurdes et insipides, tout d'abord sous la coupe de ma mère, puis sans elle. J'ai tiré derrière moi, sans regret, la lourde grille de la cour dallée, hachurée par la silhouette graphique des cyprès, dressés dans l'ombre comme des totems. Et je me suis avancé dans la nuit.

Le froid piquait un peu, mais c'était bon, les étoiles brillaient dans un ciel d'un noir profond.

J'ai pris la route, à pied. Je crois que lire le récit de ton errance dans les montagnes m'avait convaincu de la nécessité de cet effort. Venir à pied vers toi m'a paru juste. Partir en pleine nuit m'a paru juste.

Je me suis rapidement retrouvé dans la campagne. Il montait des champs des odeurs de foin coupé, d'herbe foulée, dans l'humidité du soir, qui me galvanisaient.

Si j'avais eu une voix, j'aurais, pour rythmer ma marche, entonné un chant guerrier.

Près d'une mare qui brillait dans l'ombre, l'odeur de vase montait, les roseaux bruissaient et des grenouilles me saluaient en roucoulant à mi-voix.

Plus loin, les lueurs intermittentes des lucioles m'ont ému. Comme les galopades à pas menus des petits mammifères nocturnes, dans l'herbe haute des fossés.

Tous mes sens se déployaient dans l'air calme de la nuit. Je retrouvais, dans l'effort, l'ivresse du terrain vague de mon enfance, l'euphorie de mes premières randonnées d'adolescent, et par instants je devais me concentrer pour comprendre pourquoi je me trouvais là, en marche dans la nuit.

Au bout de la première heure, j'ai fait une pause sur un pont. Assis sur sa pierre moussue, j'ai bu un peu de café chaud de ma bouteille thermos. Je suis resté un moment à écouter la voix argentée de la rivière. La rivière dansante où luisaient de beaux cailloux tranchants. J'en ai glissé un dans ma poche.

À la lecture de tes pages, je m'étais tenu longtemps à la lisière de l'histoire.

Tes premières phrases, lues et relues, tourbillonnaient autour de moi comme des volutes de fumée. Tu écrivais :

J'espère que dès la première ligne tu me reconnaîtras.
Je suis la femme avec laquelle tu vis depuis tant d'années. Du moins, je vis enroulée dans ton esprit. Je t'accompagne le long des routes et des paysages que tu traverses.
Je suis celle que tu gardes serrée contre toi comme un talisman.
Celle qu'un jour tu as eue, puis que tu as eu peur d'aimer.
Chaque jour, je surgis furtivement dans les détails de ton quotidien. Dans le couplet d'une chanson, une silhouette, une parole envolée dans une conversation, n'importe où, un café ou une station-service.
Parfois quand tu touches ta propre peau, un peu de moi te revient, comme un chagrin jamais consolé. Et tu ressens tout.

Le doux, l'intolérable et l'intime.
En fermant les yeux, très fort, tu vois des braises.
La plupart du temps, tu luttes contre la vague du souvenir.
Tu ne veux pas.
Mais parfois, aux frontières du sommeil, tu baisses la garde, et soudain je suis là, debout au milieu de ton jardin.

Je m'étais imprégné de ces premiers mots. Une sensation de familiarité s'était insinuée peu à peu, comme un parfum stocké dans mes souvenirs, que je ne savais à quoi rattacher.

Mais quand j'avais lu la scène de la grotte, la fulgurance de ta description m'avait frappé. De plein fouet.

Alors j'avais su. J'avais su que j'avais vécu ce moment.

Mon dos, encore marqué aujourd'hui de ton sceau pâle, l'avait su.

Mes reins et mon ventre, ma bouche et mes mains l'avaient su.

J'avais repris ma lecture du début, à la lumière de cette sensation dévastatrice.

Mon corps s'était alors laissé emporter par la puissante vague du souvenir de toi.

Fibre à fibre, il avait ressenti l'attirance, la marée, les baïnes.

Le farouche, le secret, le délicat et le brûlant.

J'avais eu un éblouissement. Serrant tes feuilles entre mes mains, j'avais glissé du fauteuil jusqu'au sol, où je m'étais allongé, yeux fermés sur le tapis, laissant par vagues revenir en moi mille images et sensations de toi.

Quelque chose de noir et de puissant avait déferlé et m'avait soulevé comme une série d'électrochocs.

Le chemin à l'envers, le vertige, l'antidote qui délivre. Et ma mémoire avait tout déroulé. Un fil brillant que l'on aperçoit dans un amas de laine. On tire dessus et tout vient.

Je m'étais soudain retrouvé dans le hall de la fac.

Le choc, le premier contact, comme on dit en histoire des civilisations, ou en biologie.

Le brouhaha des conversations autour de moi s'était absenté. Sous mes cheveux qui tombaient en mèches, je t'avais vue passer. Je t'avais vue, avec une incroyable précision. Brune, fine, rapide comme une flèche qui traversait le hall, en direction de ton bureau. Tes jambes sous l'imperméable clair, ton cartable de cuir, ce mouvement soyeux de tes cheveux. Cet infime temps d'arrêt, à peine celui d'un battement de cœur, lorsque tu m'avais aperçu toi aussi. Et, sans dévier de ta route, tu étais passée, comme un rêve silencieux.

Alors tout s'était mêlé en moi, la sidération, la reconnaissance, la peur, la joie.

La peur de tant de joie.

Anders, ce génial salaud, avait eu un jour, tandis que nous marchions sur le campus, une phrase sibylline à ton sujet. Nous nous connaissions à peine, et je pense qu'il me testait un peu, avant de s'engager plus loin dans son projet.

« Merel est une fille qu'on ne croise pas sans conséquences », m'avait-il dit.

Quel visionnaire. Quel con. Quel gâchis.

En avançant dans la nuit, j'ai pensé à toutes les fois où ses mots ont résonné dans ma tête. Et ont commencé, peu à peu, à ruiner certains de mes moments avec toi.

Te rencontrer m'a propulsé très haut, à un niveau que je n'avais jamais atteint.

Anders m'a fait dégringoler, marche à marche, jusque dans la fange. Il a instillé en moi, comme un poison – *tu apprécies l'image, j'espère* –, un questionnement à ton sujet, des doutes. Cela venait en moi, comme une marée acide, éroder ce que je croyais inattaquable.

Je n'étais pas complètement innocent. Anders me montrait un chemin que j'avais envie d'emprunter. Mes sentiments pour toi commençaient d'osciller à une fréquence de plus en plus rapide entre amour et irritation, folle attirance et angoisse lancinante d'un futur partagé. Ton intensité a commencé de m'apparaître comme une forme d'exigence, d'intransigeance, qui me demandait trop d'efforts d'adaptation.

Là où tu ne mettais que de la fougue, j'ai voulu voir de la violence, de l'instabilité. Anders nourrissait avec méthode ce feu sombre. Il était bien renseigné à ton sujet, mieux que moi, c'est sûr. Il trouvait mille occasions de pointer nos dissemblances, de me rappeler tes égarements, ton passé trouble, et de m'éloigner de toi.

Mille raisons de m'accaparer et de m'isoler. Il me disait : « Qu'est-ce que tu sais d'elle, au fond ? D'où sort-elle ? »

Et, dans mes moments de solitude, je prenais la pleine mesure de ces questions.

Quand j'ai été à point, il m'a incité à me rapprocher de Bréanne.

Elle me pourchassait bien avant que tu n'arrives dans ma vie, mais jusqu'alors son insistance ne lui avait pas rendu service. Je n'aime pas qu'on abandonne toute fierté.

Je la revis, je ne la repoussai plus.

Pourquoi pas après tout, je n'avais rien signé avec toi, que je sache !

J'avais bien le droit de jouer un peu !

Deux ou trois missions nous rapprochèrent.

Je ne vais pas nier l'attirance physique que je ressentais à son contact. Son intérêt manifeste pour ma personne, et peut-être pour mon semblant de statut, avait depuis longtemps flatté en moi de bas instincts. Mais c'était également avec elle, Anders me le répétait, la promesse de quelque chose de léger et de stable à la fois, une relation lisse, émotionnellement reposante. Une vie dans l'aisance, aussi. Quelle tentation, quelle récompense !

Anders avait des phrases insidieuses et terribles, qui débutaient par : « Je suis peut-être un peu vieille école, Stan, mais tu es un mec, merde ! » Et il m'exposait son point de vue, très étayé, sur ce qu'un mâle était en droit d'attendre de sa femelle et sur ce qu'il ne pouvait tolérer : une émotivité maladive, des comportements hystériques, une volonté de puissance. Le naturaliste en lui trouvait dans sa science suffisamment d'exemples erronés pour conforter ses théories.

Il n'y avait, pour Anders et moi, aucune contradiction entre la *féralité* et la capture d'une femelle de prix. Je me découvrais vénal et intoxiqué d'un nouveau besoin de pouvoir. Au contact de Bréanne et d'Anders, je me sentais soudainement valorisé. Je n'avais pas à faire d'effort, l'un m'adoubait et l'autre m'était acquise.

J'offris à ma *fiancée* la pire version de moi-même.

Je croyais, en lointains échos, entendre la voix de mon père, entrevoir sa stature, penchée sur moi, murmurant : *Ça, c'est mon fils !*

Sa disparition récente me laissait sans guide, me livrait tout cru aux savantes manigances d'Anders. J'ai eu la certitude d'avoir décidé, choisi en toute liberté. Dans une forme de joie débridée, mâtinée de vengeance sans objet, je me jetai dans cette relation avec Bréanne. J'ai aimé le vertige de la transgression, cette fange tiède où je me suis vautré, avec un sentiment dégueulasse de triomphe.

Comme si j'avais enfin repris mes pouvoirs, ma légitimité.

Comme si ce que tu avais altéré en moi pouvait enfin revenir à son état initial.

Bien sûr je me méprenais totalement. Rien de tout cela n'avait jamais eu lieu entre nous. Tu ne m'avais rien pris, tu ne m'avais pas ralenti, tu n'avais rien gâché. Mais il m'a fallu quelques mois pour le comprendre. Entre-temps, le mal était fait. Je t'avais brisée.

Déjà se profilaient l'Italie, le mariage, la Via Giulia, une carrière facilitée par les relations de la famille de Bréanne.

Et puis, Bréanne m'a dit qu'elle était enceinte.

La paternité, c'était bien la dernière chose que je souhaitais. Ni avec elle ni avec personne. *Je frémis en pensant que j'avais de qui tenir.*

Cela a précipité les choses, sans doute. Je ne cherche pas d'excuses, j'ai été l'acteur consentant de chacune de ces étapes.

Le choc encaissé, j'ai pris cette annonce comme la confirmation que j'étais dans le juste. De toute manière, c'était trop tard, tant de choses étaient enclenchées.

Ma mère et Anders validaient l'ensemble du projet. Tout était pour le mieux.

Pour le reste, j'improviserais.

En cheminant vers toi, comme tu l'as fait il y a quelques années quand tu parcourais les montagnes, j'ai revisité un à un les épisodes de mon histoire.

La nuit, la route, le rythme mesuré de mes pas, tout me portait au souvenir, à la reconstruction.

J'ai revu ces instants où tout a basculé pour moi.

La chambre. La première nuit, où nous nous tenons blottis, sans presque nous toucher. Ces flots de paroles dans le noir, nous avions tant à nous dire. Merel. Tes yeux comme des barques dans le soir.

Tout ce que j'avais cru savoir, et qui a volé en éclats à ton simple contact.

Comment ai-je pu souhaiter perdre tout ça ?

Quelques semaines après l'accident, Anders a cessé peu à peu de venir me voir. Il avait obtenu ce qu'il voulait. Il t'avait atteinte, par ricochet, et te savait détruite. Il s'est tranquillement mis en quête d'une nouvelle proie. Plus facile.

Bréanne s'est dissoute dans l'air elle aussi. Il n'a jamais plus été question de ce bébé qu'elle attendait. Avait-elle inventé cette grossesse ? Y avait-elle mis un terme ? Selim m'a assuré bien plus tard qu'elle n'avait pas d'enfant. Et j'en fus heureux.

En marchant vers toi, je sentais la nuit s'écouler hors de moi, me déserter enfin.

Avec le jour qui approchait, ma tête devenait légère et mon projet se précisait.

La brume toxique de ces dernières années se dissipait au fil de mes pas.

Depuis quand n'avais-je pas autant marché, aussi bien respiré ?

Je me sentais prêt.

Il me semblait que j'allais enfin pouvoir reprendre les rênes de ma vie, à l'endroit même où ta folie amoureuse l'avait pulvérisée.

38.

Moly *(Allium moly) : Plante aux fleurs jaunes, présente dans* L'Odyssée, *antithèse du lotos, la plante de l'oubli. Offerte par Hermès à Ulysse, elle le délivre des sortilèges de Circé la magicienne, qui veut le transformer en pourceau. Puissant antidote au poison, elle protège également des enchantements.*

Lorsque j'arrive devant ta maison, c'est presque le soir.

J'ai marché, je pense, plusieurs jours.

Dans une sorte de joie tranquille et de puissante détermination, laissant derrière moi dans leur tombe mes années mortes.

Je longe maintenant des villas extravagantes, désuètes, inspirées, dont les jardins débordent sur la rue. Rien à voir avec l'endroit d'où je viens.

La maison est grande et haute dans la lumière de fin d'après-midi. En levant les yeux vers elle, la tête me tourne. Depuis quand n'ai-je pas mangé ?

Je vois un tilleul qui frémit à mon approche. Il remue les bras comme pour me faire signe que c'est bien là, qu'il ne faut pas aller plus loin.

Contre ma cuisse, je sens dans ma poche la pierre triangulaire que j'ai ramassée.

Pas de nom sur la boîte aux lettres, mais c'est bien l'adresse que tu as laissée dans ton courrier.

J'ai un court moment d'absence puis je me ressaisis.

Merel.

Oui, voilà c'est ça.

Je suis là à cause des lettres.

Je suis là pour en finir avec cette histoire.

Je suis là pour mettre un terme au chaos.

Il monte un parfum délicat aux alentours de ton portail. Qu'as-tu planté ?

Je pressens que je vais adorer ce jardin.

Alors que je me penche pour observer à travers la grille ce qui sent aussi bon, je sursaute en apercevant deux yeux sombres ourlés de longs cils qui me fixent intensément. Un chien noir et blanc est là, assis, ses grosses pattes avant bien alignées, silencieux. Ce genre de molosse doit aboyer et sauter sur les intrus, mais celui-là me regarde calmement, me jauge, puis s'en retourne tranquillement vers le fond du jardin.

Part-il te chercher, te prévenir ?

Que savent donc les animaux que nous ignorons ?

Le chien disparaît derrière un moutonnement de lierre et de chèvrefeuille.

Le bruissement des feuilles de tilleul me procure une incroyable satisfaction, je m'emplis de leur parfum subtil.

Nous y voilà enfin.

Alors, puisque je suis arrivé, je m'appuie au portail, et je t'attends.

Remerciements

Mes remerciements vont tout d'abord aux lecteurs de *Forêt lointaine*, dont le soutien enthousiaste m'a donné l'impulsion décisive pour me lancer dans cette nouvelle histoire.

Merci aux premiers découvreurs de *Jardins nomades,* qui ont effectué un travail de relecture éclairant et très stimulant. Parmi eux, mention spéciale à Kiki, Juliette et Gerbold, avec leurs stylos rouges, et à Anne et Marion, pour leurs remarques inspirantes.

Merci à Stéphanie Castillo-Soler pour son indéfectible et généreux soutien.

Merci infiniment à Andrea, ma bonne fée.

Merci à toute l'équipe de Librinova, en particulier à Marine, ainsi qu'au jury du prix des Étoiles. Sans eux…

Merci à Véronique, Constance et Emma, des Éditions JC Lattès, de m'avoir si chaleureusement accueillie à bord et accompagnée.

Merci à l'excellent Maître Tom Blanchet pour son assistance sur les questions juridiques.

Merci à Philippe Arnaud pour m'avoir, il y a longtemps, montré le chemin.

Merci à Charlotte Fauve, à qui les titres de tous mes chapitres sont dédiés.

Merci à mes merveilleuses familles et au garçon que j'aime.

Cet ouvrage a été composé par Nord Compo
pour le compte des Éditions J.-C. LATTÈS
17, rue Jacob – 75006 Paris
contact-lattes@jclattes.fr

Imprimé en France par
CPI BRODARD & TAUPIN (72200 La Flèche)
en février 2025

JC Lattès s'engage pour l'environnement en réduisant l'empreinte carbone de ses livres. Celle de cet exemplaire est de :
500 g éq. CO_2
Rendez-vous sur www.jclattes-durable.fr

PAPIER À BASE DE FIBRES CERTIFIÉES

N° d'édition : 01 – N° d'impression : 3060559
Dépôt légal : avril 2025
Imprimé en France